民國歷史與文化研究

十三編

第 3 冊

胡懷琛生平及其著述敘錄（上）

李瓊娟 著

花木蘭文化事業有限公司

國家圖書館出版品預行編目資料

胡懷琛生平及其著述敘錄(上)／李瓊娟 著 -- 初版 -- 新北市：
花木蘭文化事業有限公司，2021〔民110〕
目 6+220 面；19×26 公分
（民國歷史與文化研究 十三編；第 3 冊）
ISBN 978-986-518-476-6（精裝）
1. 胡懷琛 2. 傳記 3. 中國當代文學 4. 文學評論
628.08   110010852

ISBN-978-986-518-476-6

9 789865 184766

民國歷史與文化研究
十三編 第 三 冊   ISBN：978-986-518-476-6

胡懷琛生平及其著述敘錄(上)

作 者 李瓊娟
總 編 輯 杜潔祥
副總編輯 楊嘉樂
編 輯 許郁翎、張雅淋、潘玟靜 美術編輯 陳逸婷
出 版 花木蘭文化事業有限公司
發 行 人 高小娟
聯絡地址 235 新北市中和區中安街七二號十三樓
電話：02-2923-1455／傳真：02-2923-1452
網 址 http://www.huamulan.tw 信箱 service@huamulans.com
印 刷 普羅文化出版廣告事業
初 版 2021 年 9 月
全書字數 364347 字
定 價 十三編 9 冊（精裝）台幣 25,000 元

作者簡介

李瓊娟，福建省金門縣人。東吳大學中國文學系畢、中文系碩士在職專班畢，師從沈心慧教授指導南社文學與作家相關研究。

提　　要

　　胡懷琛（1886～1938）為民國時期革命文學社團「南社」重要的骨幹成員，他以詩人、作家、報刊編輯、學者與教育家、小說家等多重身分，活躍於近代文學作家群中。其畢生研究範圍涵跨新文學、中國文學史、文學批評、哲學、佛學、詩歌、目錄學、考據學、修辭學、文字學與傳記、小說等領域，著述豐贍。然而其身後所遺留的宏富纂作，卻因長期乏人輯理正逐漸凋沒，本編乃以「胡懷琛生平及其著述敘錄」為主題，期能充分羅縷先生畢生精華，並敘列其家世學養與生平活動，俾使後學者緣識先生之創作成績與學術精見，並彰其對中國近代文壇之貢獻。全書共分九章：

　　第一章〈緒論〉。歸納與闡述歷來研究胡懷琛著作的文獻成果，從而制定本文的研究步驟，並提出資料梳理與分類敘錄方法。

　　第二章〈胡懷琛的家世及生平〉。茲以胡樸安所撰胡氏家譜《家乘》、胡道靜《序跋題記·學事雜憶》、胡小靜〈胡懷琛〉、柳亞子〈亡友胡寄塵傳〉及胡懷琛自著、與友朋往來信札、同時代人物撰著等，抽絲剝繭，梳理胡懷琛之家世、性格、師承、成長、交遊與著述活動等資料，以求知人論世。

　　第三章〈胡懷琛詩作及詩論著述敘錄〉。乃就胡懷琛詩歌創作與詩學理論兩部分作品進行敘錄，考察其融通新舊的「新派詩」理論，及實踐「以中國文學為本位」的詩歌創作與詩學成就。

　　第四章〈胡懷琛散文寫作及編集著述敘錄〉。透過胡懷琛之散文、雜文創作與編集，見證其「以文寫實」，以文學觀照人生、啟迪與教化社會之功。

　　第五章〈胡懷琛小說創作、編譯與研究著述敘錄〉。胡懷琛長期探索小說，在小說語言、體裁、主題內容和敘事手法上多有創見。本章衷理其創作、編輯、翻譯與理論諸作，以見其致力開拓小說視野、小說理論、小說史論等之成績。

　　第六章〈胡懷琛民間文學著述敘錄〉。本章敘錄胡懷琛所輯存與考辨的民間文學，包括方言俚諺、神話、傳說、故事、民歌、彈詞等，顯現了他對民間文學的探索熱情，為民間文學研究留下極珍貴的史料。

　　第七章〈胡懷琛語文教育著述敘錄〉。輯錄胡懷琛有關國語文教學指導、應用教材、兒童教育與閱讀教材等編纂，及教學主張、問題與建言等著述，以彰見胡懷琛在革新與推廣白話語文教育的用心和貢獻。

　　第八章〈胡懷琛其他學術著述敘錄〉。本章敘錄胡懷琛在經、史、子三部、及集部的文學史、文學理論與批評、文學考辨等學術研究著述，以見其在近代新學思想影響下，蒐集與保存傳統文獻，致力融通中西的學術創見和治學成果。

　　第九章〈結論〉。總結胡懷琛之生平與創作及學術成果，略析其特色，藉以彰見胡懷琛在現代文學史及學術教育上的重要貢獻。

目

次

下　冊

第一章 緒 論

第一節 研究動機與目的

　　胡懷琛（1886～1938）為民國時期「南社」重要的骨幹成員，他以詩人、作家、報刊編輯、學者與教育家、小說家等多重身分，活躍於近代文學作家群中。植根於傳統文化的教育啟蒙，為他奠基了堅實的國學基礎；近代新學的知識啟發，益開闊他多元的思想視野。他以詩、詞、文論等著作，展現對傳統經典文學的執著與研究專業；又創作興味與娛樂兼具的小說作品，表達對大眾通俗文學的熱情與社會觀察。在清末民初的文藝界、新聞界和教育界，胡懷琛以其豐碩的文學成果，曾為璀璨的中國近代文壇貢獻光熱。

　　然而這位曾被譽為「舊文學的專家，新文學的巨子」〔註1〕的文人學者，卻在近代中國文學史與近代新文學作家的研究席上，始終較少被關注，其文學論著自然也長期乏人輯理。柳亞子（1887～1958）在〈亡友胡寄塵傳〉中評價胡懷琛云：「君好為深湛之思，議論間憙特異，弗肯徇眾，常以墨翟為印度人，點竄柳文字句。胡適之創語體詩，著《嘗試集》，君撰文往復，復自著《大江集》行世。不知者以君為怪誕，亦有疑君頑舊者。」〔註2〕文壇長期忽視胡懷琛，或與其「好發議論、喜創新說」的性格、與「非新非舊」的文學立場有

〔註1〕束阜仲子（陳束阜）《大江集序》語，僅見於胡懷琛詩集《大江集》1921年3月上海國家圖書館初版。轉引周興陸：〈胡懷琛的「新派詩」理論〉，見《漢語言文學研究》2013年6月第4卷第2期，頁25；又收在黃霖主編：《民國舊體文論與文學研究》（南京：鳳凰出版社，2017年4月），頁120。

〔註2〕柳亞子：〈亡友胡寄塵傳〉，見《柳亞子文集》（上海：上海人民出版社，1993年12月），《磨劍室文錄》（下），「磨劍室文四集（1939年）」，頁1235。

關。趙景深（1902～1985）曾指胡懷琛是「苦悶而徬徨於新舊文學之間的人」
〔註3〕，身處新舊二元對峙思維的時代，胡懷琛「南社」舊派文人的身分，使
得新文學家對他的論點多視而不見；他對「新派詩」和白話新詩的推崇，又
無法見容於舊派文家，他的身分因此被定位在「新舊之間」。盧永和稱胡懷琛
是「一個被新詩史家遺忘的調和者」〔註4〕，其在〈現代小詩文化身份的鑑識
——論胡懷琛的《小詩研究》〉一文中說：「胡懷琛既不是新文學圈子的人，
也不屬於保守派別，他力主「調和」新舊文學思想，由此造成舊文人方面既
感到他不夠舊，新文人方面又覺得他不夠新，在文學觀念劇烈碰撞的新文化
運動時期，「調和」論由於理論立場的搖擺模糊，稜角不夠分明，從而容易被
人忽略。」〔註5〕因此儘管他著述豐贍，後人多無緣識知。

多年來，學界傾注南社文獻的收集，與對南社整體學術思想的探索研究，
已獲致相當成果，〔註6〕近幾年來，關注的目光且正逐漸移轉至社員個人傳記
與個別研究上。南社俊彥足跡橫跨民初文藝、學術、教育、商業與媒體各大
領域，且都卓然有建樹，是推動近代中國社會成長一股極為重要的力量，然
而據目前所見，這些研究尚僅聚焦於南社較為知名的幾位會員，如柳亞子、
蘇曼殊（1884～1918）、李叔同（1880～1942）、胡樸安（1878～1947）、沈尹
默（1883～1971）、吳梅（1884～1939）、馬君武（1881～1940）等人，對於胡
懷琛這位曾在民初文壇、編輯界與教育界留下過深刻履跡的南社成員，至今
之論述雖已漸多，而其研究深度卻明顯不足，亦乏對其人其作有一個全面性
而統整的研究與評述。

胡懷琛畢生勤作不輟，其創作及研究範圍涵跨新文學、中國文學史、文
學批評、哲學、佛學、詩歌、目錄學、考據學、修辭學、文字學與傳記、小說
等領域，然其身後所遺留的宏富纂作，正隨時間逐漸凋沒，若非刻意搜輯整
理，斷楮零縑終將煙消不見。其生平行誼、作品文獻多為今人所不詳，本編

〔註3〕趙景深：〈胡懷琛〉，收在《文人印象》（上海：北新書局，1946年4月），頁
146。

〔註4〕盧永和：〈胡懷琛與新舊融合的新詩文體觀〉，湖南師範大學《中國文學研究》
（2014年第3期），「餘論」標題，頁22。

〔註5〕盧永和：〈現代小詩文化身份的鑑識——論胡懷琛的《小詩研究》〉，《肇慶學
院學報》第33卷第6期（2012年11月），頁8。

〔註6〕截至2009年，有關兩岸三地南社研究成果，可參林香伶《南社文學綜論》（台
北：里仁書局，2009年10月）第一章第二節〈兩岸三地南社研究概況〉，近
年來中華南社學壇及其他南社研究社團，亦定期舉辦學術會議。

酌以「胡懷琛著述敘錄」為主題，冀充分羅縷先生畢生精華，並記述其家世學養與生平活動，藉以知人論世，益使後學者尋源溯流，緣識先生學術之精見，並彰其對中國近代文壇之貢獻。

第二節　研究文獻回顧

　　相較於胡懷琛粲然可觀的著作，學界對其生平與作品的研究其實有限。學位論文有相關論述者可見六種：一是河北大學賀瑩的博士論文《南社文學活動與新文學發生研究》〔註7〕，在其論文第二章「南社與現代文學的發生」第二節「語言的改革」中，有專文〈五四白話文運動中的南社健將──胡懷琛〉，記述胡懷琛宣揚提倡白話詩，與胡適《嘗試集》的詩學爭論，並讚揚其在過渡期間對於「新派詩」理論的探索與堅持。浙江大學潘建偉在其博士論文《對立與互通：新舊詩壇關係之研究（1912～1937）》〔註8〕中，也以〈徬徨於新舊文學之間：胡懷琛的新派詩說〉專節，評析胡懷琛「新派詩說」的理論內容與優缺點。淮北師範大學吳娟娟碩士論文《胡懷琛新詩理論研究》〔註9〕，探討胡懷琛新派詩理論的要素及意義，並及詩歌翻譯的價值。淮北師範大學王潤碩士論文《胡懷琛小說理論研究》〔註10〕，係以胡懷琛小說作品為專題研究，探討其小說思想的養成、各階段理論的形成、特點與缺失，系統地梳理胡懷琛小說思想與理論脈絡，並列述胡懷琛小說作品數十種。重慶師範大學范珊的碩士論文《「南社」詩人胡懷琛新詩理論與創作研究》〔註11〕，辨析胡懷琛詩歌中獨特的「詩性」美感與「新派詩」理論，以此審視胡懷琛在早期新詩壇的價值與貢獻。以上論文要以胡懷琛新派詩論為主，獨王潤之論文對胡懷琛小說投以關注目光。近有揚州大學何增輝碩士論文《胡懷琛論》〔註12〕，初步嘗試將探觸範圍擴及胡懷琛的小說、詩學與國文教育，惜所取樣之作品較少且論述內容不夠深入，然其用心輯理胡懷琛的作品目錄，皆是

〔註7〕賀瑩：《南社文學活動與新文學發生研究》，河北大學博士論文，2010年5月。
〔註8〕潘建偉：《對立與互通：新舊詩壇關係之研究（1912～1937）》，浙江大學博士論文，2012年4月。
〔註9〕吳娟娟：《胡懷琛新詩理論研究》，淮北師範大學碩士論文，2013年5月。
〔註10〕王潤：《胡懷琛小說理論研究》，淮北師範大學碩士論文，2014年6月。
〔註11〕范珊：《「南社」詩人胡懷琛新詩理論與創作研究》，重慶師範大學碩士論文，2015年4月。
〔註12〕何增輝：《胡懷琛論》，揚州大學碩士論文，2017年5月。

極為珍貴的文獻材料。

　　近期有中國大陸學者余薔薇出版《胡適、胡懷琛詩學比較研究》一書，乃唯一針對胡懷琛與胡適詩學討論的專著〔註13〕，主要立足於胡適與胡懷琛詩學的比較研究，從語言、詩體、自然音節及詩學觀念，通過對比梳理以考察二者詩學差異，藉以重新審視並客觀地評價胡懷琛在新舊詩轉型期間，對新詩所做的貢獻及其文學史價值。

　　除以上論文與專書外，另有散載於數十種學術期刊上的篇章及書籍，本書依其論述內容將之分為五類：

一、胡懷琛生平思想、文化活動的概論

　　王建輝〈新舊之間的胡懷琛〉〔註14〕一文，簡述胡懷琛的生平歷程，與其身處新舊轉型時代，不為當世理解接受的文學困境。沈心慧〈胡懷琛與南社初探〉〔註15〕，以豐贍的文獻資料，詳細考述胡懷琛與南社的因緣。盧永和以〈摭論胡懷琛與柳亞子之交誼〉〔註16〕、〈胡懷琛與南社關係之考論〉〔註17〕兩篇，探討胡懷琛與南社和柳亞子的因緣，並深入分析南社團體意識對胡懷琛既新且舊的文學觀念，與其欲調和新舊的文學批評立場所形成的影響。

二、胡懷琛詩作、詩學理論的研究

　　陳福康〈胡懷琛論譯詩〉〔註18〕、方漢文、夏鳳軍、張晶〈海天詩話〉與中國比較詩學的濫觴〉〔註19〕、林香伶〈吟壇創格與詩學別裁——從〈海天詩話〉、《扶桑詩話》論近代詩話視野的新創、局限與中日交流譜系〉〔註20〕等三

〔註13〕余薔薇著：《胡適、胡懷琛詩學比較研究》（北京：社會科學文獻出版社，2018年11月）。其中〈胡適詩學的接受歷史考察——以新舊之爭為中心〉一文，曾發表於《雲南師範大學學報（哲學社會科學版）》第44卷第3期（2012年5月），頁147～153。

〔註14〕王建輝：〈新舊之間的胡懷琛〉，《出版廣角》（2002年第2期），頁64。

〔註15〕沈心慧：〈胡懷琛與南社初探〉，首屆《中華南社學壇學術會議》（2012年4月），頁74～85。

〔註16〕盧永和：〈摭論胡懷琛與柳亞子之交誼〉，《蘭台世界》第19期（2013年7月），頁116～117。

〔註17〕盧永和：〈胡懷琛與南社關係之考論〉，《海南師範大學學報（社會科學版）》2013年第1期第26卷，頁22～27。

〔註18〕陳福康：〈胡懷琛論譯詩〉，《中國翻譯》（1991年第5期），頁47～48。

〔註19〕方漢文、夏鳳軍、張晶：〈〈海天詩話〉與中國比較詩學的濫觴〉，《蘇州大學學報（社會科學版）》第40卷第2期（2012年3月），頁1～7。

〔註20〕林香伶：〈吟壇創格與詩學別裁——從〈海天詩話〉、《扶桑詩話》論近代詩話

篇，以胡懷琛〈海天詩話〉為研究主題，前一篇著重譯詩的討論，後二篇則關
注於比較詩學的研究發展。黃德生〈給胡適改詩的筆墨官司〉〔註21〕、姜濤〈為
胡適改詩與新詩發生的內在張力——胡懷琛對《嘗試集》的批評研究〉〔註22〕、
盧永和〈胡懷琛與《嘗試集批評與討論》〉〔註23〕、盧永和〈胡懷琛與新舊融合
的新詩文體觀〉〔註24〕、盧永和〈胡懷琛與吳芳吉：超越新舊詩之爭的第三種
聲音〉〔註25〕、周興陸〈胡懷琛的「新派詩」理論〉〔註26〕、劉立群、李金釘
〈新舊之間：胡懷琛「新派詩」理論抉微〉〔註27〕等，以上諸篇，多以胡懷琛
與胡適《嘗試集》改詩引發的新舊詩爭論為討論重點，胡懷琛試圖打破新舊二
元對立的「新派詩」理論，雖始終不被新詩學家們接受，然其新論創見，仍有
提供現代詩學發展借鑒研究的價值。余冰〈胡懷琛的《詩與小說》〉〔註28〕，主
要介紹胡懷琛《詩與小說》期刊中的詩作內容，在簡述胡懷琛生平、性格及
其經歷之外，亦不免述及胡懷琛與《嘗試集》的改詩風波。劉東方〈論胡懷琛
的現代小詩研究〉〔註29〕、〈胡懷琛、周作人現代小詩研究之比較〉〔註30〕、
盧永和〈現代小詩文化身份的鑑識——論胡懷琛的《小詩研究》〉〔註31〕，以

視野的新創、局限與中日交流譜系〉，《中國現代文學》第 31 期，（2017 年 6
月），頁 75～104。

〔註21〕黃德生：〈給胡適改詩的筆墨官司〉，《讀書》（2001 年第 2 期），頁 44～46。

〔註22〕姜濤：〈為胡適改詩與新詩發生的內在張力——胡懷琛對《嘗試集》的批評研
究〉，《北京大學學報》第 40 卷第 6 期（2003 年 11 月），頁 130～136。

〔註23〕盧永和：〈胡懷琛與《嘗試集批評與討論》〉，《北華大學學報（社會科學版）》
第 15 卷第 1 期（2014 年 2 月），頁 79～84。

〔註24〕盧永和：〈胡懷琛與新舊融合的新詩文體觀〉，《中國文學研究》（2014 年第 3
期），頁 19～23。

〔註25〕盧永和：〈胡懷琛與吳芳吉：超越新舊詩之爭的第三種聲音〉，《社會科學輯刊》
（2014 年第 5 期），頁 187～192。

〔註26〕周興陸：〈胡懷琛的「新派詩」理論〉，《漢語言文學研究》（2013 年第 2 期），
頁 24～32。亦見黃霖主編：《民國舊體文論與文學研究》（江蘇：鳳凰出版社，
2017 年 4 月），頁 119～132。

〔註27〕劉立群、李金釘：〈新舊之間：胡懷琛「新派詩」理論抉微〉，《巢湖學院學報》
（2015 年第 17 卷第 1 期），頁 76～81。

〔註28〕余冰：〈胡懷琛的詩與小說〉，《尋根》（2014 年第 1 期），頁 120～123。

〔註29〕劉東方：〈論胡懷琛的現代小詩研究〉，《海南師範大學學報（社會科學版）》
第 21 卷（2008 年第 4 期），頁 20～23。

〔註30〕劉東方：〈胡懷琛、周作人現代小詩研究之比較〉，《齊魯學刊》（2008 年第 5
期），頁 134～137。

〔註31〕盧永和：〈現代小詩文化身份的鑑識——論胡懷琛的《小詩研究》〉，《肇慶學
院學報》第 33 卷第 6 期（2012 年 11 月），頁 5～9。

上三篇論文以胡懷琛《小詩研究》為主題，是對胡懷琛融通新舊詩學觀點的延續討論。趙黎明、朱曉梅的〈「詩辨」意識與古典主義「新詩」觀念的建立——胡懷琛關於新詩文體理論的另一種探索〉〔註32〕，探討胡懷琛在傳統「辨體」思維下所建設的「新派詩」觀點，即重視「情感」和「音節」、強調「詩文」之別和「詩歌」之別、重視中外詩歌「民族本性」之不同、不分體裁新舊等內容。

三、胡懷琛之修辭學及修辭概念的討論

林興仁〈柳宗元要求更正——從一則標點趣談說到借代〉〔註33〕、傅惠鈞〈說「假言」〉〔註34〕、與彭二珂整理〈與胡寄塵論「萬有文庫本」《柳宗元文》之選注〉（王雲六原著）、〈胡寄塵答華狷公論柳文書〉（胡寄塵原著）〔註35〕等四篇，係就胡懷琛提出對柳宗元文的修辭見解後，引發學界對其點竄柳文字句爭議的諸多論述之文。鑒於前因，又掀起學界對胡懷琛修辭學理論的討論，有王希杰〈胡懷琛的修辭學研究及其爭論〉〔註36〕、盧永和〈「修辭」的詩學意義及其限度——論胡懷琛的修辭學研究〉〔註37〕、及劉怡伶〈修辭學的現代轉向：以胡懷琛為研究個案〉〔註38〕三篇。

四、胡懷琛文學、小說與寓言創作、民間文學等研究

劉中文的〈胡懷琛的陶學研究〉〔註39〕，通過胡懷琛的《陶淵明生活》、《中國八大詩人》兩書，梳理其在陶學領域切實客觀的研究成果，以彰先生的

〔註32〕趙黎明、朱曉梅：〈「詩辨」意識與古典主義「新詩」觀念的建立——胡懷琛關於新詩文體理論的另一種探索〉，《上海交通大學學報（哲學社會科學版）》，第21卷（2013年第1期），頁80～88。

〔註33〕林興仁：〈柳宗元要求更正——從一則標點趣談說到借代〉，《當代修辭學》（1987年第5期），頁10～11。

〔註34〕傅惠鈞：〈說「假言」〉，《修辭學習》（2004年第3期），頁57～58。

〔註35〕王雲六原著、彭二珂整理：〈與胡寄塵論「萬有文庫本」《柳宗元文》之選注〉，《湖南科技學院學報》第36卷第8期（2015年8月），頁17。胡寄塵原著、彭二珂整理：〈胡寄塵答華狷公論柳文書〉，《湖南科技學院學報》第36卷第8期（2015年8月），頁18～19。

〔註36〕王希杰：〈胡懷琛的修辭學研究及其爭論〉，《蘇州教育學院學報》第20卷第1期（2003年3月），頁7～10、50。

〔註37〕盧永和：〈「修辭」的詩學意義及其限度——論胡懷琛的修辭學研究〉，《揚州大學學報》第17卷第2期（2013年3月），頁93～99。

〔註38〕劉怡伶：〈修辭學的現代轉向：以胡懷琛為研究個案〉，2016年12月9～10日台北市立大學「修辭批評與華語文教學學術研討會」論文。

〔註39〕劉中文：〈胡懷琛的陶學研究〉，《海南師範大學學報（社會科學版）》第25卷第1期（2012年1月），頁56～63。

學術貢獻；黃湘金〈「虞初體」小說集的絕響──《虞初近志》〉〔註40〕，探討胡懷琛文言傳記小說集《虞初近志》的源流、體例、內容與影響，見其在「虞初體」小說創作上承舊與新變的成就；張振國〈民國中後期志怪傳奇小說集10種續錄〉〔註41〕，蒐集與考述了民國中後期（1920～1949）10種文言志怪小說集，其中包括胡懷琛編著的《客窗消閒錄》，為逐漸衰微的古代小說保留極為珍貴的研究資料；莊逸雲的〈胡懷琛的中國小說史研究〉〔註42〕與盧永和的〈小說學與長時段：論胡懷琛的中國小說史學〉〔註43〕，是對胡懷琛小說史與小說史學研究實績的總論，考察範圍包括胡懷琛的〈中國小說考源〉、〈中國的古小說〉、〈短篇小說概論〉、《中國小說研究》、《中國小說的起源及其演進》、《中國小說概論》、《中國小說研究》等著述，胡懷琛力陳以小說本體為小說史的研究重心，強調小說新舊融合的演進特徵，對於小說的內容、體例變化與其得失發展，皆有精闢的論見；李鴻淵〈胡懷琛《中國寓言研究》的學術史意義〉〔註44〕，以《中國寓言研究》一書為論述核心，兼及其他與寓言相關的論著，包括《中國民歌研究》、《民間文藝書籍的調查》、《托爾斯泰與佛經》、《佛學寓言》等，探討胡懷琛在民間文學研究上的意義與價值。

五、新文學教育、教學法、教育思想與寫作教育法等研究

胡懷琛雖被新文學家歸編為「舊派文人」，實則其對民初新文學教育貢獻不少。趙黎明〈胡懷琛與民國之初的新文學教育〉〔註45〕、與盧永和〈胡懷琛的白話文寫作與新文學教育〉〔註46〕，揭舉胡懷琛推展新文學教育的諸多著述，

〔註40〕黃湘金：〈「虞初體」小說集的絕響──《虞初近志》〉，《樂山師範學院學報》第20卷第4期（2005年4月），頁17～20。

〔註41〕張振國：〈民國中後期志怪傳奇小說集10種續錄〉，《黃山學院學報》第11卷第2期（2009年4月），頁81～85。

〔註42〕莊逸雲：〈胡懷琛的中國小說史研究〉，《江淮論壇》（2004年第2期），頁147～151。

〔註43〕盧永和：〈小說學與長時段：論胡懷琛的中國小說史學〉，《齊魯學刊》（2015年第4期），頁128～136。

〔註44〕李鴻淵：〈胡懷琛《中國寓言研究》的學術史意義〉，《民族文學研究》（2010年第4期），頁78～83。

〔註45〕趙黎明：〈胡懷琛與民國之初的新文學教育〉，《中國文學研究》第4期（2011年4月），頁63～66。

〔註46〕盧永和：〈胡懷琛的白話文寫作與新文學教育〉，《海南師範大學學報（社會科學版）》第25卷第1期（2012年1月），頁56～63。亦刊見《西華大學學報（哲學社會科學版）》第34卷第2期（2015年3月），頁15～20。

包括《白話詩及白話文選》、《新文學淺說》、《新詩概說》、《抒情文作法》、《詩學討論集》、《小詩研究》、《中國民歌研究》、《中國小說概論》、《修辭方法》等，以證胡懷琛借鑒現代西方語言與文學觀念，不滯舊、不泥新，以古觀今的寬闊視野；趙志偉〈胡懷琛的《中學國文教學問題》及其啟示〉〔註47〕、喬琛〈胡懷琛《作文研究》的思想價值探悉〉〔註48〕、莫麗莎〈文無定法而有活法──評胡懷琛編著《言文對照古文筆法百篇》〉〔註49〕，著重於胡懷琛寫作技巧、文學觀念和教學經驗，可見先生在普及新文學及推廣新式教育上所作的貢獻。

除此之外，尚可見到許多引述胡懷琛學術觀點或著作篇目的文章：彭秀樞、彭南均〈竹枝詞的源流〉〔註50〕，舉用胡懷琛《中國民歌研究》書中，竹枝詞體例的研究與案例，探論竹枝詞源流。周德富〈林西仲的文章評點──《古文筆法百篇》讀書摘錄〉〔註51〕，摘錄胡懷琛在《古文筆法百篇》書中對林西仲文章的評點內容。蔣秀秀〈李白「客寓意識」下的「有我之境」探微〉〔註52〕文中，引用胡懷琛考證李白出生地的史料，作為佐證日籍學者松浦友久對李白客寓意識觀點的研究。羅寧〈古小說之名義、界限及其文類特徵──兼談中國古代小說研究中存在的問題〉〔註53〕，在其探討古小說的時間界限時，論及胡懷琛《中國小說研究》中，以時代劃分中國小說史的內容。張憲華〈關於《詩經》寓言詩研究的若干思考〉〔註54〕，略及胡懷琛《中國寓言研究》中的「寓言詩」。譚帆〈論中國古代小說文體研究的四種關係〉〔註55〕，在梳理

〔註47〕趙志偉：〈胡懷琛的《中學國文教學問題》及其啟示〉，《語文建設》（2014 年 28 期），頁 56～59。

〔註48〕喬琛：〈胡懷琛《作文研究》的思想價值探析〉，《淮北師範大學學報（哲學社會科學版）》第 36 卷第 3 期（2015 年 6 月），頁 16～20。

〔註49〕莫麗莎：〈文無定法而有活法──評胡懷琛編著《言文對照古文筆法百篇》〉，《青年文學家》（2012 年第 20 期），頁 43、45。

〔註50〕彭秀樞、彭南均：〈竹枝詞的源流〉，《吉首大學學報》（社會科學版）（1982 年第 2 期），頁 38～47。

〔註51〕周德富：〈林西仲的文章評點──《古文筆法百篇》讀書摘錄〉，《語文學習》（1988 年第 7 期），頁 37～39。

〔註52〕蔣秀秀：〈李白「客寓意識」下的「有我之境」探微〉，《神州》（2012 年 17 期），頁 2。

〔註53〕羅寧：〈古小說之名義、界限及其文類特徵──兼談中國古代小說研究中存在的問題〉，《社會科學研究》（2012 年 1 期），頁 172～73。

〔註54〕張憲華：〈關於《詩經》寓言詩研究的若干思考〉，《美與時代》（下旬刊）（2013 年第 6 期），頁 110～111。

〔註55〕譚帆：〈論中國古代小說文體研究的四種關係〉，《學術月刊》第 45 卷 11 期

中國古代小說文體研究的文獻上，提及胡懷琛《中國小說研究》〈中國小說形式上之分類及研究〉章節中，將古代小說劃分為四種體式的理論。韋承紅、陳燁〈察往知來，溫故知新——「國畫復活運動與廣東中國畫」國際學術研討會綜述〉〔註56〕，特別指出胡懷琛早於五四變革期間，在其《上海學藝概要》文中，便已預知中國繪畫未來必將以「國畫復活運動」，回應外來文化衝擊的灼見。劉中文〈20世紀早期陶學名著——《中國之托爾斯泰》評議〉〔註57〕，論述中國早期陶學研究者甘蟄仙的專文，指出包括胡懷琛等人，乃繼甘氏之後的陶學研究學者。彭二珂〈柳宗元在民國教育中的影響概述〉〔註58〕、張濤〈文學史撰寫應充分重視社團文學研究〉〔註59〕，肯定胡懷琛早在三〇年代發表的〈西湖八社與廣東的詩社〉文中，已然有關注到文人社團議題的遠見。

第三節　研究步驟與敘錄範圍

　　學界對胡懷琛的研究狀況概如前述，綜觀所論，多侷於對胡懷琛部分作品中某些特點的闡發，然有關其生平及作品的總體性、系統性的論述研究仍不完整。胡懷琛的著述十分龐雜，本編旨在為胡懷琛之著作撰述敘錄，於條理其生平行誼事蹟外，主要以其著作為主體，進行資料的搜羅整理研究，並分門別類，鉤玄提要，俾能為辨章其學術、考鏡其源流略盡棉薄之力，其內容涵蓋以下範圍：

一、胡懷琛生平的梳理撰述

　　有關胡懷琛之生平記載歷來多失之簡略片斷且未盡完整，其孫胡小靜於〈胡懷琛〉一文中，記述胡懷琛生性「不善言談，也少交際，加之謝世較早」，又「自己的記載也忒少」，甚至其子胡道靜對父親的經歷亦所知不多。〔註60〕

（2013年11月），頁107。

〔註56〕韋承紅、陳燁：〈察往知來，溫故知新——「國畫復活運動與廣東中國畫」國際學術研討會綜述〉，《美術》（2014年3期），頁97。

〔註57〕劉中文：〈20世紀早期陶學名著——《中國之托爾斯泰》評議〉，《中國韻文學刊》第28卷2期（2014年4月），頁3。

〔註58〕彭二珂：〈柳宗元在民國教育中的影響概述〉，《湖南科技學院學報》第36卷第8期（2015年8月），頁13～16。

〔註59〕張濤：〈文學史撰寫應充分重視社團文學研究〉，《河北學刊》第36卷第2期（2016年3月），頁119，121。

〔註60〕胡小靜：〈胡懷琛〉，收在柳無忌、殷安如編：《南社人物傳》（北京：社會科

為理解胡懷琛生平概況，本書於第二章「胡懷琛的生平」，參稽胡懷琛親朋友人所錄，如胡樸安所撰〈寄塵事略〉〔註61〕、胡道靜《序跋題記‧學事雜憶》中的回憶篇〔註62〕、胡小靜所撰〈胡懷琛〉〔註63〕及好友柳亞子作〈亡友胡寄塵傳〉〔註64〕；胡懷琛自撰的〈螺屋記〉、〈移居瑣記〉、〈我之兒時〉、〈樓頭明月〉、〈我之趣事〉等瑣記雜文〔註65〕，及《胡懷琛詩歌叢稿》、《福履理路詩鈔》、《江村集》〔註66〕等詩集；同時參照其他遺聞憶錄，包括鄭逸梅〈胡寄塵〉及〈執教和編書的胡寄塵〉〔註67〕、胡耐安〈煮字療飢胡寄塵〉〔註68〕、惠若（筆名）〈記胡懷琛〉〔註69〕、左鴻（筆名）〈我與胡懷琛先生〉〔註70〕、關志昌〈胡懷琛〉〔註71〕、王建輝〈新舊之間的胡懷琛〉〔註72〕、袁義勤〈胡懷琛治學二

學文獻出版社，2002 年 6 月），頁 476。

〔註61〕 胡樸安：〈寄塵事略〉，收在《樸學齋叢書》1940 年第一集第 8 冊《家乘》。

〔註62〕 《胡道靜文集》中所記胡懷琛事，參〈我的父親胡懷琛與商務印書館〉（頁179～183）、〈上海孤島生活的回憶〉（頁 231～248）、〈回憶我的學生時代〉（頁 249～274）、〈淡南回憶錄——上海事通志館舊事〉（頁 294～299）、〈上海通志館及上海通志稿〉（頁 300～304）等多篇。收在虞信棠、金良年編：《胡道靜文集》（上海：上海人民出版社，2011 年 12 月），卷七《序跋題記‧學事雜憶》。

〔註63〕 胡小靜：〈胡懷琛〉，見柳無忌、殷安如編：《南社人物傳》（北京：社會科學文獻出版社，2002 年 6 月），頁 478。

〔註64〕 柳亞子：〈亡友胡寄塵傳〉，收在《柳亞子文集》（上海：上海人民出版社，1993年 12 月），《磨劍室文錄》（下），頁 1235。

〔註65〕 胡懷琛〈螺屋記〉、〈移居瑣記〉，收在《寄塵雜著叢存》（1934 年上海新民書局版）；〈我之兒時〉收在《紅雜誌》1923 年 2 卷 10 期；〈樓頭明月〉、〈我之趣事〉收在《紅玫瑰》第 1 卷第 9 及 19 期。

〔註66〕 《胡懷琛詩歌叢稿》，收入《樸學齋叢書》第三集第 1～2 冊；《福履理路詩鈔》、《江村集》，收入《樸學齋叢書》第一集第 4 冊。

〔註67〕 鄭逸梅：〈南社社友事略‧胡寄塵〉條，見《南社叢談——歷史與人物》（下），（北京：中華書局，2006 年 7 月），頁 265～267。又〈執教和編書的胡寄塵〉，收在鄭逸梅：《清末民初文壇軼事》（上海：學林出版社，1987 年 2 月），頁 196～199。

〔註68〕 胡耐安（遯叟）：〈煮字療飢胡寄塵〉，《六十年來人物識小錄》（台北：台灣商務印書館，1977 年 4 月），頁 166～169。

〔註69〕 惠若（筆名）：〈記胡懷琛〉，《十日談》1934 年第 32 期「文壇畫虎錄」，頁 299。

〔註70〕 左鴻（筆名）：〈我與胡懷琛先生〉，《紅茶》（半月刊）1938 年第 13 期，頁 25～26。

〔註71〕 關志昌：〈胡懷琛〉，收在劉紹唐主編：《民國人物小傳》（上海：上海三聯書店，2017 年 7 月），第廿冊，頁 141～153。

〔註72〕 王建輝著：〈新舊之間的胡懷琛〉，《出版廣角》2002 年 02 期，頁 44～46。

三事〕〔註73〕等文進行爬梳彙理，期據以勾勒胡懷琛之生平梗概，以詳其家世、性格、師承、成長及求學背景，知其在南社的交遊往來，在新聞界的編輯、寫作與文社活動，及其擔任教職、從事學術整理研究的志業，使後學者得識先生之學行典誼。

二、胡懷琛著述文獻的蒐集檢核

（一）文獻的蒐集整理

胡懷琛夙勤於筆耕，始於民國初年至 1937 年的文筆生涯中，創寫了為數頗豐的作品，包括目錄學、語文學、修辭學、考據學、哲學、倫理學、佛學、數學、文學史、詩詞、戲曲、民歌、寓言、小說、地方志、教科書、教育法、讀書法、兒童文學等。然筆者於台灣各圖書館徵集書篇的過程中，很快便面臨了版本不全與書籍闕佚的困擾，蓋思其原因有三，一是民國時期動亂紛擾，繼而又歷文革浩劫，書冊佚燬嚴重；二是近代文人作品長期乏人關注整理，文獻不存者甚多；三因台灣囿限於政治與地域因素，有關民國時期文史相關的研究資料長期闕如所致。

今吾人所見胡懷琛著述，多得自其子胡道靜在對日抗戰時，贈存於震旦大學圖書館、上海圖書館所倖存之史料〔註74〕，震旦大學於 1952 年因教育政策調整撤除，學系併入復旦大學及華東師範大學，故藏本當以這兩所大學圖書館及上海圖書館最為完整。本書今所徵稽資料，其來源乃以台灣現有，包括台灣國家圖書館（含分館）、中研院近史所郭廷以圖書館、台灣大學及東吳大學兩校圖書館藏本為主，然亦同時參照大陸上海圖書館、上海復旦大學、華東師範大學圖書館等所錄；至於各大圖書館未能見到的版本，幸而仍見存

〔註73〕袁義勤撰：〈胡懷琛治學二三事〉，顧國華編：《文壇雜憶續編》（上海：上海書店，1999 年 9 月），頁 249～251。

〔註74〕胡懷琛之書捐藏震旦大學圖書館事，胡道靜在其〈負版的故事〉文中，記「八‧一三」離滬前夕，「連同父親的遺藏，一併捐贈給了震旦大學圖書館」；又於〈上海孤島生活的回憶〉，記「八‧一三」匆促離滬，行前「我便將其中的書籍、期刊捐贈給了這家（震旦）圖書館，同時選出一部分最有價值的報紙委託該館保存。」又在〈關於上海通志館的回憶〉、〈柳亞子的滬寓藏書〉二文中，記述有關上海通志諸編史料及柳亞子滬寓藏書，則收放在當時上海博物館圖書室，即今之上海圖書館而獲見保存事。以上諸文，見虞信棠、金良年編：《胡道靜文集》（上海：上海人民出版社，2011 年 12 月），卷七《序跋題記‧學事雜憶》，頁 216、248、280、342。

於孔夫子（http://www.kongfz.com）、古籍網（http://www.bookinlife.net）等網站。除此，筆者也自樽本照雄《新編增補清末民初小說目錄》〔註75〕、唐沅、封世輝《中國現代文學期刊目錄匯編》〔註76〕、劉永文《民國小說目錄（1912～1920）》〔註77〕、賈植芳、俞元桂《中國現代文學總書目》〔註78〕、傅瑛《民國皖人文學書目》〔註79〕、張澤賢《中國現代文學小說版本聞見錄（1909～1933）》〔註80〕、袁進《鴛鴦蝴蝶派散文大系（1909～1949）》〔註81〕、向燕南，匡長福《鴛鴦蝴蝶派言情小說集粹》〔註82〕與于潤琦《清末民初小說書系》〔註83〕等書目中拾得少許遺珠。除專著外，胡懷琛尚有大量作品發表於民國時期各報章期刊上，這些材料多摘自《晚清民國期刊全文數據庫》所錄，另承蒙胡樸安孫女胡麥琍及夫婿汪欣先生惠贈胡懷琛部分書稿，筆者而得順利開展研究工作。

（二）文獻的檢核釐清

胡懷琛一生屢迫於戰亂遷徙，其著述與藏書雖誠極可觀，然多散潰無遺，家宅繼遭戰火焚燬〔註84〕，損失益鉅。根據胡道靜〈先君寄塵著述目〉所錄，胡懷琛著述有 153 種〔註85〕；胡小靜〈胡懷琛〉文中則記：「（胡懷琛）著述

〔註75〕〔日〕樽本照雄編：《新編增補清末民初小說目錄》（濟南：齊魯書社，2002年4月）。

〔註76〕唐沅、封世輝、孫慶升等主編：《中國現代文學期刊目錄匯編》（上、下）（天津：天津人民出版社，1988年9月）。

〔註77〕劉永文編著：《民國小說目錄（1912～1920）》（上海：上海古籍出版社，2011年12月）。

〔註78〕賈植芳、俞元桂主編：《中國現代文學總書目》（福州：福建教育出版社，1993年12月）。

〔註79〕傅瑛著：《民國皖人文學書目》（北京：中國社會科學出版社，2016年4月）。

〔註80〕張澤賢著：《中國現代文學小說版本聞見錄（1919～1933）》（上海：上海遠東出版社，2009年6月）。

〔註81〕袁進主編：《鴛鴦蝴蝶派散文大系（1909～1949）》（上海：東方出版中心，1997年9月）。

〔註82〕向燕南、匡長福主編：《鴛鴦蝴蝶派言情小說集粹》（上、下）（福州：福建人民出版社，1993年4月）。

〔註83〕于潤琦主編：《清末民初小說書系》（北京：中國文聯出版公司，1997年7月）。

〔註84〕胡道靜〈負版的故事〉一文中，記有1932年「一‧二八」夜，家宅遭日軍轟炸燬，藏書化為灰燼事。見虞信棠、金良年編：《胡道靜文集》（上海：上海人民出版社，2011年12月），卷七《序跋題記‧學事雜憶》，頁216。

〔註85〕胡道靜：〈先君寄塵著述目〉，見胡樸安：《樸學齋叢書》1940年第一集第8冊《家乘》後附錄，頁11～19。

能查到的已有 170 多種，字數已逾 500 萬」；〔註 86〕鄭逸梅曾於〈執教和編書的胡寄塵〉文中云：「寄塵的著作，據我所知，有一百七十多種」，此記述與其登錄在〈南社社友著述存目表〉中的 173 種書目數量基本吻合〔註 87〕。至 2017 年關志昌撰寫〈胡懷琛〉傳時，其敘列書目已達 206 種〔註 88〕。胡道靜所錄時間最早，初版資料詳盡；關志昌所錄依年編序，詳列各書的出版時間與出版社，其中書目雖稍有重誤，然迭經補遺，所錄最接近實際出版數目，有較高的參考價值。筆者乃采錄胡道靜〈先君寄塵著述目〉、鄭逸梅〈南社社友著述存目表〉、及關志昌〈胡懷琛〉等所列書目為底本，進行胡懷琛著述文獻，包括專著與散篇文論的徵集、檢核、比對、排序與分類等整理研究，然其過程困難重重，略而言之，有如下者：

1. 篇目名稱或內容混雜，難以辨明

以關志昌所列書目為例，其中有部分專著與篇目混雜不詳，須待釐校者，如：

（1）著錄胡懷琛著有《胡寄塵詩》，然筆者未見其書，經查由楊愷齡所輯上海正風文學院師生詩詞作品的《因社集》中，載有「胡寄塵詩」八首，疑即所指。

（2）又列胡懷琛有小說《黃巾劫》、《血中案》、《黃金案》三書，然據筆者遍查，胡懷琛有小說創作〈黃金〉一篇、小說專著《血巾案》、《黃金劫》二書，此外未見，此或係誤植。

（3）著錄中載有《浪游筆記》，然筆者未見其書，僅自《先施樂園日報》見有「浪游短筆」連載專欄，既未見單行本，且題目不明，難以確認是否為同一種。

〔註 86〕胡小靜撰：〈胡懷琛〉，見柳無忌、殷安如編：《南社人物傳》（北京：社會科學文獻出版社，2002 年 6 月），頁 478。

〔註 87〕鄭逸梅：〈執教和編書的胡寄塵〉，收在《清末民初文壇軼事》（上海：學林出版社，1987 年 2 月），頁 198；〈南社社友著述存目表〉，收在《南社叢談——歷史與人物》（北京：中華書局，2006 年 7 月），（下），435～436。

〔註 88〕關志昌於〈胡懷琛〉篇後附記其書目主要參考柳亞子〈亡友胡寄塵傳〉、胡小靜〈胡懷琛傳略〉（即〈胡懷琛〉）、胡道靜〈胡懷琛著述總目〉（即〈先君寄塵著述目〉）、鄭逸梅《南社叢談——歷史與人物》、柳無忌〈柳亞子年譜〉，及《中國文學家辭典》現代第四分冊（四川人民出版社）等。收在劉紹唐主編：《民國人物小傳》（上海：上海三聯書店，2017 年 7 月），第廿冊，頁 141～153。

2. 重複發表，或分或合，難以定稿

至於散見報紙期刊的文稿篇章，其數量龐雜，分類輯理至為不易。蓋民國時期，上海出版業蜂起，報刊雜誌社需求稿源，寫作既可獲得稿費，又可藉此提高聲譽，因此作家們慣先單篇投稿，長篇小說也多先經連載發表，再由出版社集結出版。且由於當時並無版權制約，故而「一稿多投」、「分稿多投」乃文壇之常態：

（1）「一稿多投」例，如〈說性〉一篇，同時發表於 1914 年 9 月《白相朋友》、1915 年 3 月《雙星雜誌》、1921～1922 年《儉德儲蓄會會刊》「雜俎」欄，又收在〈波羅奢館雜記〉。〈論九流之流弊〉一篇，發表於《國大周刊》1925 年 92 期；《國學周刊》1925 年第 3 期及《南洋雜誌》1926 年第 4 期。

（2）「分稿多投」例，如〈小說管見〉有三篇分別發表於《新聲雜誌》，後收入《十年筆記》時，三篇乃併為〈小說管見〉一文的前四段。又如《秋雪詩》之三聯詩〈雜詩〉有二個版本，一以〈清愁〉為第一聯，〈清愁〉曾單篇發表於《南社叢刻・詩錄》；又有取《重編大江集》中的〈明月〉詩為第一聯者。

3. 篇名、文字，或同或異，校核不易

又常見「同篇異名」、「異篇同名」或同篇詩文字句相異情形，如：

（1）「同篇異名」者，如〈弔南北殉難諸將士〉（《上武詩鈔》），發表於《社會日報》之詩名為〈弔全面抗戰殉難諸將士〉。又如〈津浦火車中作〉（《重編大江集》），刊載於《南社叢刻・詩錄》之詩名為〈歸夢〉。

（2）「異篇同名」者，如〈詩歌與感情〉有二篇，分別收入《文學短論》與《中國文學辨正》，其篇名雖相同，然內容實異。

（3）同篇詩文字句相異之例，如《福履理路詩鈔》中，〈避亂移居西南郊外忽忽已初夏矣感物賦此〉一首之「苔衣淨滑真難睡」句，與《因社集》所載「苔衣淨滑真宜喜」句不同。又〈因社雅集覺園攝影題此即呈同社諸君〉一首之「半日匆匆容易過，合留此影待長珍」句，與《因社集》「半日浮生容易過，宜留一影待長珍」句亦不同。

4. 筆名繁多，辨識困難

除篇章須覈實外，民國時期作家喜造筆名，筆名繁多也增加資料收集時辨識的困難度。筆者所見，胡懷琛著述至少曾署以「胡懷琛」、「胡寄塵」、「安吳胡寄塵」、「安吳胡懷琛寄塵」、「涇縣胡寄塵」、「涇縣胡懷琛」、「涇縣安吳

胡懷琛」、「寄塵」、「塵」、「季塵」、「塵夢」、「春夢」、「螺屋主人」、「瀨江濁物」、「濁物」、「秋山」、「火山」〔註89〕等十七式筆名。其筆名之使用，但凡文學或學術研究類著，多署全名「胡懷琛」，小說及通俗作品多用「胡寄塵」，或其字「寄塵」，或別字「秋山」，或「季塵」、「塵夢」……等。

5. 專書多混收各體，分類不明確

胡懷琛的單篇雜文數量甚多，且初時多先發表在報章刊物上，後或集結出版，然這些雜文之類別與性質彼此並不相同，彙集之後，難以歸類。如以胡懷琛雜文集《寄塵雜著叢存》為例，該書綜集了詩篇、佛詩、神話、寓言故事、小說、傳記等各體文類，其中之神話故事、寓言故事各篇本應歸在民間文學，又同時出現在雜文集。又如《怪話》（1919年廣益書局），所收四卷，包括「怪談」、「怪事」、「怪文」、「怪詩」。如「怪談」中有笑話、雜文、常識、打油詩、小說；「怪文」中有序跋、小說、雜文、傳記、書信等，所收更為混雜，難以一一記述。此外，也有如〈話詩〉一篇，所收有兩詩，一解「嵌字詩」，當歸入民間文學之「嵌字詩」；一評岳飛之〈滿江紅〉詞，當歸於詩評。

三、胡懷琛著述文獻的分類敘錄

以上問題的提出，主要為凸顯筆者在資料收集整理與分類敘錄過程時所面臨的難題。胡懷琛一生留下大量豐富的著述，這些作品，標寫著其在近代文學時空中，身為學術研究者、詩人、文學家、小說家和教育家等多重身分的創作及研究履跡。

胡懷琛之著述豐富，「經、史、子、集」四部皆有，尤以集部之「詩歌」、「散文」、「小說」等文學篇章多元多樣，內容與體例亦極為龐雜，涵括詩詞、詩鈔、詩話、詩論，散文、筆記、書信、文評，小說及理論、俚俗考據、寓言、民歌、戲曲、歌曲等多種，分類分章十分不易。為便於統整論述，並彰見胡懷琛在文學著述上的成績，本書參酌其著述內容及篇幅，將「詩歌」、「小說」二種，及「散文」寫作部分自「集部」中析出，與民間文學、語文教育，各據類立章，分別敘錄，並另立「其他學術著述」一章，收錄經、史、子三部著述，

〔註89〕胡道靜在〈上海通社紀事本末〉文中指出，胡懷琛於1934～1938年參與上海通社編纂《上海研究資料》時期，撰稿多用「秋山」與「火山」兩式筆名，特別是「火山」，幾乎僅見專用於該時期。虞信棠、金良年編：《胡道靜文集》（上海：上海人民出版社，2011年12月），卷七《序跋題記·學事雜憶》，頁312。

並收有關文學史、文學考辨、文學批評與理論研究等，歸入「集部其他論著」一節敘錄之。茲將胡懷琛之著述分為詩歌（含詞）、散文、小說、民間文學、語文教育、其他學術著述等六大類，分章敘錄之。其分章及敘錄原則如下：

（一）分類與分章原則：

1. 凡詩歌創作、詩歌總論、詩歌史、詩歌理論等，悉歸於「詩歌」一章。

2. 凡散文、雜文創作與編集等，悉歸入「散文」一章。

3. 凡小說創作、編譯小說、小說理論與研究等，悉歸入「小說」一章。

4. 凡對俗語、民歌、傳說、故事、彈詞等通俗文學的創作與考釋，悉歸入「民間文學」一章。

5. 凡教科書、各式讀書與寫作應用教材、語文閱讀與學習指導、教學建議與討論等，歸入「語文教育」一章。

6. 凡經部、史部、子部論述及集部中與文學研究相關的論著，悉歸入「其他學術」一章。蓋以集部之「詩歌」、「散文」、「小說」及「民間文學」、「語文教育」等篇章極多，故特據類立章，分別敘錄。

7. 著述中凡與宗教相關之作，包含佛詩、佛學故事、小說、佛學之相關考據者，以其性質與內容雖屬特殊，然因篇數不多，故酌歸入各章中記述之，不另立宗教類。

（二）各章著述依內容加以分類，再區分專著及單篇、創作及編輯，依序編排。各章前有引言，概述時代背景及撰作之緣起；中為著述敘錄；章末總結作品之特色、價值、成果或貢獻。各類著述若因篇數過多，篇目無法盡列者，則舉「例篇」敘錄之。

（三）專著中若有單篇文章具特殊價值或有單獨論述之必要者，如〈神州異產志〉、〈海天詩話〉等，則摘出另敘，雖因此難免產生體類混淆，然本書既以詳錄胡懷琛之著述為主，此乃不得不為之舉。又民初以隨筆、筆記雜文為寫作主流，胡懷琛作品中有為數不少摘要式短語，或其自述為「創作材料」的零篇簡箋，胡懷琛亦稱之為「篇」或「首」者，蓋此與筆者對文章之認知不同，難免影響記數之精確。

（四）各書或各篇敘錄之原則如下：

1. 卷／冊／篇。

2. 作者。胡懷琛筆名繁多，本書為忠實呈現著述原貌，著錄時仍維持版權頁或篇前之署名；又為避免稱呼混亂，在敘錄時統以「胡懷琛」稱之。

3. 出版狀況或出處。如有不同版本，盡量說明，以作品發表或出版時間為序，若已出版但不詳初版時間者，則以筆者所見之版次為序。未見之作品，則標錄出處並標註「未見」。

4. 說明撰述背景及內容大要或略加評語。

以上所述，為本編之研究緣起、研究步驟與敘錄範圍，並簡述分類與分章原則，及蒐錄過程所遭遇困難的處理方式等。胡懷琛著作數量極其龐雜，過往又缺乏關注及整理，散佚嚴重，筆者雖已竭力蒐羅，然力所未逮者仍多，闕漏難免。惟冀透過本編全面性地搜佚整理，俾以提供後學者研究胡懷琛生平及作品之文獻參考。

第二章　胡懷琛的家世及生平

第一節　胡懷琛的家世

　　胡懷琛，原名有懷，字季仁，後改名懷琛，字寄塵，〔註1〕別字秋山。清光緒十二年春（丙戌二月初三日，1886年3月8日）生於安徽省涇縣東鄉龍坦村。胡氏先祖於宋元之際，自江西婺源徙居涇縣城東的龍坦村，族衍籍藩，至其已十九世，族祖世代皆耕讀於梓，子弟或外出營商者，多以製紙與絲線為業〔註2〕。

　　胡懷琛之父名鼎成（1843～1912），學名鼎，字愛亭，號硯樵，廩貢生。少學勤篤，性頗豪，「喜飲酒，酒酣耳熱嘗有拔劍起舞、顧眄自雄之概」〔註3〕，然仕運不濟，遂襟抱詩文「攜得摩崖一枝筆，乘閒更試白雲茶」〔註4〕，終其一生游庠設館，授徒傳業，至1912年辭世，享年六十九歲。

　　胡家本無恆產，而食指浩繁〔註5〕，家計困窘，琛父攜長兄伯春游館外

〔註1〕邵迎武〈胡寄塵〉一文記：「（胡寄塵）進上海育才中學後改字寄塵，名懷琛」，又說柳亞子曾稱其為「狷寄塵」。邵迎武：〈胡寄塵〉，收在《南社人物吟評》（北京：社會科學文獻出版社，1994年4月），頁214。
〔註2〕胡樸安〈胡氏世系記〉載：「承珩公承珽公二支，清咸豐即在上海經商為絲線業。」見胡樸安編《樸學齋叢書》第一集第8冊《家乘》卷。
〔註3〕胡樸安〈先父愛亭公行狀〉，見《樸學齋叢書》第一集第8冊《家乘》卷。
〔註4〕胡鼎〈巖潭秋水〉，見《守拙齋詩存》，收在胡樸安編《樸學齋叢書》第一集第1冊，頁6右。
〔註5〕胡母朱太君原育五女三男，其中二女早殤，遺手足六人，序為長女巽珠、次女順珠、長子伯春、次男樸安、三女婉珠和三男懷琛。見胡樸安：《樸學齋叢書》第一集第8冊《家乘》卷。

縣，每間歲方得一歸，家務故由母親朱太君（1848～1918）一人撐持，並兼代子女教養之責，懷琛兄弟三人入塾前皆受教於母親。朱太君於 1918 年辭世，享年七十歲。〔註6〕

懷琛長兄伯春（1875～1927），名有恂，邑庠生。十四歲隨父館讀於上饒、南昌，十八歲返里授鄉弟子讀，終身以儒為業。伯春之人如其名，敬謹恂如，生性平易恬淡，常好與田父野老較晴量雨，每釣忘歸，以為人生至樂。1927 年，伯春不慎為茅棚火灼傷足，不治而逝，享年五十三歲。其承繼父志力搜胡氏鄉賢詩文，輯有《丹溪詩鈔補遺》與《續丹溪詩鈔》兩種；畢生隨興吟詠之作，惜零篇斷句散佚不全，遺稿後經其弟樸安輯成《伯子詩稿》幸存。〔註7〕

懷琛仲兄樸安（1878～1947），名有忭，學名韞玉，後改字樸安，又作樸庵，五十歲以後以字行。三十歲（1906）時樸安舉家遷居上海，先後加入「國學保存會」、「國學商兌會」、「南社」、「同盟會」等學術、文學及革命團體，又積極參與報章雜誌刊物之編纂，為《民立報》、《太平洋報》、《中華民報》、《民權報》、《民國日報》、《民國新聞》等撰論，擔任記者、編輯及主持筆政，於新聞界頗負盛名。

1915 年，胡樸安應邀出任福建省巡閱使秘書兼教育科長，此後斷續十餘年間仕政生涯，1932 年由江蘇省民政廳長公職解任後重返教職，先後執教江蘇第二師範、神州女校、東南專科師範、安徽旅滬公學、南方、上海、持志、大夏、國民、東吳、暨南、群治、健行、上海女子等多所大學。其重要專著，如《周易古史觀》、《周易人生觀》、《易經學》、《六書淺說》、《中國文字學史》、《中國訓詁學史》、《中國政治思想史》、《中國學術史》、《中國習慣法論》、《校讎學》、《古書校讀法》、《俗語典》及《中華全國風俗志》等；及詩文集如《歇浦集》、《北游草集》、等數十種。1939 年胡樸安因罹腦溢血至偏癱半廢，但仍專力述作，直至 1947 年 7 月肝癌病逝，享年七十歲。〔註8〕

〔註6〕胡樸安〈先母朱太君行狀〉，見《樸學齋叢書》第一集第 8 冊《家乘》卷。

〔註7〕胡伯春生平，參考胡樸安撰《伯子詩稿》跋（《樸學齋叢書》第一集第 4 冊）、及《伯春事略》（《樸學齋叢書》第一集第 8 冊《家乘》卷）。

〔註8〕胡樸安生平資料，參考整理自胡樸安撰：《五九之我》，《樸學齋叢書》第二集第 18 冊；鄭逸梅著〈胡樸安〉，收在《南社社友記略‧南社叢談》（下）（北京：中華書局，2006 年 7 月），頁 262～265；汪欣撰：〈胡韞玉（樸安）〉，收在柳無忌、殷安如編：《南社人物傳》（北京：社會科學文獻出版社，2002 年 6 月），頁 480～485；沈心慧著：《胡樸安生平及其易學、小學研究》（台北：新文豐出版公司，2009 年 3 月）等多著。

　　胡懷琛與妻朱氏（名細珠，1888～1958）〔註9〕，育有子道靜、道情與女道梅。長子道靜（1913～2003），畢業於上海持志大學。十五歲時，師從顧實先生奠習目錄學治學基礎，啟發其對乾嘉考據學派研究興趣；〔註10〕並承伯父胡樸安教習古文字學、訓詁與校勘之學。十七歲（1929年6月）即完成其首部輯校著作《公孫龍子考》；十八歲時（1930）復與胡樸安先生合撰出版《校讎學》。1932年秋，胡道靜隨父親胡懷琛進入上海通志館專事修志編輯，撰寫並發表《上海新聞事業之史的發展》、《上海圖書館史》、《上海研究資料》等著作，為上海新聞史、圖書館史留下諸多彌足珍貴的研究史料。1937年對日戰爭期間，通志館因上海淪陷而關閉，他義無反顧擔任《通報》、《中美日報》、《大晚報》、《密勒氏評論報》、金華《東南日報》、安徽《中央日報》等多報記者和編輯，投入抗日的新聞輿論宣傳業務。後返上海續職《正言報》新聞工作。1952年春，攜眷應赴新疆參與建設一年〔註11〕。抗戰勝利後，他潛心著述研究，文革動盪時期，因坐累身陷囹圄長達九年（1968～1976），隨於平反後復任上海人民出版社編審。歷任農業、科技、歷史、宗教、古籍等多種學會顧問之職，並兼任復旦、上海師大、華東師大等多校之歷史、古籍研究和圖書館學系教授。

　　其生平述作成就斐然，包括《夢溪筆談校證》、《新校正夢溪筆談》、《沈括研究論集》、《中國古代的類書》、《農書‧農史論集》等專著，及發表古籍校注、科學技術史、農業技術史、沈括研究等相關論文百多篇。〔註12〕其中，

〔註9〕胡懷琛之妻朱細珠（1888～1958），原籍涇縣黃田村人，先祖早遷籍至江西吉安，父親為糖果店商人。見胡道靜〈回憶我的學生時代〉，收在虞信棠、金良年編：《胡道靜文集》（上海：上海人民出版社，2011年12月），卷七《序跋題記‧學事雜憶》，頁250。

〔註10〕顧實（1878～1956），字惕生，江蘇武進（今江蘇常州）人。早年留學日本，精通日、英、法、德等多國語言，乃著名古文字學、目錄學、史學及諸子學家，曾執教於國立東南大學、無錫國專等校，並曾短暫於上海正風中學兼授古典目錄學。胡道靜師從顧實事，見胡道靜〈回憶我的學生時代〉，虞信棠、金良年編：《胡道靜文集》（上海：上海人民出版社，2011年12月），卷七《序跋題記‧學事雜憶》，頁258～259。

〔註11〕胡道靜赴新疆事，見王忠琴撰：〈胡道靜的遭遇〉，收在顧國華編：《文壇雜藝續編》（上海：上海書店出版社，1999年9月），頁150。

〔註12〕《胡道靜文集》收胡道靜著作，包括：卷一《上海歷史研究》；卷二《農史論集‧古農書輯錄》；卷三《夢溪筆談校證》；卷四《新校正夢溪筆談‧夢溪筆談補證稿》；卷五《沈括研究‧科技史論》；卷六《古籍整理研究》；卷七《序跋題記‧學事雜憶》等共七卷，約400萬字。虞信棠、金良年編：《胡道靜文集》（上海：上海人民出版社，2011年12月）。

尤以《夢溪筆談校證》一書，乃首部對《夢溪筆談》作系統整理與研究論著，深受學術界關注與推崇。鑒於其對中國科技史、農業史研究的卓越建樹，1981年3月，經著名科學史專家李約瑟博士（英國）、席文博士（美國）與日本宮下三郎博士共同推薦，胡道靜獲頒國際科學史研究院（AIHS）所授予之「通訊院士」榮譽。胡道靜於2003年病逝，享年九十歲。〔註13〕

懷琛之女道梅早殤，胡氏《家乘》上載記「已卒」，未詳生卒年，可稽資料也不多。柳亞子〈亡友胡寄塵傳〉中曾記：「道梅性耿介，好讀書。先君歿四載，其死也，以應試某學校弗錄自殺，年僅二十有一歲。」〔註14〕此事於1934年2月12日《社會日報》上也有報導〔註15〕。道梅於芳年遽殞，胡懷琛哀慟甚極，曾親作事略記之，惜手稿已佚。〔註16〕胡懷琛在作品中從未觸見道梅生平相關，或悲絕而憫隱故也。

胡懷琛次子道倩，1919年生於上海，1945年5月因日軍轟炸流彈傷及而亡，〔註17〕得年廿六歲，未婚。〔註18〕道倩生平紀錄極少，僅知其學無線電

〔註13〕胡道靜生平，參考整理自王忠琴撰：〈胡道靜的遭遇〉，收在顧國華編：《文壇雜藝續編》（上海：上海書店出版社，1999年9月），頁150；〈胡道靜先生簡介〉（見《胡道靜文集》「出版說明」）及虞信棠撰〈胡道靜先生傳略〉，收在虞信棠、金良年編：《胡道靜文集》（上海：上海人民出版社，2011年12月），卷七《序跋題記·學事雜憶》附錄，頁387～398；施宣圓撰：〈懷念胡道靜先生〉，《文匯讀書周報》2004年9月；胡亞楣撰：〈緬懷父親胡道靜〉，《新民晚報》2012年4月。

〔註14〕柳亞子撰：〈亡友胡寄塵傳〉，收在《柳亞子文集》（上海：上海人民出版社，1993年12月），《磨劍室文錄》（下），「磨劍室文四集（1939年）」，頁1236。

〔註15〕有關道梅殞身消息，蕙若（筆名）在其〈記胡懷琛〉文中，提及：「去年他的女兒考進了某女中，臥火車軌道自殺，聞因為學費無法籌得之故。」見1934年《十日談》「文壇畫虎錄」，第32期，頁299。

〔註16〕柳亞子：〈亡友胡寄塵傳〉記云：「道梅之不祿也，君親撰事略見畀，乞余為傳。」收在《柳亞子文集》（上海：上海人民出版社，1993年12月），《磨劍室文錄》（下），「磨劍室文四集（1939）年」，頁1237。

〔註17〕道倩亡於日軍轟炸一事，見虞信棠撰〈道靜先生學行紀略〉文，收在《胡道靜文集》（上海：上海人民出版社，2011年12月），卷七《序跋題記·學事雜憶》附錄，頁399；又胡耐安〈煮字療飢胡寄塵〉文中亦有記述，收在胡耐安：《六十年來人物識小錄》（台北：台灣商務印書館，1977年4月），頁169。

〔註18〕有關道倩存年，虞信棠在〈道靜先生學行紀略〉文中，記道倩1945年5月中彈身亡，「年三十歲，未婚」，然若據胡樸安《家乘》所記，道倩之生年為1919年10月15日，則其得年當為廿六歲。見虞信棠、金良年編：《胡道靜文集》（上海：上海人民出版社，2011年12月），卷七《序跋題記·學事雜憶》附錄，頁399。

專業，畢業後曾至廣東汕頭鹽務電台工作。胡道靜在其〈上海孤島生活的回憶〉文中，憶及 1938 年秋「八一三」淞滬戰敗後，急召道倩由廣東辭職返回上海，兄弟二人與母親相依為命的生活瑣事；1941 年又因太平洋戰爭爆發，全家離滬避遷浙江金華、輾轉於安徽屯溪的點滴。〔註19〕

　　道倩與父親胡懷琛父子之生平互動，曾見載於與胡懷琛相伴出遊的〈南京旅行〉（1934 年）詩中，道倩時年約 16、7 歲〔註20〕；又見其履隨兄長道靜，參與 1935 年 8 月上海通志館員探訪陸深墓地的考察活動〔註21〕，時胡懷琛與胡道靜父子均任職上海通志館。在胡傳栻（胡懷琛姪孫）、汪欣（胡樸安孫婿）合撰的〈胡樸安家族與新聞界〉一文中，也記有道倩曾擔任過或安徽《中央日報》的發行工作之事。〔註22〕

　　胡懷琛長孫、道靜之子胡小靜（1943～2007），幼承庭訓，文史兼通。少年時曾隨父親道靜遠赴新疆建設〔註23〕，後返上海就讀上海師範大學。文革動亂期間，與父親同遭監禁，長達九年（1968～1976）的摧折迫害，導致其身羸腿瘸。平反後執教於上海松江第一中學十年，1986 年轉調上海人民出版社，終此奉獻於圖書編纂與校審工作。其編輯生涯二十餘年中，經手審編出版與參與主持的圖書，歷來蒙獲無數獎項殊榮。2007 年因心臟病發過世，享年六十四歲。〔註24〕小靜之子胡頤菘，曾任職上海東方電台。

〔註19〕胡道靜著：〈上海孤島生活的回憶〉，收在虞信棠、金良年編：《胡道靜文集》（上海：上海人民出版社，2011 年 12 月），卷七《序跋題記‧學事雜憶》，頁 233。

〔註20〕胡懷琛於〈南京旅行雜詩〉詩前有記云：「雜詩十三首，民國廿三年四月間作，同行者次兒道倩也。」胡懷琛著：《江村集》，見胡樸安編：《樸學齋叢書》第一集第 4 冊。

〔註21〕柴志光在其〈消失在陸家嘴的石人石馬〉文中記云：「1935 年 12 月 8 日，上海通志館的徐蔚南、蒯世勛、吳靜山、胡道靜、郭孝先、蔣慎吾及徐蔚南的女兒徐天明、胡道靜的弟弟胡道倩，在洋涇區保安團莊學初的引導下，到洋涇對陸深墓地進行過考察。」柴志光主編：《浦東石建築踏訪記》（上海：上海遠東出版社，2007 年 8 月），頁 153。

〔註22〕胡氏家門與新聞界淵源，參胡傳栻、汪欣合撰：〈胡樸安家族與新聞界〉，「辛亥革命與南社學術綜合研討會」論文，收在見江蘇省南社研究會《南訊》第 16 期，2002 年 6 月。

〔註23〕胡小靜隨父親胡道靜赴任新疆一事，見王忠琴撰：〈胡道靜的遭遇〉，收在顧國華編：《文壇雜藝續編》（上海：上海書店出版社，1999 年 9 月），頁 150。

〔註24〕以上胡小靜生平，參考李偉國：〈道靜先生和小靜先生〉，《編輯學刊》2007 年

　　胡氏一門詩文學術淵遠流長，胡懷琛兄長伯春、樸安子嗣，代亦皆能傳其家學，尤以在傳播出版界的專業成就，堪譽為「新聞世家」。伯春長子胡道吉（1894～1958 年左右）〔註25〕，字惠生，追隨二伯胡樸安加入南社，後進入新聞界。伯春三子胡道和（1903～？），抗戰期間曾於安徽屯溪《中央日報》擔任編輯，抗戰勝利後，又任上海《中央日報》編輯。

　　道吉之子亦能踵繼父志。長子胡傳樞，曾隨父親胡道吉從事《文匯報》創刊時的抗日新聞編輯，後入《大美晚報》擔任國際新聞編輯。1951 年起，負責上海市工商業聯合會《上海工商》編務。次子胡傳栻，曾任大中通訊社、《華美晚報》、《商報》、《立報》等報記者，華東電台、上海人民電台編採；後任寧夏人民電台編輯部、新聞部，與寧夏廣電廳的編委等職。

　　樸安次子道彰，歷任《文匯報》、《正言報》、香港《星島日報》、與上海《中央日報》、「中央通訊社」等報刊記者。〔註26〕

---

　　　　6 期，頁 51～54；魏承思：〈名門之後胡小靜〉，《南方人物周刊》2011 年 28
　　　　期，頁 109；李宏波撰：〈憶胡小靜老師〉，上海地方志辦公室主編：《上海地
　　　　方志·雜誌》2012 年第 5 期。
〔註25〕胡道吉之卒年不詳，據沈心慧《胡樸安生平及其易學、小學研究》（台北：新
　　　　文豐出版公司，2009 年 3 月，頁 566）所考，記「1958 年左右」。
〔註26〕胡氏家門與新聞界淵源，參見汪傳栻、汪欣撰：〈胡樸安家族與新聞界〉，「辛
　　　　亥革命與南社學術綜合研討會議」論文，發表於江蘇省南社研究會《南訊》
　　　　第 16 期，2002 年 6 月。

胡懷琛家族世系表

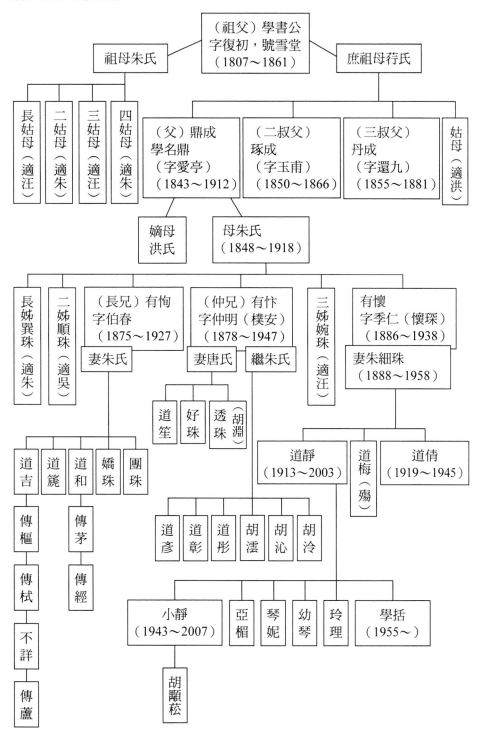

第二節　胡懷琛的生平

一、詩文啟蒙與求學經歷（1886～1901）

　　胡懷琛自幼天資聰穎，三歲初隨母簡單識字，並口授唐詩，四、五歲時已可識字千餘，並誦詩百餘首，六歲時，始從兄長課讀四書與詩文。其兄胡樸安記曰：

> 寄塵六歲從樸安讀，授以《論語》、《孟子》、《大學》、《中庸》，則讀不上口，授以五七言詩，則琅琅成誦焉。七歲能作五言詩，九歲能辨四聲。蓋詩才具有天性也。〔註27〕

> 寄塵幼從余讀書，課以經史，則漠不注意；課以詩文，則欣欣以喜。詞章之學，若具夙慧。〔註28〕

> 余弟寄塵，幼喜為詩，長而不倦，十五以前，已得詩百數十首。〔註29〕

相較於枯澀艱深的經史典籍，胡懷琛特鍾情於詩，特別是《隨園詩話》，十二歲初識此書時即深得領悟〔註30〕，從此引發其愛詩、讀詩與手抄詩集的趣味：

> 在十五歲以前，看完了《古詩源》及《五朝詩別裁集》和其他零碎的詩草等類，自己做的各體的詩，也有一百多首了。〔註31〕

除詩學之外，胡懷琛受母親影響，在懵懂初解的幼小年紀，便先結識了通俗小說。胡母幼時偶從家人識學，略能通曉文字，尤其善述小說，胡樸安曾記曰：「（先母）喜讀說部，晚年嘗為鄰里婦女講說部故事，環而聽者每十數人。」〔註32〕胡懷琛在〈我之兒時〉一文，回憶自己對《三國》、《水滸》、《聊齋》等通俗小說的認識，全得自孩提時耳濡母親的演述：

〔註27〕胡樸安：《樸學齋叢書》第一集第8冊《家乘》卷。

〔註28〕胡樸安〈王念孫讀書雜誌正誤跋〉，見《樸學齋叢書》第一集第6冊

〔註29〕胡樸安〈胡懷琛詩歌叢稿序〉，見《樸學齋叢書》第三集第1冊。

〔註30〕胡懷琛〈兒童詩歌讀本序〉中，記其十二歲時讀畢《隨園詩話》後，即仿作〈送春詩〉一首，為其父讚賞鼓勵，後讀完《隨園全集》，亦能執筆立作。發表於《南社》第13集，收在林慶彰主編：《民國文集叢刊·南社文錄》（台中：文听閣圖書有限公司，2008年12月），第146冊，頁970～972。

〔註31〕胡寄塵：〈我之兒時〉，初刊於《紅雜誌》1923年10月12日2卷10期。又收入袁進主編：《鴛鴦蝴蝶派散文大系·詠嘆人生》（上海：東方出版中心，1997年9月），頁102～103。

〔註32〕胡樸安〈先母朱太君行狀〉，收在《樸學齋叢書》第一集第8冊《家乘》卷。

　　先母最喜歡讀小說，那時候還沒有新小說，凡是舊小說如《三國》、
　　《水滸》、《紅樓》、《聊齋》、《七俠五義》、《天雨花》等書，都看得
　　爛熟。……她雖然一字不識，但是聽小說的經驗很深，程度很高，
　　如《聊齋》那樣深的文言，除了典故不算外，其他的句子，大概都
　　可以聽得懂。……先母講小說的時候，我也常在旁邊聽，所以這些
　　小說，我在沒有讀過書本以前，差不多已先聽過一遍了。〔註33〕

依偎慈懷聆聽母親說書道事的情景，是胡懷琛溫馨的童年回憶，母親所演繹
的小說故事，更是引領胡懷琛進入通俗小說世界的重要啟蒙，在尚未理解艱
澀的詩詞古文之前，胡懷琛已然領略小說世界的豐富多采與趣味。這個自小
與小說接觸的經驗，最終默化成為他後來善寫小說的基礎。

　　胡懷琛喜詩、鍾愛小說更甚於讀經論典，自然不願拘縛於科舉應考的八
股時文。清光緒廿二年（1896），胡懷琛時年十一歲，初應童子試時，竟拒
作經書試題，僅賦七絕詩作一首曰：「如此掄才亦可憐，高頭講章寫連篇；
才如太白也遭譴，拂袖歸來抱膝眠。」旋即罷卷而出。〔註34〕當其成年時復
進試場，又因試卷不避清帝諱遭黜出，自此更惡科舉，從此不再事八股文及
試帖詩。

　　甲午戰敗（1895）後，潮湧般的改革思潮，以其不可擋之勢直滲揚而來。
當時正耕讀於鄉，為蒙館教師的胡懷琛仲兄胡樸安便曾率言：「開科取士，當
以兵農水火有用之學」，感憤八股文之無用。他早識西方翻譯文學，並先見於
中西文化變革的潮流，以為乃時勢所趨，因此在鑽研古文經典之餘，更留意
新學。學習西文在當時蔚為時代風潮，胡樸安鼓勵胡懷琛外出取經，增廣見
聞。光緒廿四年（1898）4 月，胡懷琛時年十三，乃與族弟胡藝六〔註35〕相伴
踏往上海的西學之行。

〔註33〕胡寄塵：〈我之兒時〉，初刊於《紅雜誌》1923 年 10 月 12 日 2 卷 10 期。又
　　　　收入袁進主編：《鴛鴦蝴蝶派散文大系・詠嘆人生》（上海：東方出版中心，
　　　　1997 年 9 月），頁 101～102。
〔註34〕胡小靜撰：〈胡懷琛〉，收在柳無忌、殷安如編：《南社人物傳》（北京：社會
　　　　科學文獻出版社，2002 年 6 月），頁 473～479。
〔註35〕胡藝六，未詳其生平，同族宗親，僅知曾服務上海光華火油公司。藝六初與
　　　　胡懷琛同赴上海求學，不行，輾而返鄉，藝六遂轉往蕪湖圩墾，胡樸安記有
　　　　「藝六即同我等在萬頃圩經營開墾事業」一語。見胡樸安：《五九之我》，《樸
　　　　學齋叢書》第二集第 18 冊，頁 43。

上海之行本擬學習當時最盛行的東文（日文），然該學堂早已盤讓易主
〔註36〕，二人遂選進一所小型英文書館學習英文，詎知該學程雜亂且嚴重脫
課，食宿條件又極為苛刻，雖勉強撐讀了三週，終退學返鄉。琛父也考量家
計，主張他應棄學就商自立。半年後，胡懷琛銜父命重往上海待職。期間惟
樸安鍥而不捨勸學，除節薪為弟籌助學費外，並費心透過朱少屏〔註37〕幫忙，
安排胡懷琛插班進入新式學堂──「育材書塾」（後改名為「南洋中學」）〔註
38〕接受新學教育，學習之事至此方告確定。胡樸安長胡懷琛七歲，胡懷琛自
幼年起即隨之啟蒙學習，亦兄亦師，對其思想影響極大，兄弟二人手足情篤，
緣於他的堅持與遠瞻，胡懷琛的學習之路才能無憂後顧，是胡懷琛人生極為
重要的推手。

育材書塾雖為私辦，然創辦人王培孫倡導自主求實、自治自愛學風，他
自訂章程，自編教材，強調實踐學習，注重學科質量與學生德智體各方面的

〔註36〕相較於西方各國文化，中國對日語教育的接受時間最晚。甲午戰後清朝慘敗，
中國人始對這個歷經明治維新（1860～1880）劇變的文化小國刮目相看，二
十年西化改革成果，讓日本這個蕞爾島國崛躋世界強國之列的實力不容小
覷，因此「取法日本、以日為師」的東文學習風氣遂成。光緒廿三年（1897），
京師同文館增設東文館，首開中國日語教育先河；光緒廿四年（1898），國學
大師羅振玉（1866～1940）繼於上海創設私立「東文學堂」，其後，各省官辦
或私立的東文學堂漸多，也有日人為政治目的和經濟利益所經營的學堂。由
中國人自發性私辦的東文學堂，其規模與辦校素質良莠不均，體質較差者常
會中途夭折倒閉。

〔註37〕朱少屏（1882～1942），名葆康，字少屏，以字行。早年留學日本並加入中國
同盟會。胡懷琛在育才中學讀書時，朱少屏為該校事務主任。見沈心慧著：
《胡樸安生平及其易學、小學研究》（台北：新文豐出版公司，2009 年 3 月），
頁 133。

〔註38〕「育材書塾」，創設於清光緒廿二年（1896），乃上海最早由國人私辦的新（西）
式學堂。19 世紀中葉，在「廢科舉、興學堂、育英才」口號下，由王維泰（字
柳生）在松江秀野橋畔開辦；1896 年，校址遷至上海城廂大東門內王氏家祠
（省園），利用祠堂餘房與庭園，並添建一幢二層七楹（間）洋樓，命名為「育
材書塾」進行教學。1900 年夏，由其侄王培孫（植善，字培蓀，後改為孫）
接辦，1901 年改名為「育材學堂」，訂立四年制中學課程，採用英語教學；
1904 年，始改校名為「南洋中學（堂）」、即今之「南洋中學」。歷來見稱胡懷
琛畢業學校，多沿胡樸安《家乘》中所記：「畢業於育才中學」，或因此將「育
材學堂」稱為「育才中學」；又胡懷琛畢業後，該校更名，或因此稱其畢業於
「南洋中學」亦是也。以上「育材書塾」資訊，參見 2017 年 8 月上海市檔案
館編「上海檔案信息網」（http://www.archives.sh.cn）之「上海記憶·淞滬掌
故」第 5 頁「南洋中學」篇。

平衡發展，尤其在推廣西學教育上不遺餘力，學校更以師資實力聞名〔註39〕。當時上海中學的考試特重英文，中等學校以上的科學課程，也多使用外國語教授，胡懷琛因為英文基礎薄弱，又以插班二年級的方式入學，上起課來自然備感吃力。〔註40〕然而縱使初學時期困頓，他也從未曾中斷過對古文經籍的研讀與詩學的研究。課暇之餘，他也喜閱徐光啟、利瑪竇等西譯書籍，充分汲取科技新知。

　　胡懷琛負笈上海期間，正當維新運動如火如荼震盪全國之時。維新派菁英譚嗣同（1865～1898）、康有為（1858～1927）、梁啟超（1873～1929）等人亟思變法圖強，大肆鼓吹西方進化理論，倡行以西法、西政救亡主張。少年胡懷琛在接受西學知識啟蒙之外，更因有機會接觸大量宣揚政治改良與社會革新報章刊物的啟發，民族主義與愛國思想已然蘊植於胸。

　　維新變法行動轟烈展開後不久，卻於光緒廿四年（1898），隨著光緒帝被黜、譚嗣同等六君子被處死後，維持僅一百零三日的新法改革黯然收場〔註41〕。知識分子遭受沉重的心理打擊，然而儘管如此，改革已為大勢所趨。緊隨庚子拳亂（1899～1900），引來八國聯軍陷北京危機，與辛丑條約（1901）的簽訂，更暴露清廷的腐朽衰頹已到了無以挽回的局面，各地響應反清革命

〔註39〕育材書塾師資陣容雄厚，聘任包括馬君武（1881～1940，教育家、翻譯家、著名學者）、邵家麟（1899～1983，留美化學博士）、邵力子（1882～1967，政治家、教育家、南社革命家）、丁文江（1887～1936，地質、化學、動物學家、社會運動家）、謝玉岑（1899～1935，詩詞、書畫家）、薛仙舟（1878～1927，著名銀行家，中國合作運動創始人，被譽為「中國合作運動之父」）、胡敦復（1886～1978，數學教育家，與弟弟胡明復、胡剛復並稱數學「三胡」）、胡明復（1891～1927，中國第一位數學博士）、顧維鈞（1888～1985，著名外交家）、朱少屏（1881～1942，教育家、報人、南社革命家）、秦汾（1882～1973，教育、數學與天文學家）、郎靜山（1892～1995，知名攝影家）等名家，蓋皆時選菁英。以上資訊同前註。

〔註40〕胡懷琛於〈我之兒時〉，自述在上海艱辛學習與刻苦自勵的學校生活。見《紅雜誌》1923 年 10 月 12 日 2 卷 10 期，又收在袁進主編：《鴛鴦蝴蝶派散文大系——詠嘆人生》（上海：東方出版中心，1997 年 9 月），頁 97～106。

〔註41〕清光緒廿四年（1898），歲次戊戌。四月，光緒帝宣布變法維新；八月，慈禧頒布訓政，廢除新政，囚光緒於瀛台，開始大肆搜捕維新黨人，主要領導人康有為、梁啟超避亡海外，史稱「戊戌六君子」的譚嗣同（1865～1898）、楊深秀（1849～1898）、楊銳（1855～1898）、林旭（1875～1898）、劉光第（1859～1898）、康廣仁（1867～1898）等遭刑殺，變法維新運動僅維持一百零三日（舊曆四月廿三至八月初一，即新曆 6 月 11 日至 9 月 21 日）宣告失敗。

的浪潮正日益高漲，胡懷琛便在這種紛亂時局中完成三年學業〔註42〕，是年他十六歲。

　　畢業是學校學業階段的結束，也是胡懷琛自勵學習社會生活的開始，此後長達近十年時間，胡懷琛輾轉謀職於家鄉、南京、皖北、北京、雲南、湖南、上海等地。〔註43〕歷經多年生活磨練，胡懷琛總能秉持對學習的熱愛，不曾中斷自我教育與對學問的研求，他以敏銳多感的觀察力，鉅細靡遺地紀錄下個人的生活體驗與社會經驗，這些生活歷程後來也多反饋成為他豐富的創作素材，而他文學思想的奠基、與創作才華接軌文學的契機，則必待加入南社之後，才盡得以開展。

二、投身南社，加入文學救國行列（1911～1923）

（一）南社成立背景與胡懷琛加入南社因緣

　　鴉片戰爭（1895）以後，飽受西方思潮衝擊的中國文化，在知識分子訴求「維新」與持守「傳統」的兩個矛盾中分庭並立。維新思想家對於「求新聲於異邦」和「托外改制」的熱切追求，隨著革命熱情的消褪，與文人在理性思考與深切自省後，逐漸失去它的號召力，取而代之的，是期待認同傳統民族文化，呼喚「保種、愛國、存學」的國粹思潮的崛起。「南社」，便是在這股「政治革命、文學革新、維護國學、振興國魂」的高遠理想中，凝匯成為清末民初一股宏大的復古文學力量。

　　清宣統元年十月初一日（1909年11月13日），在陳去病、高旭與柳亞子三人共同號召下，南社在蘇州虎丘張國維祠舉行第一次雅集，正式宣告中國近代文學史上第一個革命文學團體的誕生。創始人高旭早於南社成立前發表〈南社啟〉宣言：「國有魂則國存，國無魂則國將從此亡矣！」「然則國魂果

〔註42〕育材學堂為四年制中學，胡懷琛以插班二年級方式銜接，在校實應有三年。
〔註43〕胡懷琛畢業後至加入南社之前的動向資料歷來是闕如的。筆者偶自 1919 年
　　　10 月 10 日《晶報》上見有〈可憐的雙十節〉（署名「寄塵」）文，胡懷琛自
　　　述其曾於家鄉、南京、皖北、北京、雲南、湖南、上海等地謀生；又《游戲
　　　世界》1922 年第 14 期之〈垃圾小說〉文中，有「我在北京梅玉生糖果公司
　　　支店當小夥計」的敍述，琛之岳父本糖果商人，筆者故疑胡懷琛也有接觸糖
　　　果販業的可能性。胡樸安《五九之我》記其設館家鄉，當廿五、六歲時的兩
　　　年期間，與族友息求、弟寄塵曾「三人同居一室」（《樸學齋叢書》第二集第
　　　18 冊，頁 29）論書至樂，按推算胡懷琛當時年約十七、八歲；又自胡懷琛年
　　　長時嘗復應童子試一事，可知他亦曾蟄居家鄉耕讀過一段時間。

何所寄？曰寄於國學。欲存國魂，必自存國學始。而中國國學中之尤為可貴者，端推文學。」文中以「振興文學」相許，並以「欲一洗前代結社之積弊，以作海內文學之導師」〔註44〕為南社定位；姚光〈國學保存論〉亦主張：「國之有魂，如人之有精神。學術者，一國精神之所寄，故學術即一國之國魂也。……國存而學亡，則其國雖存，而亦必至滅亡；國亡而學存，則其國雖亡，而必能復興，是以欲保國，必先保學也。」〔註45〕南社以文學與學術為國魂，保國學以拯民危的主張，正是南社文學的主導思想，王飈〈再論南社〉便指出：「從總體上較全面地概括南社大部分成員都贊同和持有的主導文化思想，應該是『振起國魂，弘揚國粹』。」〔註46〕

　　宣統二年（1910）底，胡樸安加入南社，胡懷琛亦於翌年（宣統三年，1911）夏踵隨入社〔註47〕，時胡懷琛年廿六，昆仲二人相繼入會，一時傳為美談。胡懷琛年少時接受新學教育啟發，背後推手是胡樸安；與南社結緣，亦得自兄長牽引。胡樸安於清光緒卅二年（1906）遷居上海，後加入「國學保存會」成為會員，致力《國粹學報》與社刊《國粹叢書》編務。在「國學保存會」期間，胡樸安即與同樣身為同盟會員的陳去病、高天梅、宋教仁、朱少屏、蘇曼殊、柳亞子等南社友人相善，經樸安薦引，胡懷琛也逐漸開拓與南社友人的交誼，執筆為戈，正式成為南社筆劍群中之一員。並為便於互相照應，1911 年入社後不久，胡懷琛即將妻眷遷往上海與胡樸安家同

〔註44〕高旭〈南社啟〉，發表於 1909 年 10 月 17 日《民吁報》。轉引楊天石、王學莊編著：《南社史長編》（北京：中國人民大學出版社，1995 年 5 月），頁 129～130。

〔註45〕姚光：〈國學保存論〉，發表於國學商兌會編《國學叢選》第一集，轉引自沈心慧〈存學保國，自文字之學始——從南社社員馬敘倫、胡樸安、黃侃的文字學成就說起〉，《政大中文學報》第十九期，2013 年 6 月，頁 127。

〔註46〕王飈：〈再論南社〉，《徐州師範大學學報（哲學社會科學版）》第 36 卷第 2 期，2010 年 3 月，頁 33。

〔註47〕胡懷琛的入社時間，歷來有 1910、1911 與 1912 年三種說法，此因南社要到 1910 年 8 月 16 日第三次雅集時，始備「入社書」將資料規格化，而先前口頭約定入社的社友，多於事後補填入社日期，因此入社日期或有誤差。如胡樸安約於 1910 年 8 月 16 日第三次雅集之後入社，社號97，其入社書於 1910 年 12 月 16 日補填（見《南社史長編》，頁 176）；胡懷琛緊隨樸安加入南社，〈南社的始末〉文中自述云：「我是在宣統三年（1911）夏季才加入的」，可推知入社時間約在第五次雅集（1911 年 9 月 17 日）之前，其入社書則遲至 1912 年 1 月 9 日才補繳（見《南社史長編》，頁 234）。楊天石、王學莊編著：《南社史長編》（北京：中國人民大學出版社，1995 年 5 月）。

寓〔註48〕。胡樸安汲忙於南社社務，胡懷琛也積極投身南社庶務與社刊《南社叢刻》的編務，即此開啟了決定其情志思想與成就其文學之途的重要人生階段。

（二）胡懷琛在南社的活動紀要

1. 八次參與雅集

南社主要社務，是召開每年春秋兩季的社員雅集、與發行文學社刊。雅集為社員凝聚共識，商與討論和修訂會程規章的主要方式，更是南社文人情感交誼，詩酒酬唱，切磋文藝的最重要活動。胡懷琛於 1911 年夏天加入南社後，是年秋 9 月，首次出席南社第五次雅集。

1912 年 3 月 13 日，南社諸子再度同聚上海愚園，召開民國成立後南社的第六次雅集，南社社群飛躍發展，已然是深具影響力的全國性文學社團。胡懷琛此時正忙於自《神州日報》轉職進入南社機關報《太平洋報》，然好景不常，9 月，《太平洋報》只運作半年即告停刊，為此他得以暫將目光移轉至南社。10 月 27 日，胡懷琛出席第七次雅集，開始積極投入南社活動。會中胡樸安被選為庶務員，胡懷琛也初露頭角被選為會計員，即此開展了他在南社的社務履歷。在南社為期十四年（1909～1923）的社史歷程中，共舉辦過十八次雅集與四次臨時雅集，胡懷琛出席過八次盛會〔註49〕，可見其積極參與的熱情。其中，尤以 1912～1914 年，南社第七至第十一次雅集的二、三年間，是胡懷琛在南社最活躍的時期。

2. 代編《南社叢刻》第八集

當南社第七次雅集時，發生一例重大的議案爭辯，原因是柳亞子以不滿意前幾任編輯員的成績為由，提議修改南社條例中原為三人編制的編輯員，

〔註48〕胡懷琛於 1911 年遷妻眷至上海，初與胡樸安同寓，直至 1913 年，為彼此辦事往返之便，始分居各住。事見《福履理路詩鈔跋》（胡樸安：《樸學齋叢書》，第一集第 4 冊）所記。

〔註49〕胡懷琛出席南社雅集次數，盧永和〈胡懷琛與南社關係之考論〉記有八次，與林香伶〈南社雅集記錄簡表（表 3～1～2）〉所錄之七次稍有出入。經筆者對照《南社紀略》、《南社史長編》與鄭逸梅《南社叢談》等書，紀錄胡懷琛曾經出席雅集的時間當有第 5、7、8、9、10、11、12、13 共八次，其中第十一次雅集因出席名錄散佚，此或林香伶慎擇記為七次之故。盧永和：〈胡懷琛與南社關係之考論〉，《海南師範大學學報（社會科學版）》2013 年第 1 期第 26 卷，頁 23；林香伶著：《南社文學綜論》（台北：里仁書局，2009 年 10 月），表 3～1～2，頁 115～122。

改由柳亞子一人專任〔註50〕。議案一出，社員多有反對意見，柳亞子憤而發表脫社宣言〔註51〕。柳亞子自請出社期間，繁雜的社務只得由擔任會計員的胡懷琛與書記員姚石子兩人共同承擔〔註52〕。而懸宕多時的《南社叢刻》第八集的編務，在編輯員高燮與王蘊章不願就職、柳亞子也多忙他務的狀況下，胡懷琛臨危授命，慨然應允肩代編輯重任。

胡懷琛孫胡小靜在其所撰〈胡懷琛〉一文中，記載胡懷琛代編《南社叢刻》時的艱辛過程：「當時資金匱乏，胡寄塵不顧自己羸弱的軀體和日益加劇的胃疾，獨自承擔了編、校及跑印刷、搞發送的所有事務。他還把大吉里石庫門的居家作為一個出版單位，發動自己的妻子及年幼的孩子一起工作，所以僅幾個月裏，就把集子編成印就。」〔註53〕《南社叢刻》第八集共收文37篇，詩373首與詞112首，此乃胡懷琛兢勤努力的編輯成果，也為他在南社文學史上記下一筆功績。

3. 協調斡旋，促請柳亞子重新入社

《南社叢刻》第八集因柳亞子退社而難產，柳亞子堅持改制的立場毫不退讓，為避免內閧過度擴大影響組織發展，胡懷琛與姚石子二人努力居中協調，柳亞子最終同意重新入社。邵迎武《南社人物吟評》中記曰：「柳亞子因修改南社條例事宜不妥而宣告退社，被推舉為會計員的胡寄塵設法說服眾人，代姚石子等人提出重新修改條例議案，並使柳亞子回歸社中。」〔註54〕柳亞

〔註50〕南社第三次雅集（1910年8月16日）時通過「南社第三次修改條例」，議設「編輯員三人，會計、書記各一人，庶務二人。」然第七次雅集時，柳亞子毛遂自薦，意將編輯員「改三頭制為一頭制」的主任制，即柳亞子獨任編輯員。見楊天石、王學莊編著：《南社史長編》（北京：中國人民大學出版社，1995年5月），頁166。

〔註51〕柳亞子於1912年10月28日《民立報》發表通告，稱病歸里養病，宣布脫離南社。見楊天石、王學莊編著：《南社史長編》（北京：中國人民大學出版社，1995年5月），頁310。

〔註52〕柳亞子在〈我的脫離南社和重行加入〉文中記云：「我堅持不肯復社，姚石子也沒有辦法，只仗他和胡寄塵兩人，一位書記員，一位會計員，在維持著局面。」見《南社紀略》，沈雲龍主編：《近代中國史料叢刊續輯》（台北：文海出版社，1977年5月），第26輯253冊，頁66。

〔註53〕胡小靜：〈胡懷琛〉，收在柳無忌、殷安如編：《南社人物傳》（北京：社會科學文獻出版社，2002年6月），頁476。

〔註54〕邵迎武：《南社人物吟評》（北京：社會科學文獻出版社，1994年4月），頁214。

子回歸，胡懷琛幹旋之功不可沒。重掌南社後，柳亞子旋於五月和八月連召兩次臨時雅集，又在 10 月 10 日安排了第十一次雅集。會中柳亞子當選為主任，兼任會計和書記之職，同時他也委託朱少屏、史文欽、汪蘭皋、姚石子、胡樸安與胡懷琛等六人為「幹事」，與之分擔日益龐雜的社務。1915 年，胡懷琛在出席 5 月第十二次與 10 月第十三次雅集之後，便未再參涉南社庶務，且直至 1923 年南社停止運作前，亦未見出席雅集活動。

4. 撰寫〈南社的始末〉，保留南社珍貴史料

身為南社的骨幹成員，胡懷琛犧牲奉獻，勤謹負責的任事態度，深為柳亞子和南社諸友倚重。當南社內部因爭論矛盾時，他不辭辛勞代編《南社叢刻》；為促請柳亞子復社，他不厭煩瑣幾經周折，極盡協調與幹旋工作。正因如此，胡懷琛得以有機會接觸並深入瞭解南社的組織和人事，並累積豐富的社務與編務經驗，日後當欲撰述南社歷史時，身為「南社靈魂」的柳亞子故能委以大任，放心交由胡懷琛撰寫〈南社的始末〉，為南社留下極為珍貴的文化史料〔註 55〕；容或稿文發表之後，難免缺誤疏遺引發一些議論，柳亞子則獨排眾議力挺胡懷琛，如其在〈讀南社補記後答張破浪先生〉文中曾覆回云：「胡先生那篇文章，寫成後曾給我看過，我已給他改正了不少，所以，倘然胡先生文章中還有錯誤的地方，我是應該負責，因為胡先生是十分信任我而特地請我看過的。」〔註 56〕柳亞子對胡懷琛的信任與提攜可見一斑。

5. 憶懷南社筆劍魂，笑談〈點將〉群英錄

1923 年南社解散後，社員多出走或另立門戶。柳亞子與葉楚傖等人，因惜南社精神與價值之萎滅，另聯合「舊南社中一部分的舊朋友，和新文化運

〔註55〕胡懷琛撰：〈南社的始末〉文共六章，包括：記其撰述文章的「緣起」、南社首次雅集的「南社的發起及其集會」、南社組織架構的「南社的職員」、《南社叢刻》出版情況的「南社的出版物」、「南社社友數目及其籍貫」、南社停止運作後，「南社廿週年紀念及臨時雅集」狀況。又「附記」中，錄有可查閱「新南社」與幾社、復社相關社團內容的書籍等。此篇文章乃南社首篇文獻紀錄，是胡懷琛對南社的具體貢獻，深具史料價值。初發表於《越風》雜誌 1935 年第 1 期。

〔註56〕柳亞子：〈讀南社補記後答張破浪先生〉，收在沈雲龍主編：《近代中國史料叢刊續輯》（台北：文海出版社，1977 年 5 月），第 26 輯 253 冊，《南社紀略》，頁 185。

動中一部分的新朋友」籌組成立「新南社」。〔註57〕新南社於 1923 年 10 月 14 日宣告成立，然只舉行過三次餐會，在 1924 年 10 月 10 日最末一次聚會後，社務即告停頓。其社史歷時既短，代表刊物《新南社社刊》也僅只出版唯一一集，該刊詩文作品全用白話文寫作，顯現鼓吹新文化的時代意義。胡懷琛也名列為新南社社員，雖未曾出席過聚會，但仍在《新南社社刊》上發表了〈中國詩歌實質上變化的大關鍵〉〔註58〕一文表示支持。

　　南社後期活動，只有紀念會可供社員追古撫今。〔註59〕1928 年 11 月 12 日，胡懷琛參與南社廿周年紀念會，與會四十人當日冒雨出席，胡懷琛事後作了〈冒雨詩〉：「一笑相逢蓋欲傾，都言天雨勝天晴。本來載酒尋詩客，只合拖泥帶水行。」裏記其事〔註60〕。胡懷琛於會中建議柳亞子，仿〈東林點將錄〉和〈乾嘉詩壇點將錄〉，將當日與會者名單相擬水滸英雄作〈南社點將錄〉〔註61〕。〈點將錄〉中，首推蔡元培為梁山泊開山頭領「托塔天王」、點柳亞子為「天魁星呼保義」、朱少屏為「天閑星入雲龍」、葉楚傖為「天永星大刀」、林庚白為「天猛星霹靂火」、胡懷琛自己則為「天牢星病關索」。南社人才濟

〔註57〕鄭逸梅〈新南社的繼起〉，引柳亞子〈新南社成立布告〉，又記「新南社」號召了包括陳去病、姚光、葉楚傖、胡樸安、于右任、朱少屏、邵力子、余十眉等舊南社重要菁英，也吸納了沈雁冰、劉大白、陳望道、曹聚仁、陳德徵等多位新文化運動的生力軍，社員共 217 人，其中舊南社社友佔過半數。鄭逸梅：《南社叢談——歷史與人物》（北京：中華書局，2006 年 7 月），（上），頁 64～74。

〔註58〕胡懷琛〈中國詩歌實質上變化的大關鍵〉，見《新南社社刊》1924 年第 1 期，頁 53～60。

〔註59〕南社解散後，社員有復興南社之議。1933 年 10 月 4 日陳去病去世，翌年 3 月追悼會中，柳亞子以「行年五十，思想落伍，願保存南社三十年之光榮歷史，不願南社更為馮婦」，表示反對之意，但同意籌辦南社紀念會，偕與舊友固定聯誼。1935 年 12 月 29 日，柳亞子發表〈南社紀念會宣言〉，公布〈南社紀念會條例〉，正式催生成立了「南社紀念會」。紀念會於翌年（1936 年）2 月 7 日再度聚會時，會員數已增至二百餘人。整理自鄭逸梅：〈南社後期活動〉、〈南社紀念會〉，收在《南社叢談——歷史與人物》（北京：中華書局，2006 年 7 月），（上），頁 55～57、75～80。

〔註60〕胡懷琛〈冒雨詩〉，收在《江村集》（《樸學齋叢書》第 1 集第 4 冊），作〈南社廿週年紀念冒雨集於虎邱〉。鄭逸梅《南社叢談——歷史與人物》亦記有當日事，謂紀念會地點改擇於冷香閣舉行，乃因原虎丘張東陽祠址已成廢圯故也。並記范煙橋當日也出席該會，其筆記《茶煙歌》對此事有詳細記錄。鄭逸梅：《南社叢談——歷史與人物》（北京：中華書局，2006 年 7 月），（上），頁 55～56。

〔註61〕〈南社點將錄〉名單，見鄭逸梅：《南社叢談——歷史與人物》（北京：中華書局，2006 年 7 月），（上），頁 57～59。

濟，點將之舉不免戲謔趣味，然或也有重新審視社友在南社地位之意也。

胡懷琛於陳去病追悼會後，便未再參與南社活動，而其子道靜則踵繼其學，曾追隨其父至上海通志館工作，因與柳亞子熟捻，當南社紀念會成立時，道靜加入成為會員（時 23 歲），並先後擔任第一屆庶務與第二屆事務部主任職，慨然有發揚南社精神，承續父業之志。南社紀念會於第二次聚會後，社務便逐告停頓，終於 1938 年之後完全消寂，在民國初年近代文壇的轉型任務中功成身退。

胡懷琛於民初懷抱愛國赤忱加入南社，追隨胡樸安與南社諸子，實踐「撻擊清廷，排斥帝制，大聲以呼，振啟聾瞶」〔註62〕的革命文學志業。南社社員千人集政界、教育界或新聞界、文化界各領域之翹楚，胡懷琛與柳亞子、葉楚傖、潘飛聲、鄧孟碩、陳訓恩（布雷）、傅熊湘（專）、程善之、姚錫鈞（鵷雛）、蔣萬里、朱少屏等眾友志同道合，往來莫逆，相互酬唱紓懷，互勉提攜。尤其與柳亞子之情誼深厚，是除其仲兄胡樸安外，與之契結金蘭〔註63〕的手足至交，二人相知長達三十年不逾，彼此相濡以沫的革命情感，與坦率真誠的濃重情誼，畢生相知相惜影響深遠。多年後，胡懷琛曾追緬當日聚會，有詩云：「高樓百尺聚群英，廿五年來證舊盟。老友於今半生死，初心終不負幽明。」〔註64〕老友凋零，撫今歎昔，不免傷感。

三、進入報刊出版編輯生涯（1909～1937）

（一）參與革命派報刊編務（1909～1916）

清末光緒卅一年（1905），在同盟會旗幟與《民報》引領下，許多以救國

〔註62〕胡樸安：〈南社叢選自序〉，胡樸安輯：《南社叢選》，見沈雲龍主編：《近代中國史料叢刊》（台北：文海出版社，1966 年 10 月），第三輯第 1 冊，頁 15。

〔註63〕胡小靜〈胡懷琛〉記云：「1910 年初，胡寄塵與相從甚密的柳亞子結金蘭之契」。收在柳無忌、殷安如編：《南社人物傳》（北京：社會科學文獻出版社，2002 年 6 月），頁 475。柳亞子與胡懷琛義結金蘭之事，尚有一段小插曲：柳亞子據胡懷琛入南社時登記的年齡 21 歲，以己 24 歲稍長三齡，故一直自稱盟兄，直至民國廿四年（1935），上海通志館為胡懷琛五十大壽慶生時，胡懷琛吐實自己年少時為應童子試，曾少報年齡且一直未予更正，柳亞子自此始恍然而更謙自己為弟。鄭逸梅：《南社叢談──歷史與人物》（北京：中華書局，2006 年 7 月），（下），頁 265。

〔註64〕胡懷琛：〈南社臨時雅集（民國二十三年三月四日，南社臨時雅集於新亞酒樓，賦示亞子及諸社友）〉，見《福履理路詩鈔》，收在《樸學齋叢書》第一集第 4 冊。

為目的，具有革命傾向的報刊紛紛創立，南社也在反清的愛國熱潮中，透過創辦報刊和編輯雜誌，對外展現南社文人「激進的革命傾向，和活潑淋漓的寫作才華，承擔起國內革命宣傳主力軍的角色。」〔註65〕正是在這個複雜敏感的時局背景下，宣統元年（1909）辛亥前夕，胡懷琛時年24歲，滿懷愛國赤忱加入《神州日報》，開啟其報刊編輯生涯。

1. 《神州日報》（1909～1912）

《神州日報》創刊於清末光緒卅三年（1907）4月2日，主要發起人于右任、楊篤生（守仁）、邵力子、汪允中（德淵）等均為同盟會革命黨人，大肆鼓吹「恢復神州、還我河山」的反滿思想與民族自由精神，是當時極具影響力的革命派報。胡懷琛雖非同盟會員，然夙懷攘夷之志，在革命前夕（1909年）加入其編輯群，秉筆同愾，宣揚反清與民主革新理想。

右任主政期間，《神州日報》鮮明的革命色彩深為各方矚目，然于右任主持時間極短，隨著民國之後主事者的異動，報刊立場漸傾向保守的君主立憲。1912年，《神州日報》發表文章詆毀孫中山先生領導的國民黨，時任職《太平洋報》的胡樸安因與《神州日報》金慰農發生激烈筆戰，胡懷琛不滿金慰農與報社立場的改變，憤而退出《神州日報》，轉入《太平洋報》任職。〔註66〕

2. 《警報》（1911）

當胡懷琛於《神州日報》任職期間，宣統三年（1911）10月，時值武昌革命爆發，革命烈火引燃全國，各報館迅速以號外捷報支援戰況報導。起義前，柳亞子原擬興辦的《鐵筆報》未就，遂於10月19日，邀朱少屏、金慰

〔註65〕孫之梅著：《南社研究》（北京：人民文學出版社，2003年9月），頁283。

〔註66〕胡懷琛退出《神州日報》事，見胡樸安：《五九之我》（《樸學齋叢書》第二集第18冊，頁79～80）；張明觀《柳亞子傳》亦記云：「是年（1911），胡寄塵先在《神州日報》，但其主持者甚為保守，不如《太平洋報》踔厲風發，兩報言論甚不一致，胡樸安憤而囑弟退出《神州日報》，同進《太平洋報》。」見張明觀著：《柳亞子傳》第十九章「太平洋報」（北京：社會科學文獻出版社，1997年5月），頁172。然筆者發現，胡道靜於〈回憶我的學生時代〉文中，曾記：「我父親除了在省立第二師範學校教書之外，還在《神州日報》兼編輯，……他經常要下印刷廠與排字工人打交道，我有時也跟著一起去。」蓋胡道靜所記憶的時間，約在其5、6歲的1918～1919年，若據上文胡樸安、柳亞子所記，則胡懷琛辭離《神州日報》時間當在1911～1912年左右，時胡道靜應尚未出生（1913年出生），不知其間歧異為何。見虞信棠、金良年編：《胡道靜文集》（上海：上海人民出版社，2011年12月），卷七《序跋題記·學事雜憶》，頁250。

儂、胡懷琛等人於《鐵筆報》報館原址，配合武昌起義發行了一份戰事號外刊物——《警報》，以綠、藍、紅、黃、棕、黑等各色油墨印刷，隨到隨刊，每日密集出版二至三期，為「鋪張軍事，導揚民氣」、強力宣揚革命並報導即時戰訊。柳亞子〈辛亥光復憶語〉記述了當時編報的情形：

> 辛亥武昌起義的時候，我在上海和朱少屏同住安瀾路大吉里，為了宣傳前方勝利的消息，我們便辦了一個《警報》，地址在城內一家小印刷所。見方不到一丈的樓面，編輯、印刷、校對，卻色色都全。同事的，除我和少屏外，還有胡寄塵與金慰儂。少屏和慰儂翻譯外報，方方的小紙几，一天出兩次，或是三次，批給報販子，據說銷路很不錯呢。〔註67〕

柳亞子涉險辦印《警報》，本極謹慎低調，未料性情耿狷的胡懷琛，卻在編刊期間為宣表反清決心，慨然去其髮辮：

> 寄塵呢，他本來有一根線香辮子的。一天，忽然剃了個和尚頭，跑進印刷所來。少屏很不滿意，埋怨他為什麼要這樣的魯莽，他以一笑報之。原來這時候上海還是清朝的世界，尤其是城內，我們所做的工作，頗有危險性，恐被他們識破機關。〔註68〕

此激越之舉果引發眾人困擾，然亦可見胡懷琛狷直文士的真性情。柳亞子後於〈辛亥革命外史〉中也記述了此則插曲，曰：

> 寄塵新去其辮髮，禿然類沙彌，出入哄市中，萬人矚目，弗顧也。
> 〔註69〕

《警報》在上海光復後即告停刊。

3. 《太平洋報》（1912）

《太平洋報》由姚雨平、葉楚傖於1912年4月1日所創，乃同盟會於民

〔註67〕柳亞子：〈辛亥光復憶語〉，收在《柳亞子文集》（上海：上海人民出版社，1993年12月），《磨劍室文錄》（下），「磨劍室文四集（1932年）」，頁1101。又見楊天石、王學莊編著：《南社史長編》（北京：中國人民大學出版社，1995年5月），頁208～209。

〔註68〕胡懷琛於辛亥前夕去清辮事，見〈辛亥光復憶語〉，收在《柳亞子文集》（上海：上海人民出版社，1993年12月），《磨劍室文錄》（下），「磨劍室文四集（1932年）」，頁1101。

〔註69〕柳亞子：〈辛亥革命外史（三則——記《警報》），收在《柳亞子文集》（上海：上海人民出版社，1993年12月），《磨劍室文錄》（下），「磨劍室文四集（1943年）」，頁1379。

國後在上海創辦的第一家大型日報，以「喚起國人對於太平洋之自覺心，謀吾國在太平洋卓越地位之鞏固」為創社宗旨，成員幾乎清一色是南社社友，創刊號上有〈南社啟事〉，還發出在《太平洋報》館內設有南社通信「交通部」的聲明。柳亞子自豪地認為此時期是「南社的全盛時代」〔註70〕。胡樸安《五九之我》便記錄了當時南社文人齊聚共事，堅強的編輯陣容：

> 葉楚傖任總編輯，朱少屏任經理，柳亞子編文藝，李叔同編圖畫（叔同現在做和尚，法名弘一），余天遂做社論或短評，顧尹夫編本埠（現已故），夏光宇編外埠，姚鵷雛或作社評，或作文藝欄小品文，我弟寄塵相助亞子編文藝。〔註71〕

《太平洋報》文藝副刊「太平洋文藝」，集結南社文人的詩詞小說等創作，內容豐富精彩。胡懷琛先前曾隨柳亞子共辦過《警報》，現又同編文藝欄目，二人擁有堅定的私誼與絕佳的共事默契。後柳亞子以身兼多職無暇兼顧為由退辭編務，由胡懷琛接手文藝欄編輯。〔註72〕而《太平洋報》的盛況亦並未維持多久，報社運作半年後，因經費困難於1912年9月停刊，這班躊躇滿志的南社文士，也隨之風消雲散了。〔註73〕

4. 《中華民報》（1913）

　　《太平洋報》解散後，讓南社人重新集聚的是國民黨的關係報《中華民報》。《中華民報》於1912年7月20日在上海創刊，是同盟會各報中，反袁復辟態度最為堅決的報刊。創辦人為革命先進鄧家彥，主筆劉民畏，編輯群包括胡樸安、胡懷琛、程善之、汪子實、管際安等南社成員，胡樸安記曰：

> 《中華民報》之總理為鄧孟碩，汪子實任總編輯，兼編電報，劉民畏編外埠，管際安編本埠，程善之編附刊，陳無我、張滌洲任翻譯，

〔註70〕南社鼎盛時期，所有革命報刊的主要筆政幾乎都是南社社員，柳亞子對此盛況曾發出：「請看今日之域中，竟是南社之天下」豪語。柳亞子：〈我和南社的關係〉，收見柳無忌編《柳亞子文集・南社紀略》。又鄭逸梅：《南社叢談——歷史與人物》（上）（北京：中華書局，2006年7月），頁3。

〔註71〕胡樸安撰：《五九之我》，《樸學齋叢書》第二集第18冊，頁78。

〔註72〕《南社史長編》1912年7月1日條下記：「柳亞子自滬歸里，《太平洋報》文藝欄由胡懷琛接續編輯」，並錄6月30日〈柳亞子行矣〉一篇。楊天石、王學莊編著：《南社史長編》（北京：中國人民大學出版社，1995年5月），頁283。

〔註73〕1912年7月，陳英士被解除滬軍都督職務，報館經濟陷入窘境，9月，報社終於關門。見張明觀著：《柳亞子傳》（北京：社會科學文獻出版社，1997年5月），頁174。

　　　　我弟寄塵作附刊文章，我專作社評。〔註74〕

該報批袁不遺餘力，甚而曾在 1913 年 4 月 27 日當天，同時發表反袁討袁社
論共八篇，創造了新聞史上，同一天一份報紙上社論數量的最高紀錄〔註75〕。
二次革命後，該報為袁世凱政府打壓，鄧孟碩被捕並遭判刑，《中華民報》因
於 1913 年 8 月停刊。

　　胡懷琛本於 1912 年 9 月《太平洋報》停刊後，已將心力投付南社社務，
當其任職《中華民報》時，南社正困於柳亞子出社風波，胡懷琛同時奔應於
南社與報社之間，其壓力自然不小，其時《中華民報》解散，他便重新投入南
社，專心接手《南社叢刻》第八集的編輯重任。

　　5. 《民信日報》（1915～1916）

　　1915 年 12 月，袁世凱稱帝欲實行君主立憲，全國反袁之聲高漲，積極反
袁的報人張季鸞便於「藉耶穌復活之節，卜共和復活之兆」的 12 月 25 日，
在上海開辦了《民信日報》，期藉輿論以抨擊時政。該報闢有副刊「藝林」，邀
集包括胡懷琛與眾南社社員黃侃、楊銓、葉楚傖、沈尹默、柳亞子、鄭澤、邵
元冲、傅專、陳去病等為撰稿人，提供給南社諸子另一個託寄鬱憤、緬憂抒
懷的書寫園地。惜《民信日報》僅維持月餘即遭禁，後因經費問題停刊。

　　民國建立後，南社革命抗爭的階段性任務已告完成，文學界的革命熱情
逐漸消退，報刊成為社員「發布消息、發表作品、內部聚訟的園地」〔註76〕，
社員們的詩、詞、文、小說、雜著等，都是通過報刊流傳的。胡懷琛於結束
《民信日報》撰稿工作後，也暫別上海文化界，於 1916 年春前往天津擔任京
奉鐵路編譯局科員一職。然其在職僅半年，旋以官場文化不適性為由辭返上
海，最終回歸其深愛的文學刊物編輯工作。〔註77〕

（二）投入編輯出版寫作之路（1913～1932）

　　民國時期，上海作為中國最大報刊發行中心，除了大型報紙流通之外，

〔註74〕胡樸安撰：《五九之我》，《樸學齋叢書》第二集第 18 冊，頁 82。

〔註75〕孫之梅著：《南社研究》（北京：人民文學出版社，2003 年 9 月），頁 295。

〔註76〕孫之梅著：〈南社與近代的新聞報刊業〉，《南社研究》（北京：人民文學出版
社，2003 年 9 月），頁 301～302。

〔註77〕胡懷琛於〈津沽舊話〉文中述記此事，云：「丁巳之春，應京奉鐵路局廖星石
先生之約編輯旅行指南一書。」見《紫羅蘭》1928 年第 3 卷第 11 期。胡樸
安〈寄塵事略〉記云：「五年，任京奉鐵路科員，非所好也，年餘即歸。在廣
益、進步等書局任編輯。」（《樸學齋叢書》第一集第 8 冊《家乘》卷）。

還有具備先進印刷技術與創新觀念的民營出版機構，如商務印書館、廣益書局、文明書局、中華書局、大東書局、世界書局等競相崛起。這些私辦出版社，在機器化生產與商業化營銷的模式下，創建了集「編輯」、「印刷」與「發行」於一體的出版模式，因而大量配合市場需求、強調娛樂休閒、內容與題材無所不包、無可不談的小報〔註 78〕、期刊、書籍與雜誌也應勢而生，開拓了上海近代出版事業的繁華局面。

　　新興出版社提供文人創作發表與一展文藝才華的空間，文人亦經由編創事業獲得自力謀生機會與社會認同。胡懷琛與當時代所有報人作家一樣，他的足跡不僅侷於大報副刊，同時也頻繁奔忙於廣益、進步、文明、商務印書館等書局之間，在撰寫其人生豐富的編輯履歷之外，也為民初的出版事業奉獻了積極的力量。

1. 廣益書局（1913～）

　　胡懷琛與廣益書局首次接觸，始於 1913 年，廣益書局刊行了他的《清季野史》（初編）與《虞初近志》兩書，當時他尚任職於報社文藝副刊。此二書之出版，標誌其逐步邁向職業文學作家之途，此後，他的作品開始廣現於各大書局的刊行書單上。1914 年，胡懷琛代編的《南社叢刻》第八集，也交由廣益書局發行。除文學作品外，胡懷琛也開始嘗試編纂通俗娛樂性文藝期刊，1914 年出版《香豔小品》〔註 79〕月刊，1914 年編輯《白相朋友》與《好白相》〔註 80〕旬刊，此二者均是以小說為主的綜合性休閒期刊。順應市場需求，胡懷琛所寫的世情小說《蕙娘小傳（冰天鴻影)》、《弱女飄零記》、小說集《寄塵短篇小說》，與通俗文學《明史通俗演義》、《清譚》、《怪話》等，多陸續由廣益書局出版問世。

〔註 78〕馬關條約（1895）之後，上海興起一股以通俗趣味為主的文藝性「小報」風潮，1896 年與 1897 年 5 月，李伯元主編的《指南報》與《遊戲報》問世，正式開啟這股文藝性小報的辦報風氣。「小報」目錄參考陳伯海、袁進主編：《上海近代文學史》（上海：上海人民出版社，1993 年 2 月），頁 60～66 表所錄。又姚吉光、俞逸芬：〈上海的小報〉，《新聞與傳播》1981 年第 3 期，頁 223～244；第 4 期，頁 245～291。

〔註 79〕胡懷琛主編閨閣詞文集《香豔小品》，上海廣益書局出版，自 1914 年 4 月起每月一刊，然僅發行兩期即告止刊。

〔註 80〕胡懷琛主編《白相朋友》旬刊，上海廣益書局出版，自 1914 年 9 月至 12 月，共發行八期；《好白相》旬刊，新劇小說社出版，自 1914 年 3 月發行至 1915 年初。

本業在童蒙讀物的廣益書局，也發行過為數不少的尺牘讀物，如《初學啟蒙尺牘》、《初學尺牘新編》、《初等女子新尺牘》、《高等女子新尺牘》等。胡懷琛於 1915 年接手編輯《童子尺牘》系列讀本。「童子尺牘」專供兒童習用的書信指導，雖為非文學的應用文體類書，然事關教育啟蒙，影響深遠，乃胡懷琛所重視，此亦其為兒童應用文學的寫作之始。

2. 文明書局、進步書局（1914～1915）

開辦於清末光緒年間（1902）的文明書局，曾是中國最早的蒙學教科書的主要出版機構之一。胡懷琛於民國初年進入文明書局及其附屬機構進步書局擔任編輯，此期出版發行的有科學類著《科學演義》，小說作品《藕絲記》、《孤雛劫》、《春水沉冤記》，及小說集《小說名畫大觀》等。1915 年 9 月以後，胡懷琛在文明書局的編輯工作，隨著書局因營運不善為中華書局所併而終止。當時胡懷琛也正結束《民信日報》的撰稿工作，因而暫離上海，於 1916 年應邀至天津就任京奉鐵路編譯局職。

1917 年以後，胡懷琛專務教學與筆耕，當時期的報刊雜誌上多能見其大量作品發表，因而在投身商務印書館之前，他的創作成績已相當可觀。

3. 商務印書館（1924～1932）

1921 年 9 月，王雲五出掌商務編譯所所長與社長職，積極擴大出書範圍，並為商務覓羅大量教科書編纂人才。王雲五與胡懷琛本有私交，二人曾任教「中國公學」為同事，1924 年胡懷琛甫辭滬江大學教職，旋為王雲五所攬，參與選編新學制初級小學適用的八冊《新撰國文教科書》，起初是接案在家編寫，後來才入館運作。

1924 年擔任印書館編輯後，胡懷琛更勤於寫作，他的著作，包括《新詩概說》（1923 年）、《小說的研究》（1924 年）、《中國八大詩人》（1925 年）、《作文研究》（1925 年）、《中國民歌研究》（1925 年）等，皆為商務館出版。其編著也多收錄於《萬有文庫》〔註81〕中，如輯選中國古籍精要編就的《國學基

〔註81〕《萬有文庫》分兩輯，第一輯於 1929～1933 年起陸續出版，共收十三種叢書，包括各科入門小叢書 800 種，內容有：《百科小叢書》300 種、《新時代史地叢書》80 種、《工學小叢書》65 種、《學生國學叢書》60 種、《國學小叢書》60 種、《師範小叢書》60 種、《農學小叢書》50 種、《商學小叢書》50 種、《算學小叢書》30 種、《醫學小叢書》30 種、《體育小叢書》15 種等；及《國學基本叢書（初集）》100 種、《漢譯世界名著（初集）》100 種，另附參考書 10 種，總計 1,010 種，印行 2000 冊。

本叢書》，收有胡懷琛校點的《算經十書》、王念孫《讀書雜志》與王引之《經傳釋詞》三書；專為青年學生規劃的中國古籍選本《學生國學叢書》，叢書的第一部《史記》，便是由胡懷琛和葉聖陶二人耗費心血共同精編細選的，極具叢書選注的典範，還收錄了胡懷琛選注的《柳宗元文》、《歸有光文》兩種。在指導一般古籍入門的《國學小叢書》中，除《史記》、《柳宗元文》二書外，還收錄其《中國八大詩人》、《中國小說研究》；又《百科小叢書》中，有《中國小說研究》、《中國民歌研究》及與胡樸安合著的《唐代文學》三種等。總計胡懷琛在商務館的出版品至少有 33 種，展現其豐富的撰著佳績。〔註82〕

　　當《萬有文庫》編纂期間，1928 年胡懷琛還曾擔任商務館的《小說世界》雜誌主編，直至 1929 年 12 月《小說世界》停刊為止〔註83〕。1932 年 1 月 28 日，日軍侵犯上海，編譯所遭燬解散，胡懷琛乃離開商務館，適柳亞子成立上海通志館，便此轉事修志之業。

（三）編修上海史志文獻（1932～1937）

　　清末道光年間，當帝國主義以軍事武力強行對上海開埠以後（1843 年 11 月 17 日），上海優越的地理位置，便注定了它在中國歷史進程中的重要地位。上海繁榮的經濟發展，自由開放的社群環境，與兼容中西的創新文化等條件，使它能以極飛快的速度，由黃浦江邊一座靜僻的小鎮，一躍成為中國最具規模的近代化國際城市。

　　上海雖為國際重要城市，卻一直未曾有其專屬的纂史機構，直至 1932 年 7 月 15 日，「上海市通志館」在法租界「薩坡賽路」上一棟租賃的小洋房揭牌

〔註82〕據胡道靜所記，胡懷琛於未進商務印書館前，約 1923 年間便已先完成前述之著作稿，後經商務陸續出版，出版時胡懷琛已在商務任職。自 1924 年至 1931 年期間，其所出版書量更多，胡道靜於〈我的父親胡懷琛與商務印書館〉一文有詳細記錄。見虞信棠、金良年編：《胡道靜文集》（上海：上海人民出版社，2011 年 12 月），卷七《序跋題記・學事雜憶》，頁 179。

〔註83〕《小說世界》創刊於 1923 年 1 月 5 日，雜誌內容新穎有趣，文字新舊並重，曾風行一時。1928 年原主編葉勁風因故離職，胡懷琛中途接手，改周刊為旬刊，然其接編時間也不長，至 1929 年 12 月亦告停刊。鄭逸梅在其〈執教和編書的胡懷琛〉文中，曾記停刊原因云：「每周一期，任務很重，寄塵力不勝任，出自第 18 卷第 4 期，也就停刊了。」見《清末民初文壇軼事》（上海：學林出版社，1987 年 2 月，頁 197～198）；王建輝〈新舊之間的胡懷琛〉，則疑停刊另有隱由：「（停刊）背景似乎是王雲五不滿於《小說月報》的革新，革新不能兼顧舊派，為了安撫舊派人物，王雲五辦了這個雜誌。」見《出版廣角》2002 年 2 期，頁 44。

開館，對於上海相關的歷史研究才首次展開。通志館直屬上海市政府，其主
要任務是《上海市通志》的編纂。由柳亞子親自組織編輯群，邀朱少屏擔任
副館長，下設編纂部與總務部。編輯部總計有十一名編輯人員，陣容雖小實
力卻雄厚，是集結老中青三代菁英的編輯團隊。胡道靜回憶通志館的編輯情
形云：

> 這個編輯部是一個小小的精兵部隊，館長柳亞子實際擔任了編輯工
> 作的決策、指導和審稿的工作，是編輯部的靈魂。行政、事務工作
> 是由副館長朱少屏分工承擔。
>
> 通志館編輯部的三代人，（老年）徐蔚南、吳靜山、胡懷琛、徐遼軒；
> （中年）蒯世勳、席滌塵、蔣慎吾、李純康、顧南農；（青年）郭孝
> 先、胡道靜。
>
> 以上十一人之外，還聘請了三位館外人的兼職編輯，董樞寫〈法租
> 界編〉，鍾貴陽寫〈工業篇〉，樂嗣炳寫〈風土編〉。〔註84〕

胡懷琛時年 47 歲，是其子胡道靜戲稱為「老」字輩的編輯員，胡道靜年方二
十，甫自上海持志大學國文系畢業，隨父進入通志館，成為「青」代的編輯新
血，胡道靜勤懇認真的學習態度，深得柳亞子等人賞識，給予「雛鳳清於老
鳳聲」〔註85〕的高度評價。

　　《上海市通志》初擬廿五編〔註86〕，計三年時間完成，廿五編執交各編

〔註84〕胡道靜：〈上海通社紀事本末〉，見虞信棠、金良年編：《胡道靜文集》（上
海：上海人民出版社，2011 年 12 月），卷七《序跋題記・學事雜憶》，頁
310～311。

〔註85〕柳亞子在〈懷念胡道靜兄〉文中，記道靜「聰明而又努力，工作效能非常的
高。……待人接物又是非常的誠懇，非常的和藹」，同事因贊曰：「真到『雛
鳳清於老鳳聲』呀！」見《柳亞子文集》（上海：人民出版社，1993 年 12 月），
《磨劍室文四集》（下），「磨劍室文四集（1942 年）」，頁 1366。

〔註86〕《上海市通志》原計廿五編之各編編目為：第一編「上海歷史（上）／沿革」、
第二編「上海歷史（中）／第一特區：公共租界」、第三編「上海歷史（下）
／第二特區：法租界」、第四編「上海概勢」、第五編「上海地文」、第六編「法
制」、第七編「政治」、第八編「黨務」、第九編「外交」、第十編「軍備」、第
十一編「教育」、第十二編「財政」、第十三編「交通」、第十四編「金融」、
第十五編「商業」、第十六編「工業」、第十七編「農林牧漁」、第十八編「宗
教」、第十九編「學藝」、第廿編「社會事業」、第廿一編「風土」、第廿二編
「人物」、第廿三編「大事記」、第廿四編「沿革寫真」、第廿五編「歷史地圖」。
此廿五編於抗戰後已有多篇遺佚。見《民國上海市通志稿》（第一冊）》（上
海：上海古籍出版社，2013 年 11 月），前言。

輯人員分工負責〔註87〕。胡懷琛主編通志的第十九編「學藝編」，內容包括對上海市內蓬勃發展的學藝團體與文藝書籍書目的調查、蒐輯與整理。修志工作雖然艱苦繁重，然而每位編輯員皆是以史家執筆的熱忱和使命感，在愛國心的驅使下，以共苦精神互相支持打氣度過的。胡懷琛常年感困胃疾，體質本極贏弱，不宜過度勞累，然其天性勤懇負責，經常挑燈伏案，以館為家，甚為蒐羅資料，長宿徐家匯藏書樓累月，宵衣旰食，陸續完成〈上海學藝概要〉、《關於上海的書目提要》、《上海的學藝團體》等著。〔註88〕柳亞子記述了其在通志館孜矻不怠的工作情形云：

> 滬市設通志館，余屬同邑徐蔚南主編纂事，蔚南素重君（胡懷琛），
> 即引君自助，君晨夕伏案，綦勤苦，嘗登樓顛而傷其足，明日蹩躄
> 至。君素博洽，有所詢，輒詳疏源委以告，而年又長，館人以是咸
> 尊禮為祭酒焉。〔註89〕

1937 年 7 月 7 日，就在志書即將付梓之際，日軍侵華，全面抗戰爆發，8 月 13 日，日軍攻佔上海，編輯工作不避戰火依舊堅持；直至 11 月上海淪陷，館務與研究工作被迫停頓。通志館解散後，辛苦編就的大批珍貴手稿史料，初匿藏於柳亞子宅，後輾轉移運離滬，幸得妥善安排而仍完整保存至今。上海通志館史編文獻竟成，胡懷琛實厥功甚偉。

（四）教學與社團活動（1913～1937）

1. 教學歷程（1913～1933）

清末在「廢科舉、辦學堂」政策下，卸除了科舉仕進與薦舉入幕的僵制

〔註87〕當時編派分工情形，據胡道靜所記大抵如此：編纂主任徐蔚南負責〈沿革編〉，吳靜山〈地文編〉，胡懷琛〈學藝編〉，蒯世勳〈公共租界編〉，席滌塵〈外交編〉，蔣慎吾〈政治編〉、〈黨務編〉，李純康〈教育編〉，郭孝先〈金融編〉，胡道靜負責〈文化〉、〈交通〉、〈宗教〉（基督教部分）等專科史各編。館外編輯董樞寫〈法租界編〉，其中鍾貴陽的〈工業編〉與樂嗣炳的〈風土編〉均未及寫完。整理自胡道靜：〈關於上海通志館的回憶〉《胡道靜文集》（上海：上海人民出版社，2011 年 12 月），卷七《序跋題記‧學事雜憶》，頁 324～334。

〔註88〕胡懷琛所撰〈上海學藝概要〉、《關於上海的書目提要》、《上海的學藝團體》等篇，原刊《上海市通志館期刊》。1934 年起，通志館擇期刊中自成段落而又重要者抽印 10 種成冊發行，《關於上海的書目提要》與《上海的學藝團體》即為其中二種抽印本。〈上海學藝概要〉未見刊行本。見沈雲龍主編：《近代中國史料叢刊續輯》（台北：文海出版社，1934 年 12 月），第 39 輯第 387、389 冊。

〔註89〕柳亞子：〈亡友胡寄塵傳〉，見柳亞子著：《磨劍室文錄》（上海：上海人民出版社），（下），「磨劍室文四集（1939 年）」，頁 1235～1237。

與束縛，教學與寫作，便成為當時代文人適以謀生與保有獨立意識的職業選擇。胡懷琛當時除輾轉於南社庶務、報刊編務與寫作等活動之外，又得兄長胡樸安引介，開始其長達十餘年教學相長的教育職涯。1913 年起，胡懷琛與一班南社友人，初於競雄女學擔任教職。胡樸安記其事曰：

> 二次革命失敗，民黨報館關門已盡。我等二三等革命文人，亡命是不可必的，不過生活發生了問題。我當時在中國公學擔任功課，競雄女學辦了一班文科專修班，佩忍、楚傖、匪石、賓虹、檗子、十眉、我弟寄塵，皆在競雄當教員，於是競雄遂為我等聚會之所。〔註90〕

南社文人與競雄女學的深厚淵源可見。

1917 年，胡懷琛至中國公學兼課，因與王雲五成為同事，結下了後來與商務印書館的緣分。1918 年春，胡懷琛接任寰球中國學生會〔註 91〕中學國文講席，並於是年秋兼任南洋女子師範學校、中國體操學校的國文教務。〔註92〕1919 年，五四學潮亢起，胡懷琛時在江蘇省立第二師範學校教授國文，還曾與學生並肩一起參與遊行抗議，以具體行動支持追求民主的思想啟蒙運動。是年 6 月起，並兼為神州女學、上海專科師範等校授課。1921 年，胡懷琛受聘至基督教會學校滬江大學講授中國文學。滬江校長魏馥蘭為美國人，精諳漢學，喜愛唐詩，尤讚賞他以古文所翻譯拜倫的〈哀希臘詩〉〔註 93〕。

〔註90〕 胡樸安：《南社詩話》，收在柳無忌、高銛、楊玉峰主編《國際南社學會‧南社叢書第一套‧南社詩話兩種》，頁 118。

〔註91〕 清光緒卅一年（1905），耶魯大學中國留學生李登輝發起成立「寰球中國學生會」，以為歸國留學生應聘事宜、與各地經滬出國留學生學務服務聯絡中心。後來會址設同上海通志館，1914 年以後，由總幹事朱少屏負責辦理。其主要會務，一為職業介紹，二為職業指導，三為遊學招待，四為升學指導，五為公開演講，六為出版刊物，七為代辦招考，八為教育。其下設有兩級小學，打字專科及英文夜校各一所。見胡懷琛：〈上海的學藝團體〉，收在沈雲龍主編：《近代中國史料叢刊續輯》第二卷第 3 期第 389 冊《上海市通志館期刊》，頁 847。又見〈關於上海通志館的回憶〉，虞信棠、金良年編：《胡道靜文集》（上海：上海人民出版社，2011 年 12 月），卷七《序跋題記‧學事雜憶》，頁 325 註①。

〔註92〕 胡懷琛著：《中等簡易作文法》一書序例：「余於戊午之春，擔任寰球中國學生會中學國文講席；是年秋，又任南洋女子師範及中國體操學校國文教務。」（上海：崇文書局，1922 年 5 月）。

〔註93〕 胡懷琛〈哀希臘詩〉譯作一首共 16 章，收入《重編大江集》。見胡樸安編：《樸學齋叢書》第三集《胡懷琛詩歌叢稿‧重編大江集》（上海：商務印書館，1926 年 7 月），頁 125～137。

1922 年秋，胡懷琛應邀上海藝術師範學校講授新詩。1923 年起，又兼持志大學中國文學史和中國詩學史課程。當其任教滬江大學期間，非基督徒的身分頗讓校方為難，曾以分配洋房宿舍為條件，示意他加入教會，然胡懷琛於數年前母親過世後即茹素虔佛，最終他仍以信仰理念不同，於 1924 年請辭，前往商務館編纂新學教科書。此後，著述與出版編務成為胡懷琛學術重心，他的著作概亦大量成就於此時。1929 年，胡懷琛曾至暨南大學擔任文科主任；1933 年，又應時任正風文學院教務長的胡樸安之邀，至該校任教。

2. 參加社團（1912～1938）

胡懷琛的文學思想與創作觀得自南社影響極深，宏揚國學、保存國粹，一直是他終身踐履不移的信念，故而教職之餘參與南社之外的其他詩文社團，是他拓展寫作與文人交游的重要活動。胡懷琛最先接觸的文藝社團是「文美會」，1912 年 4 月 1 日，時當《太平洋報》的創刊之日，柳亞子與李叔同、葉楚傖、朱少屏、曾孝谷等人，也同時發起組織了「文美會」，以研究文學、美術為宗旨，廣結同好，同時發行《文美雜誌》〔註 94〕。惜文美會創辦未及一年即解散，並於 1912 年 7 月 4 日併入「國學商兌會」〔註 95〕。

「國學商兌會」成立於 1912 年 6 月 30 日。該會倡籲挽救國粹，弘揚學術，存學保國的宗旨明確，在高燮（吹萬）的鼓吹下一呼百諾，志同者眾。會員商兌國學的書信之作，不論經學、史學、子學或文學，悉彙為《國學叢選》。

除此之外，胡懷琛也曾是詩社「鷗社」之一員。「鷗社」是胡樸安與南社社友傅鈍根（專）、潘飛聲（蘭史）、汪子實等人，於 1919 年籌組的詩社，社名取謂「如鷗鳥一般閒散」〔註 96〕的意思，成員幾乎都是南社社友，可視為南社的社外團體。社友雅集每月兩次，活動甚為頻繁，自 1919 年 6 月起持續

〔註 94〕有關《文美雜誌》，胡懷琛〈上海的學藝團體〉記云：「《文美雜誌》內容係會員所作書畫及印章拓本，皆為手稿……，開會時會員彼此傳觀，並未印行。」收在沈雲龍主編：《近代中國史料叢刊續輯》第二卷第 3 期第 389 冊《上海市通志館期刊》（台北：文海出版社，1934 年 12 月），頁 860。

〔註 95〕《南社史長編》1912 年 7 月 4 日條下記：「《太平洋報》發表消息，文美會併入國學商兌會」。楊天石、王學莊編著：《南社史長編》（北京：中國人民大學出版社，1995 年 5 月），頁 283。

〔註 96〕胡懷琛於〈鷗侶聞歌記〉文中，記該社名之由來，及民國八年社友雅集時於上海杏花樓聽歌事。見《小說世界》1923 年 3 月 23 日第 1 卷第 12 期。又〈垃圾小說〉（二）也有與鷗社社友於雅集時拈題做詩的事錄，見《游戲世界》1922 年第 15 期。

至 1922 年 10 月，可考的雅集活動至少 35 次以上，文人詩酒悲情唱和之作匯為《鷗社集》。然其活動雖多而留存之記錄甚少。〔註97〕

當南社活動漸趨緩寂，「國學商兌會」組織也不再活躍時，1922 年，胡樸安與葉楚傖等人，再度發起專門研究國學的「國學研究社」，其代表刊物初為附於《民國日報》的《國學周刊》，後集結為《國學彙編》。胡懷琛為該刊撰稿人，發表包括《知行淺說》、《中國文學史略》及〈清靜無為說〉、〈老子書之真假問題〉等考證《老子》相關研究。除勤力推動文學界研究國學之外，胡樸安與胡懷琛在其所任教的大學，也不遺餘力啟引學生關注國學。1928 年秋，持志大學「中國學會」〔註98〕成立，這是一個以持志大學國學系師生為主的社團，胡懷琛擔任出版主任，胡樸安擔任總務主任；1929 年元旦，胡樸安又推而廣之，再就學界與政界籌立另一個同名為「中國學會」的學術組織，文人學者紛紛積極響應。〔註99〕胡懷琛也在該刊物上發表了〈老莊新義〉、〈評儒教與中國文學〉等國學研究相關論述。1933 年胡懷琛任教上海正風文學院時，

〔註97〕「鷗社」社史頗長而活動紀錄留存極少。胡樸安有〈與番禺潘蘭史、醴陵傅屯艮、濟南孫小舫、南昌陶小柳、無錫王蓴農、宋癡萍、武進江蘭皋、杭縣徐仲可、旌德汪子實、舍弟寄塵，結鷗社於海上記之〉詩一首，記評與會詩友詩風云：「詞人徐仲可，吐屬自芬芳。小舫何沉默。小柳何清揚。子實何跌蕩。癡萍何端詳。寄塵清且癯。蘭皋慨以慷。」見《國學周刊》1924 年第 69 期、《滬杭甬鐵路周刊》1930 年第 19 期。另《南社叢選》：〈鈍庵文選〉（卷一）、〈蘭史文選〉（卷三）、〈元沖文選〉（卷五）前之小傳，皆記有詩人參加鷗社「詩酒之會」事。社友別集中，僅傅尃、潘飛聲、王大覺與徐珂等人作品中稍記有鷗社相關，餘已無從稽考。邱睿所著《南社詩人群體研究》一書，以專節探論〈鷗社考〉、〈鷗社與南社〉、〈鷗社與近代上海結社〉，乃目前所見對鷗社最詳細之考錄，可參考。見邱睿著：《南社詩人群體研究》第三章第四節〈分社雅集的群體意識：鷗社〉（北京：中國社會科學出版社，2014 年 12 月），頁 194～206。

〔註98〕胡道靜：〈回憶我的學生時代〉，見虞信棠、金良年編：《胡道靜文集》（上海：上海人民出版社，2011 年 12 月），卷七《序跋題記·學事雜憶》，頁 262。

〔註99〕由胡樸安發起組織的「中國學會」，成立於 1929 年元旦，初入會員包括胡懷琛、丁福保、于右任、王雲五、王培孫、王西神、吳稚暉、呂思勉、姚石子、高燮、柳亞子、葉楚傖、蔡元培、錢基博、蔣智由、鄭振鐸、衛聚賢、陳乃乾等 84 人；後又有蔣瑞藻、惲鐵樵、胡道靜、蔣復璁、錢穆等人陸續加入，共達 261 人，當時代政界與學界知名人士幾乎都為該會會員。詳細會員名錄及入會簡章內容。見胡道靜〈回憶我的學生時代〉，虞信棠、金良年編：《胡道靜文集》（上海：上海人民出版社，2011 年 12 月），卷七《序跋題記·學事雜憶》，頁 263，下註①。

又參與同校師生共組的詩社──「因社」，有《因社集》出版。〔註100〕

　　學術研究社團及詩社之外，1914 年 11 月 27 日，南社好友姚錫鈞（鵷
雛）、陳匪石等創辦「七襄社」，發行小說旬刊《七襄》〔註101〕，囊括了南
社文人葉楚傖、王蘊章、龐樹柏、胡懷琛、胡樸安等共襄撰稿，此為胡懷琛首
次加入的小說作家團體。1922 年 9 月，胡懷琛又加入「青社」〔註102〕，與包
天笑擔任青社代表刊物《長青》週刊的編輯。

　　1932 年胡懷琛接獲柳亞子徵召編纂《上海市通志》，直至 1937 年「七七」
軍興，上海孤島深陷戰火烽海，滿目瘡痍，百姓塗炭，胡懷琛與家人倉惶避
難，怨憤和驚恐加重胡懷琛痼疾，竟致纏病不起，終於 1938 年 1 月 18 日凌
晨五時棄世，時年 53 歲，志業未竟，令人徒嘆唏噓！

　　胡懷琛畢生窮志於學，懷學憂國，雖迫於經濟困頓，然清簡自持，家無
恆產而藏書萬卷。邂叟於〈懷念斯人──胡懷琛〉一文中，感哀斯人一生之
才情不顯，而贊其不假名利，「絜行修己」文人之行，其詩云：「相期文字留身
後，長願書為曉者傳；不作哀憐臣妾語，名山終古自年年。」〔註103〕先生雖
身逝而志業長存，斯亦無憾矣！

〔註100〕「因社」社團組織，見胡懷琛：〈上海的學藝團體〉，收在沈雲龍主編：《近
　　　　代中國史料叢刊續輯》第二卷第 3 期第 389 冊《上海市通志館期刊》（台
　　　　北：文海出版社，1934 年 12 月），頁 912。《因社集》，收入沈雲龍主編：
　　　　《近代中國史料叢刊續編》（台北：文海出版社，1977 年 5 月），第 42 輯
　　　　420 冊。

〔註101〕《七襄》每月三期，以其「逢『七』發行，即 7 日、17 日、27 日為出版期」，
　　　　因名《七襄》，自 1914 年 11 月起至 1915 年 2 月止，共出版了 9 期。胡懷琛
　　　　〈與七襄社諸子書〉（《南社叢刻‧文錄》第 13 集，頁 976）中，謂《七襄》
　　　　之編，旨在「藉說部之功，補典謨不逮」。

〔註102〕1922 年 9 月 3 日，包天笑、嚴芙孫、張枕綠等小說作家於上海成立「青
　　　　社」，由胡懷琛與包天笑共草社章。青社不設社長，舉張枕綠為文牘幹事，
　　　　嚴芙孫為會計，張舍我負責庶務；該社亦無設章則，然入會資格卻頗為嚴
　　　　格，凡入會者皆須有長篇小說著作，並經全體會員同意始可成為會員。會
　　　　員作品透過每月餐聚後，匯集於社刊《長青》週刊上發表。《長青》週刊只
　　　　出刊了五期，便於當年 10 月 1 日止刊了。參鄭逸梅：《鄭逸梅選集》（哈爾
　　　　濱：黑龍江人民出版社，2001 年 1 月），第六卷《民國舊派文藝期刊叢話》，
　　　　頁 543～544。

〔註103〕邂叟詩，見《古書今讀法》（台北：國文天地雜誌社，1990 年 4 月），
　　　　〈代序〉。

第三章 胡懷琛詩作及詩論著述敘錄

　　胡懷琛承繼家學詩風，幼有詩懷，長而不倦，終其一生勤作不輟，以詩自樂。胡樸安嘗記其「年十三，即手自抄錄古今詩十餘厚冊」、「十五以前，已得詩百數十首」〔註1〕；胡懷琛亦曾自述「自從十二歲做詩歌以來，到現在二十多年了，這二十多年來，幾乎沒有一天不在詩中討生活。」〔註2〕其詩風初循古體，學唐、宋，學漢、魏，後漸歸自然。復始嘗白話新詩，兼譯西洋詩。1920年代，胡懷琛於大學講授新詩理論，期間逐漸凝鍊其「新派詩」理論，1921年出版新詩專集《大江集》，展現其「新派詩」主張「融匯新舊二體之長而去其短」的初步成果。

　　本章敘錄胡懷琛的詩歌作品，主要分為兩部分，第一部分為「詩歌創作與編輯著述」，分錄胡懷琛的詩歌（詞）創作集、散載於報章雜誌的單篇詩詞作品，包括佛詩與長篇故事詩、及胡懷琛所編纂的詩詞集等；第二部分為「詩歌理論與研究著述」，凡有關胡懷琛之詩學史論、總論、詩話與詩評等理論專篇等，悉歸於此。期藉由對其作品全面性地輯理與系統性地論述，得以彰見胡懷琛在近代詩歌文學與詩歌理論上的重要意義與價值。

第一節　胡懷琛詩歌創作與編輯著述

　　胡懷琛自幼勤潛於詩，然其早期詩作以「字不工」多已刪棄無遺，〔註3〕

〔註1〕胡樸安：〈胡懷琛詩歌叢稿序〉，見《樸學齋叢書》第三集第1冊，序頁1。
〔註2〕胡懷琛：《嘗試集批評與討論》（上海：泰東書局，1921年1月），頁26。
〔註3〕胡樸安記胡懷琛毀棄手抄詩稿事云：「旋以字不工，悉毀棄之」，同註1。

今日所見，殆始於 1909 年時亂前後，詩歌內容多寄家國情思，不免憂時感世之歎，或與南社詩友以詩鳴時、相賦酬唱而作。所作詩詞，大多已收在《胡懷琛詩歌叢稿》、《江村集》、《福履理路詩鈔》等創作專集、與胡懷琛所編輯的詩文集著中，然亦有散見於報章期刊上的部分詩詞散篇，悉歸於本節敘錄之。

一、詩歌創作集

（一）《大江集》

一冊，胡懷琛著。有多種版本，各版刊印情形及內容收錄如下：

1. 1921 年發表於〈新聲雜誌〉第 2、3 期，有詩稿 22 首，標為「大觀集之第一種」。

2. 1921 年 3 月，由陳東阜先生出資，上海國家圖書館編印，收為《新文學叢書》之一。封面標寫「模範的白話詩：大江集」〔註4〕，陳東阜先生為之校訂並作序。書中所收，除原發表於〈新聲雜誌〉所見 22 首外，又增譯詩 11 首，總為 33 題，書末並附錄〈詩與詩人〉、〈新派詩說〉、〈詩學研究〉等三篇詩論。

3. 1923 年 8 月崇文書局再版時，陳東阜序已為胡懷琛〈大江集再版自序〉取代，封面「模範的白話詩」字樣也移除，胡懷琛於自序中說明，蓋以陳東阜原序中有「懷琛先生是舊文學的專家，也是新文學的鉅子，是第一流的文豪，也是第一流的詩豪。……」等語「過譽」，自覺不妥而移除之。續有 1924 年 8 月梁溪圖書館三版，及崇文書局 1933 年 8 月版。2016 年 4 月，花木蘭圖書公司據 1921 年版《大江集》影印，將之收入《民國文學珍希文獻集成》第一集第 7 冊。

4. 1926 年 7 月，上海商務印書館綜輯胡懷琛歷年詩作共 14 種，出版綜合詩集《胡懷琛詩歌叢稿》，題名《重編大江集》，所取輯之《大江集》詩作已經重新整理，除白話新詩 33 題、並譯詩 13 首，共得 46 首〔註5〕，同時也移

〔註 4〕該書版權頁標寫：「模範的新派詩，大江集一冊」，與封面所標不同，書影可見張澤賢著：《中國現代文學詩歌版本聞見錄》（上海：上海遠東出版社，2008年 9 月），頁 8～9。

〔註 5〕《大江集》詩作迭經增刪，各版所錄內容多有出入，如發表於〈新聲雜誌〉原無〈明月照積雪〉，有〈普陀旅行雜詩〉及譯詩〈迎春曲〉；然 1921 年《大江集》初版，加入〈明月照積雪〉，但移除了〈為女生題畫詩〉，且未收〈普陀旅行雜詩〉及〈迎春曲〉；至 1926 年《重編大江集》版，〈新禽言詩〉中，則新增了〈不如歸去〉及〈迎春曲〉二首。

除了原編「附錄」的三篇詩論。

　　此詩集乃繼胡適《嘗試集》之後，新詩界所發表的第二部個人詩集。胡懷琛序中說明，《大江集》以開篇詩題〈長江黃河〉為詩集名，所集結為其 1919 年至 1920 年間的創作。詩寫多種主題，有對時事的關切，如〈長江黃河〉、〈自由鐘〉、〈哀青島〉；有對人生的感懷，如〈老樹〉、〈明月〉、〈送春詩〉、〈流水〉、〈落花〉、〈世界〉、〈津浦火車中作〉；有簡短如摘句的〈海鷗〉、〈秋葉〉、〈冬日青菜〉、〈菜花〉等小詩；有長篇記遊詩如〈春遊雜詩〉；〈採茶詞四首〉、〈飼蠶詞四首〉，展現了輕鬆活潑的民歌氣息；〈借衣作客〉、〈焦螟演戲〉是諧趣的念謠；而秋蟲春鳥，各鳴其時，有以禽蟲為題，或寓禽言詩如〈割麥插禾〉、〈得過且過〉、〈姑惡〉、〈行不得也哥哥〉、〈提壺盧〉，亦取蟲語詩作如〈促織〉、〈知了〉與〈叫哥哥〉等。

　　西詩選譯，乃胡懷琛文學寫作的新嘗試，體現民初中西文學交流的實踐精神。集中所選譯多為英詩與法詩，包括〈鳩〉、〈燕子〉、〈百年歌〉、〈愛情〉、〈花子〉、〈倩影〉、〈短歌〉、〈晚秋〉、〈贈妻〉、〈倘然〉、〈荒墳〉等 11 首。以上所取譯詩皆附有原文可供參照。

（二）《胡懷琛詩歌叢稿》

　　共二冊，胡懷琛著，1926 年 7 月上海商務印書館初版。是書為胡懷琛繼《大江集》之後出版的第二部詩集，有 1931 年再版。1940 年，胡樸安將其收入《樸學齋叢書》第三集，分為第一、二兩冊。1983 年，胡樸安長公子胡道彥先生再據 1940 年版重新影印，書贈海內外親友及多所圖書館館藏。[註6] 今台灣大學圖書館與上海復旦大學圖書館可見 1926 年版館藏；東吳大學圖書館僅見 1983 年版《胡懷琛詩歌叢稿》第一冊，另沈心慧教授藏有 1983 年第一、二冊完整版，本文即承沈師所示。

　　書前有胡樸安所作〈胡懷琛詩歌叢稿序〉，記胡懷琛勤詩歷程，贊其「弱冠而後，學唐、學宋、學漢魏，苦吟深思，不苟下一字。及其成也，乃復歸於自然，蓋幾乎可傲古人矣。近乃復為新詩，又喜譯西洋詩，其變化遂不可究悉。」乃見胡懷琛融通新舊、不囿於宗派的詩觀。書前附刊潘蘭史、胡適、弘

〔註 6〕據沈心慧《胡樸安生平及其易學、小學研究》書中所載，1983 年胡樸安長公子胡道彥先生於台北影印《樸學齋叢書》二百部，並捐贈國家圖書館台灣分館藏。沈心慧著：《胡樸安生平及其易學、小學研究》（台北：新文豐出版公司，2009 年 3 月），頁 185、187、188。

一法師（李叔同）等友人所贈珍貴詩稿墨跡，並有胡懷琛故鄉涇縣溪頭都山水照片一幀，對照《今樂府》中的〈思故鄉歌〉，聊以遣懷，以寄詩人久客他鄉遙念故居之思。

全書綜輯胡懷琛多年來創寫的古典詩、新詩、譯詩與樂府歌謠等詩詞作品共 14 種，計 412 首。第一冊收《秋雪詩》、《旅行雜詩》、《四時雜詩》、《新年雜詩》、《天衣集》、《神蛇集》、《燕游詩草選譯》、《秋雪詞》、《新道情》、《重編大江集》等十種，敘錄如下：

1. 《秋雪詩》，所輯 126 首，皆胡懷琛平日誦詠之詩作。

2. 《旅行雜詩》，收 3 首記遊之作，其中〈金焦維揚旅行雜詩〉與〈普陀旅行雜詩〉二首，乃 1919、1921 年，胡懷琛擔任上海南洋女子師範、江蘇省立第二師範學校教職時，與校師生共遊所記；〈吳門旅行雜詩〉則記 1921 年遊覽虎丘與留園情景。

3. 《四時雜詩》，收組詩 7 首，寫「早春」、「春遊」、「晚春」、「初夏」、「秋日」、「晚秋」、「冬日」等四季情致。〔註7〕

4. 《新年雜詩》一題共 10 首，下題為「學陸放翁、楊誠齋」。趙翼曾評南宋詩人陸放翁與楊誠齋，云：「放翁與楊誠齋同以詩名。誠齋專以俚言俗語闌入詩中，以為新奇。放翁則一切掃除，不肯落其窠臼。蓋自少學詩，即趨向大方家，不屑屑以纖佻自貶也。然間亦有一二語似誠齋者。」〔註8〕胡懷琛詩學陸、楊，以俚言俗語入詩，如「鼠是偷雞客」、「今年不畫雞」、「一年四季沒鍾馗」、「安廚沒灶君」等句，亦見清新諧趣。

5. 《天衣集》，為「集文成詩」的集句之作，節自《史記》、《莊子》語與柳子厚文等，成詩 7 首。

6. 《神蛇集》收主題長篇敘事詩共 6 首，如〈東越神蛇詩〉，取《搜神記》演〈李寄殺蛇〉故事，仿木蘭詩類之五言古歌體，成 435 字之長篇詩，俾廣傳唱；〈希臘有奇士〉一名〈希臘奇士〉，譯演自莎士比亞樂府本事中之一節；〈冰兒〉敷演治水功臣李冰矯懲「河伯娶婦」民間傳說而成；〈煩惱箱〉按希臘傳說「潘朵拉的盒子」改編；〈希臘有織女〉寫驕傲織女受詛咒變成蜘蛛的希臘神話；〈飛行曲〉贊記中國首位女飛行家張俠魂女士萬里翱翔的

〔註7〕〈四時雜詩〉7 首，初發表於《南洋雜誌》1924 年第 3 期。

〔註8〕〔清〕趙翼撰，霍松林點校：《甌北詩話》（台北：木鐸出版社，1982 年 4 月），卷六《陸放翁詩》，頁 93。

鴻鵠之志。〔註9〕

7. 《燕游詩草選譯》58 首，為中英文合譯的詩集。〔註10〕

8. 《秋雪詞》有〈羅敷媚〉（二首）、〈前調（夜雨）〉、〈采桑子〉、〈賀新郎〉、〈臨江仙〉、〈太常引〉、〈欄干萬里心〉（二首）、〈浣溪紗〉等共 8 題 10 首。

9. 〈新道情〉為仿鄭板橋〈道情〉之作。「道情」又稱「黃冠體」，本道士托缽化緣之唱曲，胡懷琛〈新道情〉仿作 10 首，聊羨農夫、樵夫、漁夫、牧童、書生之閑逸自得，有喚醒癡聾，教勸世人權勢名祿皆癡妄虛無的覺世意義。

10. 《重編大江集》68 首，所輯為原《大江集》重編，包括〈長江黃河〉、〈自由鐘〉、〈哀青島〉、〈揚子江〉……等白話新體詩、〈鳩〉、〈燕子〉、〈百年歌〉、〈愛情〉、〈花子〉、〈倩影〉、〈短歌〉、〈晚秋〉、〈贈妻〉、〈倘然〉、〈荒墳〉、〈迎春曲〉等譯詩 12 首、及擺倫（拜倫）〈哀希臘詩〉1 首（共 16 章）。

〈晚秋〉與〈贈妻〉為法文詩，由朱瘦桐翻譯，胡懷琛潤成詩稿；〈倘然〉一詩，胡懷琛以是詩思想與筆墨絕似李白，因取譯之；〈荒墳〉，原詩取自胡適《嘗試集》，胡適亦譯為〈墓門行〉；〈迎春曲〉為英文歌，此乃取歌譯詩之作；擺倫（拜倫）之〈哀希臘詩〉，前已有馬君武、蘇曼殊、胡適等三種譯本，胡懷琛於 1923 年另予重譯。

第二冊以新派詩為主，收《春怨詞》、《詩意》、《放歌》及《今樂府》等共四種：

11. 《春怨詞》收詞作 36 題 44 首，其中有〈寄劉大白〉（並序）、〈答胡懷琛見寄〉（此首為劉大白作）、〈新秋詞寄劉大白〉等三首，為胡懷琛與劉大白之詩論往來。

〔註9〕胡懷琛共作有 16 首長篇敘事詩，除已入《神蛇集》之 6 首外，餘 10 首收在《寄塵雜著叢存》、《薩坡賽路雜記》、及刊在《小說世界》等，列於本節「單篇詩詞作品」中另敘。

〔註10〕《燕游詩草選譯》乃胡懷琛與蘇州第二師範學校朱枕梅，取籍杭州之江大學美籍教授伯克門（C.P.Parkman）書寫在中國生活的見聞與心境感受的英文集《燕游詩草》（原文：Peking and Other Poems）中約 60 首詩稿，合譯而成的中譯詩本。該英文原著於 1923 年秋，由上海商務印書館出版，胡懷琛《燕游詩草選譯》譯本作於 1924 年，初刊在《國學周刊》與《國學匯編》。以上見《燕游詩草選譯》詩本前記，又胡道靜〈我的父親胡懷琛與商務印書館〉文中亦記有此事。收在虞信堂、金良年編：《胡道靜文集》（上海：上海人民出版社，2011 年 12 月），卷七《序跋題記·學識雜憶》，頁 181。

12. 《詩意》90 首，胡懷琛擷取蘊含「詩意」的白話短文成詩，因其形式介乎散文與詩之間，故稱之為「散文詩」。各詩格式自由，內容淺短，多寫心境與生活感悟，如「一點一滴的快樂，都是從眼淚中流出來的。」（〈快樂和眼淚〉）、「快樂的人啊，你切莫回憶過去的事。」（〈快樂人〉）。每首詩的字數不一，最短如「孤飛的蝴蝶！有情人都成了眷屬，你？」（〈孤飛的蝴蝶〉），又「一隻禿筆，難道這便是我的財產麼？」（〈禿筆〉），此二詩皆只有十四字；最長如〈好天氣〉，則有一百三十六字。〔註 11〕

13. 《放歌》收〈長嘯〉、〈彷徨〉、〈心〉、〈自然的兒子〉、〈懺悔〉等抒懷詩作 5 首。〈長嘯〉為殤國之作，痛悼清廷無能，軍閥亂政；〈彷徨〉寫抉擇時的徬徨心情；〈自然的兒子〉〔註 12〕則沉痛呼籲人類應當平等共享世界自然與和平。

14. 《今樂府》收錄有〈初春〉、〈思故鄉〉、〈踏青〉、〈賣花女〉、〈江水〉等附譜之歌詞 5 首。

（三）《江村集》

一卷，涇縣胡懷琛寄塵著，收入 1940 年出版《樸學齋叢書》第一集第 4 冊；1989 年台北新文豐圖書據《樸學齋叢書》本影印，輯入其《叢書集成續編》第 182 冊「文學」類。

《江村集》為胡懷琛自編著詩集，所收為其於 1921 年前後的〈旅行雜詩〉5 首、及 1926 年至 1934 年間的詩作 51 首，共 56 首。包括〈南社二十週年紀念冒雨集於虎丘〉、〈示大風社諸君〉、〈初夏半淞園〉、〈詠史〉、〈題陳柱尊待焚詩草〉、〈道佛儒三家贈答詩〉、〈贈郭步陶〉、〈哭余天遂〉、〈哭醴陵傅鈍安同社〉、〈讀周易〉、〈讀詩訣〉、〈高麗俗歌〉……等，其中〈旅行雜詩〉5 首中之〈金焦維揚〉、〈普陀〉、〈吳門〉等 3 首，已收在《胡懷琛詩歌叢稿》；另〈湖上旅行雜詩〉，為其於 1926 年夏季遊覽西湖所作；〈南京旅行雜詩〉乃 1934 年間，偕子道倩於南京近郊覽勝所得。

胡樸安於〈跋〉中云：「讀《江村集》與《詩歌叢稿》對照，當可以看出

〔註 11〕《詩意》諸詩作，曾連載於 1921 年《民國日報》「覺悟」欄之第 2 卷第 21 期，第 3 卷第 1、6 期、第 4 卷 29 期、第 5 卷第 1、5、8、24 期、第 11 卷第 24 期。《春怨詞》與《詩意》兩種，又輯見胡懷琛主編的《詩與小說》期刊（上海曉星書局發行，1923 年 9 月）。

〔註 12〕〈自然的兒子〉故事詩，發表於《小說世界》1925 年第 11 月第 12 卷第 9 期。

寄塵詩之進境，而不在字句之間也」；又引柳亞子所題之《江村集》詩「一卷江村集，殷勤寄朔風。談交真似水，好語欲騰紅。味在酸鹹外，功參新舊中。廿年黃歇浦，迹異證心同。」〔註13〕而跋曰：「蓋寄塵之詩能融合新舊而無新舊之跡，亞子詩所謂『味在酸鹹外，功參新舊中』是也。」

（四）《福履理路詩鈔》

一卷，涇縣胡懷琛寄塵著，收入 1940 年出版《樸學齋叢書》第一集第 4 冊；1989 年台北新文豐圖書據《樸學齋叢書》本影印，輯入《叢書集成續編》第 182 冊「文學」類。

詩集以胡懷琛寓居的「福履理路」為名，所收 74 首，多寫上海風物與感事傷時之思，如〈避難移居西南郊外，忽忽已初夏矣，感物賦此〉、〈早春南窗所見〉、〈秋日過江灣路故居時，去中日一二八之戰已半載餘矣〉、〈後二日再過江灣錄舊居〉、〈戰後過寶山路〉、〈江灣路旁田中黍稷〉、〈金神父路晚歸〉、〈法國公園〉、〈早秋兆豐公園〉、〈過黃家闕〉、〈夜過黃浦灘公園〉、〈二十五年元旦〉、〈膠州路公園〉……等。時胡懷琛適由商務館轉任上海通志館職，故特留心上海掌故古蹟，詩鈔中亦多有載錄，如〈徐家匯訪明相國徐文定公墓，即題公逝世三百周紀念冊〉、〈淡井廟古銀杏〉、〈題靜安寺三寶印〉、〈題雲漢昭回之閣石刻〉、〈題陳忠愍公遺像〉、〈烏泥涇訪古雜詩〉、〈訪最閒園遺址〉、〈過味蒓園遺址〉、〈過愚園遺址〉、〈半淞園〉、〈雨園〉等篇，錄寫了上海珍貴的文化資產。

胡樸安於〈跋〉中記詩集以其所居處所命名之事，又云：「（寄塵）《詩歌叢稿》中，頗多新體詩，即其舊體詩，尚多以前詩人之痕跡，蓋新舊之界限未泯也。……福履理路詩鈔隨意寫來，既無以前詩人之痕跡，亦非有意驅使。」〔註14〕諸詩紀實寫事，而能融通新舊詩體，益可見其豁然詩境。

（五）《上武詩鈔》

一卷，涇縣胡懷琛寄塵著，收入《樸學齋叢書》1940 年第一集第 4 冊；1989 年台北新文豐圖書據《樸學齋叢書》本影印，輯入《叢書集成續編》第 182 冊「文學」類。

〔註13〕柳亞子：〈題胡寄塵《江村集》〉，收在《柳亞子文集》（上海：上海人民出版社，1985 年 1 月），《磨劍室詩詞集》（上），「詩集第四輯」《丹青集》（1931），頁 664。

〔註14〕胡樸安〈福履理路詩鈔〉跋，收在《樸學齋叢書》1940 年第一集第 4 冊。

　　1937 年 7 月 7 日「七七事變」後至 12 月 14 日，中日對峙上海，鏖戰三個多月，此時胡懷琛避居上海法租界，與南市僅隔一馬路，受震動尤甚，耳聞目睹淞滬戰事和南京淪陷慘狀，便將當時戰礮狀況與激昂慷慨之情，一寄於詩，而得 35 首，結集為《上武詩鈔》。其〈自序〉記云：「此時代為非常時代，故吾詩亦異於平日，輯而存之，題曰《上武詩鈔》。上武者，尚武也，抑予更有說字書云『止戈為武』。今我國用武矣，然是欲止他人之黷武，……是役也，深得武字之義，是可尚也，因取二字以名吾詩。」

　　諸詩多錄兵燹殤亡之實，如〈聞居庸關失守〉寫「瓦斯歊霧砲轟雷，有險皆夷堅盡摧」；〈空軍作戰〉記空軍殲敵之豪壯「白晝晴空轟霹靂，黑風半夜見虹蜺。艨艟任汝千艘擾，鷹隼看吾一擊奇」；〈鐵軍〉寫號稱「鐵軍」的砲兵「一臂關全局，雄心藐萬人」，英勇堅守浦東；〈八百孤軍〉詩贊四行倉庫之壯士「面面重圍烈火焚，挺身卓立一孤軍。千秋壯烈垂青史，壓倒田橫五百人」；〈弔南北殉難諸將士〉詩，以「戰場慷慨辦犧牲，海立山摧霹靂驚。一彈貫胸真壯烈，千秋作鬼尚英靈」，殤英靈之悲壯；〈捐贈金牙〉記寫戰時全民捐募戰資之熱情；〈詠蚊〉詩中，以飛蚊喻敵機之擾人可厭；〈十一月二日作〉記「一夕秋風起海涯，北來十萬雁無家。……有力還須思自救，籲天不用費長嗟。眼前看取東籬下，能拒濃霜是菊花。」寫盡轟炸前夕風雨欲來的徬徨恐懼和蹇受戰事的無奈。

　　胡樸安有〈跋〉曰：「寄塵此詩寓激昂慷慨之態，於沖澹平易之中，其心堅，故其志決；其氣靜，故其詞和也。」〔註 15〕1938 年 1 月 18 日，先生竟感微疾，詩成而卒，此 35 首媲稱「詩史」之紀，庶可謂先生精神之所託寄也。

（六）《村學詩鈔》

　　稿本，一冊，胡道靜〈先君寄塵著述目〉著錄為「初等教育」，筆者未見。

（七）《無鹽詩鈔》

　　胡懷琛於《薩坡賽路雜記》中有〈無鹽詩鈔〉一文，曰：「我今輯錄數年來所作詩，題名叫《無鹽詩鈔》」，並以「世方愛西施，我獨重無鹽。……淡泊明吾志，菜根有真甜」詩一首，代答《無鹽詩鈔》命名之義。〔註 16〕然筆者

〔註 15〕胡樸安〈福履理路詩鈔〉跋，收在《樸學齋叢書》1940 年第一集第 4 冊。
〔註 16〕胡懷琛：〈無鹽詩鈔〉，見《薩坡賽路雜記》（上海：廣益書局，1937 年 8 月），頁 54。

並未蒐見《無鹽詩鈔》相關資料。

（八）《勸俗新詩》

一冊，胡寄塵著。筆者未見該書。據賈植芳、俞元桂主編《中國現代文學總書目》之「詩歌（1935）」目下，著錄有「《勸俗新詩》，胡寄塵著，呂金錄主編」，收在 1935 年 9 月上海商務印書館《民眾基本叢書》系列第一集，全書收有〈莫做壽〉、〈莫吃鴉片煙〉、〈莫借債〉、〈莫算命〉、〈莫早婚〉、〈莫貪懶〉、〈莫買彩票〉、〈莫愛闊〉、〈莫大出喪〉、〈莫坐汽車兜圈子〉、〈莫說謊〉、〈莫貪吃〉、〈莫貪眠〉、〈莫吃酒〉、〈莫溺女〉、〈莫虐奴婢〉等 16 篇勸世短詩。〔註 17〕可知該書旨為宣導誡除不良社會陋俗而作，是具有正面教育意義的醒民詩集。

以上詩歌創作集有書 8 種。

二、詩詞創作單篇

胡懷琛詩詞作品，除以上已集結出版之專著外，尚有散見於報章期刊、收入胡懷琛文學著作、或為他書所輯的詩詞逸稿數十篇，包括故事詩、記游詩與佛詩等，筆者經刪複去重後，共得詩 74 首，詞 13 首，茲裒錄於此。

（一）詩作

1. 〈新年自警〉詩 1 首，刊在《青年上海（189）》1910 年第 13 卷第 1 期。

2. 〈自怨（集唐）〉、〈西湖竹枝詞〉、〈感懷〉等詩 3 首，刊在《廣益叢報》1910 年第 233、254 期。

3. 〈秋夜〉、〈游西樵山五言古詩六首〉等詩共 7 首，刊在《真相畫報》1912 年第 1、2 期。

4. 〈咏菊八首詩並序〉1 首，刊在《萃報》1912 年第 1 期。

5. 〈送洪燕謀還蜀〉1 首，刊在《公民急進黨叢報》1912 年第 3 期。

6. 〈重九登高〉1 首，刊在《游戲雜誌》1913 年第 1 期。

7. 〈珠江看月〉1 首，刊在《公民急進黨叢報》1913 年第 5 期。

8. 〈春夜〉等詩 16 首、及〈柳梢青〉等詞 2 首：

1913、1914 年，上海廣益書局出版《香豔集》詩詞集共二冊，由汪石庵與胡懷琛主編，其中，胡懷琛有「冷香集」詩作共 16 首，詞作 5 首，分別收

〔註17〕賈植芳、俞元桂主編《中國現代文學總書目》（福州：福建教育出版社，1993年 12 月），頁 61。

錄此二集中：

（1）汪石庵主編第一集，1913 年 11 月初版，收「冷香集」詩 13 首、詞 4 首：包括〈春夜〉、〈題石子浮梅檢詩圖，圖為新婚後旅行西湖作〉、〈八月三日朱子少屏昆季同日結婚攝影，命題為綴一絕〉、〈再題浮梅檢詩圖〉、〈為程善之題疊花現景圖〉、〈又〉、〈為天健題其所畫杜鵑花月尺頁〉、〈無題〉2 首、〈有贈〉、〈閒居〉2 首、〈一厂命題慧珠小影〉；及詞作〈柳梢青〉、〈洞仙歌〉、〈羅敷媚〉、〈前調（夜雨）〉等 4 首。其中〈羅敷媚〉、〈前調（夜雨）〉二詞後收入《秋雪詞》，此集計得詩 13 首，詞 2 首。

（2）胡懷琛主編第二集，1914 年 8 月初版，收「冷香集」詩〈觀馮小青新劇寄亞子〉、〈題董小宛小影〉、〈蘭皋命題梅陸合集〉等 3 首，及詞作〈採桑子〉1 首。〈采桑子〉詞後收入《秋雪詞》，故此集計得詩 3 首。

9. 〈綺情詩選〉1 首，刊在《小鐸》1917 年第 20 期。

10. 〈三至武林感賦〉、〈次韵答初白湖上之作〉等詩共 2 首，刊在《兵事雜誌》1919 年第 65、68 期。

11. 〈春日雜詩〉等詩共 19 首：

分別收在《南社叢刻·詩錄》各集中：〈春日雜詩〉、〈舟中晚眺〉（第 4 集）；〈偶書示鶼雛，兼柬鈍根天梅〉（第 6 集）；〈寶劍篇〉、〈咏史〉（第 8 集）〈亞子囑題子美集〉（第 10 集）；〈為高吹萬題寒隱圖〉、〈為湯磷石題鴛湖垂釣圖〉、〈次韻和漱巖并示堅白〉（第 12 集）；〈詠史〉2 首（第 13 集）；〈美人〉（第 15 集）；〈題孫阿瑛清宮秘史〉（第 16 集）；〈題武林遊草寄石子〉（第 17 集）；〈題鈍根紅薇感舊記〉（第 19 集）；〈擬錢允輝過江詩〉（第 21 集）；〈聞李定夷言校書王小蓮事，且云欲撰為說部，命予題詞，感而賦此即調定夷〉、〈題昭容集為太侔老蘭賦〉、〈早春野行〉（第 22 集）等。〔註 18〕

12. 〈春游雜詩〉（十首之四）共 4 首，胡寄塵作，刊載於《遊戲新報》1920 年第 1 期「藝林·蠡園詩選」。

13. 〈九月二十二日作〉詩 1 首，胡寄塵作，刊載於《國學周刊》1924 年第 71 期、收在《國學彙編》第 3 集第 4 冊「詩錄」。

14. 〈題高麗美人舞劍小影〉詩 1 首，胡懷琛作，刊載於《南洋中學校友會會刊》1929 年第 9 期「文藝」及《持志年刊》1929 年第 4 期。

〔註 18〕 以上詩篇收在王偉勇主編：《民國詩集叢刊》（台中：文听閣圖書有限公司，2009 年 9 月），第一編 116 冊至 120 冊，《南社叢刻·詩錄》（一）～（五）集。

15.〈守歲〉詩 1 首，署名「秋山」，刊載於《小說世界》1929 年第 18 卷第 1 期。

16.〈我佛山人遺詩〉1 首，署名「編者」，刊載於《小說世界》1929 年第 18 卷第 3 期。

17.〈題瘞雀圖並序〉詩 1 首，胡懷琛作，刊載於《海潮音》1931 年 12 卷 1 期「法苑藝林・詩林」欄，為與柳亞子同為沈哂之所繪之「瘞雀圖」的題詞。

18.〈仇君寬昇囑題陳女士行狀〉、〈重寶南遷歌〉、〈化鶴吟，哀遼東也〉等詩 3 首，刊在 1933 年出版之《因社集》。〔註 19〕

19.〈京滬夜車中〉詩 1 首，刊在《新時代》月刊 1934 年第 6 卷第 1 期。

20.〈聽琴〉等長篇故事詩共 10 首：

胡懷琛共作有長篇故事詩 16 首，故事詩之本事，或取材西方或自撰，形式有五言、有新詩。其中〈東越神蛇詩〉、〈希臘有奇士〉、〈冰兒〉、〈煩惱箱〉、〈希臘有織女〉、〈飛行曲〉等 6 首，已經收入《神蛇集》，此不贅錄。

發表於《小說世界》者，有〈聽琴〉、〈妾與兒〉、〈情網餘生〉、〈天真之戀愛〉、〈金錢之價值〉、〈女英雄〉、〈補救〉、〈敵國〉等 8 首，及《紅玫瑰》期刊有〈蜃樓〉、〈李迫大夢〉2 首。〔註 20〕此 10 首故事詩皆為以白話新詩形式

〔註 19〕1933 年，上海正風文學院唐克標、蕭子英、周留雲等學生，與潘蘭史、胡樸安、王蘊章等教師，共同創立了以教學詩詞為主的社團「因社」。同年，由楊愷齡綜輯了包括潘蘭史、王步瀛、胡君復、胡樸安、王蘊章、胡懷琛、陳彥通、戴錫嘏等 25 位師生共 182 首詩詞創作，出版社團詩集《因社集》。集中收胡懷琛詩 8 首，包括〈因社雅集覺園攝影題此即呈同社諸君〉、〈避亂移居西南郊外忽忽已初夏矣感物賦此〉、〈陳柱尊先生一衣一帽著之三年〉、〈常鰲卿自東台來過訪，寓齋話舊信筆書此〉、〈九月杪孔一麈自粵東來過訪，縱談是日天氣甚煖，喜而賦此〉、〈仇君寬昇囑題陳女士行狀〉、〈重寶南遷歌〉與〈化鶴吟，哀遼東也〉等。其中，除〈仇君寬昇囑題陳女士行狀〉、〈重寶南遷歌〉、〈化鶴吟，哀遼東也〉等 3 首外，餘皆已收入《福履理路詩鈔》。「因社」成立背景，見南江濤選編：《清末民國舊體詩詞結社文獻彙編》（北京：國家圖書館出版社，2013 年 4 月），頁 12。《因社集》，收入沈雲龍主編：《近代中國史料叢刊續編》（台北：文海出版社，1977 年 5 月），第 42 輯 420 冊。

〔註 20〕發表於《小說世界》8 首敘事長詩，〈聽琴〉見 1923 年 8 月第 3 卷第 6 期、〈妾與兒〉見 1923 年 8 月第 3 券第 9 期、〈情網餘生〉見 1923 年 10 月第 4 卷第 2 期、〈天真之戀愛〉見 1923 年 12 月第 4 卷第 12 期、〈金錢之價值〉見 1924 年 1 月第 5 卷第 1 期、〈女英雄〉見 1924 年 1 月第 5 卷第 4 期、〈補救〉見 1924 年 5 月第 6 卷第 5 期、〈敵國〉見 1924 年 5 月第 6 卷第 9 期、發表於《紅玫瑰》者，〈蜃樓〉見 1926 年 1 月第 2 卷第 15 期、〈李迫大夢〉見 1926 年 6 月第 2 卷第 32 期。

敷演的故事長篇，如〈聽琴〉、〈情網餘生〉、〈天真之戀愛〉，記寫暗戀與苦戀的愛情故事；〈金錢之價值〉、〈補救〉諷喻金錢至上的社會價值觀；〈敵國〉、〈妾與兒〉、〈女英雄〉反映傳統家庭夫妻關係與父子親情故事；〈蜃樓〉、〈李迫大夢〉，故事寓同於「觀奕爛柯」、「黃粱一夢」，警醒世人繁華富貴乃短暫虛幻，如蜃如夢，轉瞬皆成過眼雲煙，終歸泡影。

21. 《四上人詩鈔》佛詩編輯

胡寄塵編，李叔同作有〈《四上人詩鈔》題記〉贊曰：「寄塵居士，近輯《四上人詩鈔》，以巧方便，導俗砭世，意至善也。音初剃染，披尋雪竇語錄，於其詩偈，有能默誦者。猶憶一絕云：『六合茫茫竟不知，靈山經夏是便宜。虛堂夜靜閑無事，留得禪僧立片時。』是所謂空靈覺悟也。寄塵之輯，倘亦有感於斯。用志數言，以墨其端。沙門如眼書。」〔註 21〕

胡懷琛篤佛，佛詩是其另一種形式的詩歌作品，曾作〈貝葉詩冊〉佛詩20 首，收入《寄塵雜著叢存》〔註 22〕。

（二）詞作

1. 〈菩薩蠻・夏夜〉、〈憶秦娥・大雨遠眺〉、〈減字花木蘭・雨後遠眺〉、〈玉蝴蝶・秋日初秋〉、〈阮郎歸・八夕贈織女〉、〈鵲橋仙・七夕〉、〈搗練子・月夜〉、〈虞美人・秋日寄素芬妗母〉等 8 首，發表於《南社》1912 年第 1 期「寄塵詞叢」。

2. 〈眼兒媚〉詞 1 首，刊在《儉德儲蓄會會刊》1920 年第 1 卷第 3 期。

3. 〈吳山青〉詞 1 首，刊在《遊戲新報》1920 年第 1 期「摶砂詞選」專欄。

4. 〈浣溪紗（答蕈農）〉、〈柳稍青〉、〈洞仙歌〉等詞 3 首，刊載《南社叢選》（三）詞選卷二之「寄塵詞選」〔註 23〕。

以上詩詞創作單篇，共有詩 73 首、詞 13 首。

〔註 21〕李叔同：《花雨滿天悟禪機：李叔同的佛心禪韻》（西安：陝西師範大學出版社，2007 年 11 月），頁 231。

〔註 22〕胡懷琛：《寄塵雜著叢存》（上海：廣益書局，1934 年 8 月），頁 73～76。

〔註 23〕胡樸安於 1924 年輯《南社叢選》共三冊，第三冊「詞選」卷（二）「寄塵詞選」錄胡懷琛詞 7 首，其中〈浣溪紗（夜雨）〉、〈羅敷媚〉、〈前調〉、〈採桑子〉等 4 首已收入《秋雪詞》，此不重錄。見沈雲龍主編：《近代中國史料叢刊》（台北：文海出版社，1966 年 10 月），第三輯，胡樸安輯《南社叢選》（三）卷二「寄塵詞選」，頁 1667～1668。

三、詩詞集編纂

除詩詞創作與專著外，胡懷琛長期掌執報刊編務，也編纂出版了許多詩詞集。

（一）《蘭閨清課》

一冊，胡寄塵選編，共有五個版本：

1. 1912 年線裝鉛印本，太平洋報社初版，上海圖書館有館藏。

2. 1913 年 11 月，收入上海廣益書局汪石庵主編《香豔集》第一集。

3. 1915 年，收入胡樸安與胡懷琛為上海文藝小叢書社選編之《文藝小叢書》第一輯。

4. 1930 年 5 月，收入廣益書局《民國籍粹》叢書，復旦大學圖書館有藏。

5. 1933 年 3 月，上海廣益書局再版重印《文藝小叢書》，國家圖書館、復旦大學與台灣大學圖書館皆有收。

《蘭閨清課》乃胡懷琛輯其平日指導兒女詩作時，隨手抄錄前人的閨閣詩詞，共摘 63 首七絕佳句集結成冊。是書所收文字淺顯，多綺麗言情之作，如其中有十首即輯自《飲水詩集》納蘭容若之詩。書前頁有李叔同手書稿「蘭閨清課」與「息霜題耑」字樣，胡懷琛於書前〈蘭閨清課重印自序〉說明成書經過。書內附有高吹萬、姚石子、漱巖、天梅、穎若、悼秋、保瑢女士、楚傖、天遂、蘇華女士、檗子、道非、樾侯、潘蘭史、梁溪萬里、石予等眾人題詞。時胡懷琛任職《太平洋報》，眾家詩友共襄盛舉獻詞蔚為特色，並有姚錫鈞（鵷雛）之〈跋胡寄塵蘭閨清課〉一篇。〔註24〕

（二）《香豔集》第二集

上海廣益書局於 1913 年 11 月與 1914 年 8 月，先後出版詩文集《香豔集》共二冊，第一集由汪石庵主編，1913 年 11 月出版；第二集由胡懷琛主編，1914 年 8 月出版。

胡懷琛主編的第二集，其內容同第一集風格，以閨閣詩詞為主，兼收女性傳記、竹枝詞等，如蔣萬里〈麗情集〉、楊慎〈江花品藻〉、尤侗〈香奩詠物詩〉、樊增祥〈琴樓夢〉、繭盧〈燕台花影詞〉、潘飛聲〈西湖雜詩〉、易順鼎〈萬古愁曲〉、胡懷琛〈冷香集〉、〈貞女林芷娘傳〉、〈梅花女總裁記〉、〈洗夫

〔註24〕姚錫鈞：〈跋胡寄塵蘭閨清課〉，收入《南社叢刻・文錄》第 9 集，見林慶彰主編：《民國文集叢刊》（台中：文听閣圖書有限公司，2008 年 12 月），頁 539。

人傳〉、〈珠江竹枝詞〉、〈羊城竹枝詞〉，合胡懷琛所搜錄的奇花異草〈外國群芳譜〉專集等，總輯有詩詞雜文作品共 20 種。

（三）《中華名人詩鈔》（《中華名人詩選》、《中華民國名人詩鈔》）

全書二冊十卷（主編為吳芹），一名《中華名人詩選》、《中華民國名人詩鈔》，1914 年 2 月上海廣益書局石印本。1980 年台北新文豐公司收入「零玉碎金集刊」第 67 集《近代名人詩選》，國家圖書館有 1914 年電子版館藏。

鄭逸梅〈南社雜碎〉記胡懷琛曾編此書，云：「亞子覓得孫中山〈吊劉道一〉一詩，以示胡寄塵，寄塵適編《中華民國名人詩選》，即以孫詩載於卷首。」〔註25〕該書卷三之首，即鄭氏所稱「孫中山〈吊劉道一〉」詩。據此可見胡懷琛或係其中「近代卷」編者之一。

主編吳芹在〈序言〉中曰：「當世作者，或為手創民國之英傑，或為前清名人，其文字皆有可觀也，為輯此編，示民國詩學之端肇，或不識者所深許乎。至其體例，則無論達官平民，一概入錄，其為前清名士，但入民國者，一并錄焉。」全書收錄包括王闓運、嚴復、康有為、梁啟超、林紓、蔣智由、孫文、宋教仁、黃興、汪兆銘、章炳麟、朱祖謀、陳去病、柳棄疾、李振鐸、寧調元、黃侃、林學衡、王國維等名士俊彥共 97 人之詩作 747 首及賦 2 首，胡懷琛有詩 7 首如〈暮野春行〉、〈過龍華〉、〈贈陳蛻庵先生〉等亦收錄其中。

（四）《小詩選》

一冊，秋雪（胡懷琛筆名）選編，1915 年上海文藝小叢書社《文藝小叢書》之一。胡懷琛於書前〈小詩選序〉，說明本書乃其平日摘記的小詩稿集，所錄雖非名家之作，然其中如陳叔揚、胡自省、壽常女士、趙吟秋、克剛、榮春、潘頌琴等人之小詩亦多有佳品，故特錄之。

（五）《唐人白話詩選》（《評注白話唐詩三百首》）

一冊，胡懷琛編，劉鐵冷校，一名《評注白話唐詩三百首》，1921 年 5 月上海中原書局石印本。書前有自序〔註26〕，記述選編緣起、選編宗旨與選輯方法。胡懷琛自序為「喚起高尚優美的感情，養成溫和敦厚的風教」，因自《全

〔註25〕鄭逸梅：〈南社雜碎〉，見《南社叢談——歷史與人物》（下），（北京：中華書局，2006 年 7 月），頁 348。

〔註26〕胡懷琛〈唐人白話詩選自序〉，收在《文學短論》，見張高評主編：《民國時期文學研究叢書》（台中：文听閣圖書有限公司，2011 年 12 月），第一編第 55 冊，頁 114～127。

唐詩》精選唐詩二百九十餘首，提供初學唐詩者入門指導。該書不以作者年
代先後分次，而是以詩的長短深淺作為編輯次序，依山歌歌謠、五言絕詩、
而七言絕詩、古詩；每詩前皆附有作者小傳，仍以傳主的時代先後次序排列，
俾讀者參照；又為力矯他編之弊，略批語、簡註解，除比、興之作加注外，賦
詩則完全不注，是此書異與他書之特點。

　　胡懷琛重視詩歌詩歌的性質和效用，引錄其〈詩歌與公園〉〔註27〕一文，
強調詩歌具有和公園同樣讓人心曠神怡的功能，云：「詩歌的用處，是在於喚
起人家優美高尚的感情，洗滌卑鄙惡濁的思想，並排遣憂愁鬱悶的胸襟。公
園的用處，也是如此，所以說詩歌與公園完全相同」，又「公園是公共的，無
論何人，不必人人家裡有個公園，皆能享受公園的快樂」，鼓勵並希望人人能
讀詩，卻不必人人會作詩，藉此也暗批了少數缺乏天賦卻又自負作詩的人「自
造公園」的偏狹視野。

（六）《歷代白話詩選》（《評注歷代白話詩選》）

　　全書四冊，胡懷琛選編、劉鐵冷校，一名《評注歷代白話詩選》，1921年
10月上海中原書局石印仿宋版，有1926年5月中原書局三版；上海圖書館
有1922年上海崇新書局重印本。

　　全書四冊五卷，包括「歌謠」、「五言絕詩」、「七言絕詩」、「五言古詩」、
「七言古詩」等，乃胡懷琛繼《唐人白話詩選》之後續編的詩選讀本。書前有
胡懷琛〈自序〉〔註28〕，記列該書體例與分部，特採「由今倒古」編排方式，
選編自上古到現代各朝詩共八百多篇。胡懷琛不泥於評註，序中特引沈歸愚
所選的《唐詩別裁》時語，強調「評點、賤釋，皆後人方隅之見」，務使初學
者能各依環境與性情，隨喜閱讀，而得心領神會，意味百出。

（七）（新式標點）《隨園詩選》

　　一冊，胡寄塵選輯，朱太忙標點，胡協寅校閱，1934年3月上海大達圖
書供應社出版。有1934年10、12月、1935年3月等多次再版，及上海廣益

〔註27〕〈詩歌與公園〉初載《江蘇省立第二師範學校校刊》1921年第3期，後收入
　　　　《文學短論》，見張高評主編：《民國時期文學研究叢書》（台中：文听閣
　　　　圖書有限公司，2011年12月），第一編第55冊，頁114～127。

〔註28〕序名為〈古今白話詩選自序〉，收在《文學短論》，見張高評主編：《民國時
　　　　期文學研究叢書》（台中：文听閣圖書有限公司，2011年12月），第一編第
　　　　55冊，頁128～131。

書局 1936 年 4 月版。

　　書前有朱太忙〈序〉，選錄袁枚詩作〈巴陵道中〉、〈易水懷古〉、〈瓊林曲〉、〈入翰林〉、〈題奇方伯天馬行空圖〉、〈山行〉、〈六答〉等共 300 餘首。

（八）《歷代平民詩續編》

稿本，一冊，著錄於胡道靜〈先君寄塵著述目〉，筆者未見。

以上詩詞集編纂，共有書 8 種。

第二節　胡懷琛詩歌理論與研究著述

　　胡懷琛的詩學理論與研究，包含中國詩歌本源和流變發展的詩學史、探討中國詩歌、白話新派詩之內涵、形式與作法的詩論及詩話、詩評等理論，並詩的考辨、與詩歌相關的討論等，悉歸於本節。

一、詩學總論

（一）專著

1.《新詩概說》（《戲劇入門》附《新詩研究》）

　　一冊，胡懷琛編著，1923 年 5 月上海商務印書館初版，有 1925 年第三版及 1928 年 2 月第四版，台灣大學、復旦大學圖書館有 1925 年三版館藏，國家圖書館有影印本。1961 年 10 月，台北啟明書局出版《青年百科入門》叢書收入「西洋文學組」系列，書名更為《新詩研究》，與《戲劇入門》〔註29〕合刊一輯，封面作「《戲劇入門》附《新詩研究》」。筆者所見即該合刊本。

　　本書為胡懷琛為上海藝術師範暑期學校講授新詩課所編寫的講義，講授內容主要為其新詩的研究心得、新詩作法、與中國詩學史的概論等。

　　胡懷琛於書前自序，首揭「白話詩人」一議，質疑今人並列白香山（居易）、邵雍（康節）、范石湖（成大）與寒山（唐·詩僧）等為白話詩人之不當，以為「邵康節之詩偏於說理、寒山之詩為佛偈」，二者概不能稱詩；而稱許白居易與范成大、又讚陶淵明與陸放翁之白話詩。此見其與現今詩人、學者不同之觀點。

　　全書分八章，主要探討兩部份。第一部分主述「詩的概念」：「人為甚麼要作詩」、「詩是甚麼」、「新詩與舊詩的分別」。第二部分闡述「詩的作法」：

〔註29〕胡懷琛所著《戲劇入門》，歸入本書第七章「語文教育著述敍錄」一章中另述。

「新詩怎樣作法」、「關於做詩應該讀的書」、「和做詩有連帶關係的科學」、「中國詩學史的大略」。書末並附錄〈子夏詩大序〉、〈白居易與元九書〉、〈朱子詩序〉、〈陳祖范詩集自序〉、〈劉開讀詩說（上）〉等篇。

2.　《小詩研究》

　　一冊，胡懷琛著，1924 年 6 月上海商務印書館初版，封面圖為豐子愷手繪，有 1925、1926、1927 年與 1935 年多次再版。是書為系統研究小詩的專著，乃胡懷琛對於新詩發展初期一類小詩的源流和成績的初步探討。

　　全書共十四章，包括「緒論」、「詩是什麼」、「中國詩與外國詩」、「新詩與舊詩」、「什麼是小詩」、「小詩的來源」、「小詩與普通的新詩」、「小詩與中國的舊詩」、「小詩實質上的要素」、「小詩形式上的條件」及「小詩的成績」等。

　　胡懷琛以為，小詩篇幅短小，意蘊雋永，其重要特徵，就是「真實簡練」，雖短小而講究明白曉暢，蘊藉凝練而富涵感情，《詩經》與漢以後的五七言詩中也有短詩。相較於中國詩與外國詩，胡懷琛認為，現代小詩仍然深植在中國的詩歌傳統之中，他指出中國現代小詩的兩個來源：「一是中國新詩傳統，一是中國舊詩傳統」。早在日本短歌及泰戈爾的詩輸入之前，中國新詩壇上，便已出現如康白情的〈疑問〉，郭沫若的〈鳴蟬〉等的小詩，觀照中國古詩發展，亦可論證中國先有小詩，後為長詩的演變軌跡。又在〈小詩實質上的要素〉，認為小詩的內容可包含四種實質：溫柔敦厚的感情、神秘幽怪的故事、玄妙高超的思想和覺悟解脫的見識。胡懷琛主張參考西洋文學，強調以中國文學為本位的思考，並提出了現代小詩與傳統詩歌可以融通學習的觀點，在

現代新詩的發展歷程中，實可謂真知灼見。

胡懷琛關注小詩發展，另有〈小詩的成績〉、〈再論小詩〉二篇，收於《文學短論》〔註30〕，重申長詩和小詩、律詩和小詩、摘句和小詩之間關係，可參考。

3. 《詩歌學 ABC》（《中國詩歌概論》、《中國詩論》）

一冊，胡懷琛著，1929 年 1 月上海 ABC 叢書社出版，列為《ABC 叢書》之一。其後書名或作《中國詩歌概論》、或作《中國詩論》再版：

（1）1934 年 12 月世界書局更名為《中國詩論》，收入《中國文學講座》中，有 1935 年再版。

（2）1958 年台北啟明書局據上海 ABC 叢書社再版，書名《中國詩歌概論》，收入《國學入門叢書》系列；1961 年 12 月復輯入《青年百科入門叢書》系列第 58 冊。1978 年 1 月台北信誼書局收為《詩學研究五種》。

（3）1983 年浙江教育出版社重編《中國文學講座》為《中國文學史講座》，更為橫式版，作為大學語文輔助教材。2011 年 12 月，張高評主編《民國時期文學研究叢書》，收入第一編 53 冊。2015 年 9 月，天津南開大學出版社出版陳引馳、周興陸主編《民國詩歌史著集成》，以《中國詩論》書名收在第八冊。台灣大學、復旦大學、國家圖書館及中研院近研所圖書館皆有 1934 年版館藏。

《詩歌學 ABC》版，書前有 1928 年 6 月 29 日徐蔚南所撰〈ABC 叢書發刊旨趣〉曰：「西文 ABC 一語的解釋，就是各種學術的階梯和綱領。……這部《ABC 叢書》有兩個目的：第一、正如西洋 ABC 書籍一樣，就是我們要把各種學術通俗起來，普遍起來，使人人都有獲得各種學術的機會，使人人都能找到各種學術的門徑。……第二、我們要使中學生大學生得到一部有系統的優良教科書或參考書。」《例言》中也明揭本書是「為專門研究中國詩歌的人而作的，性質略等於中國詩歌概論」。

全書三編，第一編全一章，內容為「從詩歌產生的年代及產生的原因說明何謂詩歌」。第二編「中國詩歌形式上的變化」，第一章探討「從口訣到詩詞散曲新詩」的變化。胡懷琛認為，中國詩歌形式上的演變，本於「口訣」和詩歌的分合關係：「口訣」是整編有韻的文字，詩歌是情感的表達不必整

<hr>

〔註30〕胡懷琛著《文學短論》，收入張高評主編：《民國時期文學研究叢書》（台中：文听閣圖書有限公司，2011 年 12 月），第一編第 55 冊，頁 52～57、58～61。

齊，而「口訣化」的詩歌不能稱之為詩歌；第二章「詩歌的旁枝（戲曲）」，綜論中國詩歌形式演變的另一路徑——戲曲，包括紀事詩、紀事詞、搊彈詞、元曲、崑曲、京戲、攤簧、大鼓等的演變。第三編「中國詩歌實質上的變化」，分就「民族關係」、「哲學關係」與「政治關係」三章，探討中國各民族情感、各時代思想與各朝政治對詩歌產生的影響。全書對中國詩歌的產生和發展歷程、中國詩歌的形式及其旁支等，做了比較完整的介紹和論述，是認識中國詩歌基礎的入門研究書籍，對於讀者的詩學觀念當有深刻的啟發和指導意義。

4.《詩的作法》

一冊，胡懷琛著，1931 年 5 月上海世界書局出版，有 1932 再版。另有合刊本：

（1）1979 年，台北新文豐出版公司收在《零玉碎金集刊》，書名作《文章作法全集》（上、下）二冊，《詩的作法》與《抒情文作法》合刊。

（2）2010 年，北京中華書局出版《跟大師學國學》系列，第三輯收《中國八大詩人》一冊，附錄有《詩的作法》。

（3）2013 年 1 月，江西教育出版社《大師的國學課》之四：《詩的啟蒙》一書，下卷收《詩的作法》與《中國八大詩人》合刊。

（4）2016 年 4 月，北京知識產權出版社出版《文章作法兩種》一冊，收《詩的作法》與《抒情文作法》二種合集。

（5）2016 年，南京鳳凰圖書出版社據上海世界書局 1932 年版影印，出版《民國詩詞作法叢書》，選輯民國時期談論舊體詩創作的普及類著作共 40 種，包括詩類 30 種、詞類 9 種，其中亦收有《詩的作法》，台灣大學圖書館有館藏。

全書共四章。第一章「作詩的基本知識」。胡懷琛認為，作詩首要曉辨「詩與非詩」問題，因例舉咏史詩與弔古詩、咏物詩與比興詩、紀事詩與感事詩，以別「有情感與無情感」、「真情感與假情感」之詩。次探討詩的「新」、「舊」問題，強調詩以情感為主，故「情感超越新舊」，然詩中所表現的「新」思想、事實與體裁，不當為「舊」所縛。第二章「如何寫詩」。暢言寫詩之法，可「就語言為詩」、「就詩為詞」、「就民歌取材」、「就詩摘句」，並要留意詩的音節、用韻、與用字造句等細節。第三章「雜論」。闡論詩的鑑賞法與詩的讀法，並提出作詩「四戒」，即：戒「詩賊」——忌剽詩、戒「詩奴」

——忌摹仿、戒「詩匠」——忌賣弄、戒「詩優」——忌酬作。第四章「舊詩話的目錄」。胡懷琛臚列諸參考書目，包括歷代詩話 27 種、歷代詩話續編 30 種、及清詩話共 43 種。

5.《詩歌的誕生及其壽命》

稿本，一冊，著錄於胡道靜〈先君寄塵著述目〉，筆者未見。

（二）單篇

1. 〈科學觀之詩談〉

胡懷琛撰，發表於《婦女雜誌》1920 年第 6 卷第 5 號「學術」欄。

胡懷琛於「緒言」中闡述本文為延續其〈新派詩說〉理論，以「科學方法」說明「詩是甚麼」、「詩之作法」的宗旨。文中多用圖示加強說明，如「詩的界說」，區分「應用文」與「美術文」，「美術文」下又分「無韻文」與「有韻文」，「有韻文」下又分「非詩」與「詩」，並舉各詩辨類，如賈誼〈治安策〉、諸葛亮〈出師表〉是古代應用文，〈中華民國臨時約法〉為今時應用文；蘇軾〈超然臺記〉為「無韻文」；陶潛〈歸去來辭〉、楊雄〈酒箴〉等皆非詩也。又「詩的分析」，列表分析詩的「外表」與「內容」，「外表」有「聲」（聲調）、有「色」（詞彩），聲據「有韻文」而來，色依「美術文」而來；「內容」即詩之「意」（意義），據此而知詩構成的三個要件，即「聲」（聲調）、「色」（詞彩）、「意」（意義）。詩是感人的文學，詩的思想匯合各種環境與條件，因此瞭解「詩與心理學」、「詩與自然現象」、「詩與哲學」、「詩與社會」、「詩與個人的性情」等關係是極為重要的。胡懷琛特別說明「意」、「聲」和「色」的特質和標準，末以「總說」綜結前論。

2. 〈詩與詩人〉

胡懷琛撰，發表於《民鐸雜誌》1920 年第 2 卷第 3 號，又見 1921 年《儉德儲蓄會月刊》第 2 卷第 4、5 期「雜俎」欄，後收入 1921 年出版的《大江集》「附錄」。

首先分析「詩的界說」、「詩的價值」與「詩的分析」。胡懷琛引《虞書》「詩言志，歌永言，聲依永，律和聲」以為詩的界說。又論「舊詩與新詩的利和弊」，胡懷琛以為舊詩過於雕飾，新詩要求解放束縛，今活文學已然取代死文學，而新詩之音節、字句與情感卻漸失自然，故提出「將來的希望」，建議作詩之人，必先明詩之價值，任其自然，暢洩其鬱，自有好詩；研究詩之學

者，當打破新舊成見，以詩涵養性情，自可達到美育目的。

文末附記，胡懷琛特別針對質疑他為「舊派詩人」、抨評他的新詩是「假詩」的諸多言論提出回應，說明自己喜引舊詩並非守舊，而是「追究源流」，所推重的「新詩」亦有別於胡適之的「新詩」，並以「談中國詩，當然用中國詩做主體，外國詩只可以供參考」，宣達他不泥窒於舊、不盲從於新、融通關照的治學態度。

3.〈詩學研究〉

胡懷琛撰，初發表於《美育》雜誌1920～1921年第5、6期，後收入1921年出版的《大江集》「附錄」。

繼〈詩與詩人〉之後，胡懷琛以〈詩學研究〉進一步釐述詩學概念。文學依實質分，有「智」的文學，如《禹貢》；有「情」的文學，如《詩經》、《離騷》；有「意」的文學，如《道德經》。以形式分，有「無句讀」的文學，如〈秦楚之際月表〉、有「有句讀」的文學，如《論語》；有「能唱的文學」，如《詩經》、《離騷》。胡懷琛認為，不論新體舊體或白話文言，「自然」即是詩的最重要條件。又舉白居易〈寄元微之書〉、朱子〈詩經集傳序〉、陳祖範〈詩集自序〉三文，闡作詩意義與詩的價值。文後推薦詩論集與詩集，供初學者參考。

4.〈詩之鑑別〉

胡懷琛撰，本篇乃胡懷琛1929年的演講稿內容，莊季融筆記，收在《中國文的過去與未來》附錄（四）〔註31〕；又以〈詩？〉為篇名，刊在1930年《儉德儲蓄會會刊》第3期。全篇七節，探討「似詩而非詩」、「似非詩而是詩」、「詠古詩與吊古詩不同」、「詠物詩與比興詩不同」、「紀事詩與感事詩不同」、「情感真假之鑑別」、「中國詩與西洋詩之異同」等問題，是指導初學者認識詩之優劣的實用參考。

一「似詩而非詩」例，如《急就篇》「稻黍秫稷粟麻秔」、《三字經》「魏蜀吳，爭漢鼎」等唸謠，雖字句整齊聲調和諧，符合詩之格式，然字句未能使讀者發生感情，故非詩爾。

二「似非詩而是詩」例，如錢鏐〈寄婦書〉「陌上花開，可緩緩歸矣」、袁枚〈祭妹文〉「紙灰飛揚，朔風野大」句，雖是散文，卻蘊含詩意，將之改作

〔註31〕見許錟輝主編：《民國時期語言文字學叢書》（台中：文听閣圖書有限公司，2009年10月）第一編第49冊。

誦吟，詩意無限。

三「詠古詩與弔古詩不同」，如吳偉業〈題士女圖之一〉有「霸越亡吳計已行，論功何物賞傾城」、吳永有〈和詠虞姬〉「大王真英雄，姬亦奇女子」等句，皆述史之記，而如王士禎〈真州絕句之一〉「殘月曉風先掌路，何人為弔柳屯田」、又劉禹錫〈烏衣巷〉「舊時王謝堂前燕，飛入尋常百姓家」句，寫景外另寫感慨，是詠史詩與弔古詩之別。

四「詠物詩與比興詩不同」，如元好問〈山居雜詩〉「林高風有態，苔滑水無聲」、蘇軾〈東欄梨花〉「惆悵東欄一株雪，人生看得幾清明」句，同樣敘景，蘇軾詩對人生短促如梨花凋謝卻有熱切感悟，是純詠物與比興之不同。

五「紀事詩與感事詩不同」，紀事詩記述事實，是客觀的，如范成大〈田園雜興之一〉「今朝一雨添新漲，便合翻泥種藕花」，感事詩則除記述事實外，抑對所歷之事多有主觀感觸，如陸游〈劍門道中遇雨〉「此身合是詩人未？細雨騎驢入劍門」，詩中有深重的感情。

六「情感真假之鑑別」，詩人詩情之真假關乎詩之優劣，可參酌詩人歷事背景，免流於妄臆強愁之作。

七「中國詩與西洋詩之異同」，中國古詩情感含蓄，較之西洋詩熱情奔放的表達方式不同，然以其私見，中國詩則更具永久玩味價值。

5. 〈談詩之類別〉

胡懷琛撰，刊載於《東方文化》1930 年第 5 期，列舉詩例，以論證「詩與非詩」問題。「似詩而非詩」例，如《三字經》、《急就篇》；「似非詩而是詩」例，如錢鏐〈寄婦書〉、袁枚〈祭妹文〉；「詠古詩與弔古詩不同」例，如吳偉業〈題士女圖之一〉、吳永和〈詠虞姬〉之詠史詩，與王士禎〈真州絕句之一〉、劉禹錫〈烏衣巷〉之弔古詩；「詠物詩與比興詩不同」例，如元好問〈山居雜詩之一〉為詠物詩，與蘇軾〈東欄梨花〉之比興詩；「紀事詩與感事詩不同」例，如范成大〈田園雜興之一〉、陸游〈劍門道中遇雨〉之紀事詩，與蔣超〈金陵舊院〉之感事詩；又「情感真假之鑑別」例，沈德潛〈塞下曲〉為假情之作、王士禎〈秦淮雜詩之一〉可謂真情之作；「中國詩與西洋詩之異同」例，如張泌〈寄人〉，詩之含蓄不盡，而西洋譯詩有如「春輝淡蕩中，愛情為我說，不讓我自由，便使汝心裂」之句，其情感發露無疑。

以上詩學總論有書 5 種，文 5 篇。

二、詩學史

（一）〈古今詩歌變遷小史〉

胡懷琛撰，記述中國詩歌在實質上演變的歷史。分上、下兩篇，上篇於 1924 年，先以〈中國詩歌實質上變化的大關鍵〉為名，發表於《新南社》社刊 1924 年第 1 期；1927 年 12 月，又合上、下篇為〈古今詩歌變遷小史〉，刊於《小說世界》第 16 卷第 25 期。

上篇寫中國詩歌「過去的實質上變化的大關鍵」，包括五個時期及五種原素：一是純粹黃河流域的風氣，詩歌訴說「溫柔敦厚的感情」；二是黃河流域思想與長江流域思想接觸的時代，詩歌記述「神秘幽怪的故事」；三是漢族與匈奴接觸時代，詩歌表現「粗豪雄壯的氣概」；四是老莊學說盛行時代，詩歌蘊含「玄妙高尚的思想」；五是中國人與印度人接觸的時代，詩歌呈顯「覺悟解脫的見識」。

下篇對於中國詩歌「將來於實質上變化之預測」，即指和西洋文化交通以後，因思想和環境關係，詩歌可預見即將產生的變化和發展，至少會加入有六種新實質：一是「熱烈的感情」，中國詩歌受西洋詩風影響，將會由內蘊含蓄逐漸轉向充分發揮；二是「精密的科學觀念」，中國詩向被譏以「不識數」與「不科學」，然中國詩歌文學的修辭興味，並不致受科學拘束而消失；三是「冒險精神」，中國素以文弱著名，中國詩中偏向保守閑散不汲進取的人生哲學，將融入新時代的冒險精神；四是「積極的享樂主義」，西方追求積極樂觀的人生態度，將會改變中國詩人以淡泊無求為樂的生活觀；五是「奮鬥的精神」，對政治社會制度的不滿，將會激發中國積極奮鬥的精神；六是「超越的宇宙觀」，中國理想狹隘的宇宙觀，將由廣闊而能真正實現的宇宙觀所取代。

以上詩學史有文 1 篇。

三、詩論與詩評

（一）專著、編著

1. 《嘗試集批評與討論》

一冊，胡懷琛編，1921 年 1 月上海泰東圖書局初版，中研院近史所圖書館有館藏。又有 1923 年 3 月及 1925 年 3 月三版，復旦大學圖書館有 1925 年館藏。2011 年 12 月，台中文听閣圖書有限公司據 1922 年泰東圖書再版影印，

收入張高評主編《民國時期文學研究叢書》第一編第55冊。

針對胡適於1920年所出版的白話詩集《嘗試集》，胡懷琛於同年先後於《神州日報》、《時事新報》、《星期評論》等報章直言批評，又取《嘗試集》中〈黃克強生哀辭〉、〈江上〉、〈中秋〉、〈蝴蝶〉、〈寒江〉、〈小詩〉等10首新詩進行詩改並提出具體建議，此舉引發胡適與其支持者反擊，一場改詩風波自此展開。自1920年4月延續至1921年1月，相關新詩與舊詩、白話詩與文言詩、舊韻詩與新韻詩等詩學範式的論爭頻見報端，介入論辯的詩人除胡懷琛與胡適之外，大致分為兩派，一派是傾向胡適的劉大白、朱執信、胡渙、吳天放與王崇植等人，一派是支持胡懷琛的朱僑、劉伯棠與吳芳吉、余裴山。1921年，胡懷琛選編其中較具建設性的討論文章輯為一冊，出版《嘗試集批評與討論》，透過詩人書信筆論，提供新詩研究者參考。

胡懷琛於序中，首先聲明他「標明旗幟，反對胡適之一派的詩」的立場，「完全是為著詩的前途」，是「虛心研究的話」，所欲說明與討論的，「是詩的好不好問題，並不是文言和白話的問題，也不是新體和舊體的問題」。全書分為上、下篇，上篇收胡懷琛〈嘗試集批評〉、朱執信〈詩的音節〉兩文，文後「討論的信」，刊載胡懷琛、胡適、劉大白、朱執信、朱僑、劉伯棠、胡渙等往來討論書信17函。下篇收胡懷琛〈嘗試集正謬〉、吳天放〈評胡懷琛的嘗試集正謬〉、井湄〈評嘗試集正謬及嘗試集裏的原作〉、伯子〈讀胡懷琛先生的嘗試集正謬〉等文四篇。胡懷琛〈嘗試集正謬〉文中，再就《嘗試集》之〈一顆遭難的星〉、〈我的兒子〉、〈三溪路上大雪裏一個紅葉〉、〈病中得冬秀書〉等四詩提出詰辯，文後「討論的信」，刊載胡懷琛、胡適之討論書信5函。

2. 《中國詩學通評》

一冊，胡懷琛著，1923年6月上海大東書局出版。國家圖書館有1924年7月三版影印。〈總敍〉云：「詩為文學之一種，然一考其源流，則一切文學皆出於詩。」並論詩歌對己與對人之「用」，一以「發揮感情」、一以「適應交際」、「感化人群」，因三用之不同，遂演為後世不同之文學。該書評取中國詩家屈原、陶淵明、李白、杜甫、陸游、王士禎、白居易等廿一人，歸為七派，先敍「諸家小傳」，繼列「諸家詩錄」，以明各家源流、闡其作品、知其對後世詩歌發展與影響。如屈原一派，後傳宋玉、唐勒、景差之徒，唐後孟郊、李賀、李商隱、溫庭筠、宋之梅堯臣、黃庭堅等，諸家詩風皆見與《離騷》淵

源。陶淵明一派，王維、孟浩然、儲光羲、韋應物、柳宗元、蘇軾等詩家，詩風清遠高雅，簡樸曠真，謂得陶派胸懷。太白一派，有高啟之才情高揚，性情與太白為尤近也。詩史杜甫獨歸一派。陸游之後，誠齋（楊萬里）之率真尤似放翁。王士禎性情溫厚，詩之寄託遙深，其神韻自成一派。白居易詩多諷陳時事，通俗易解，具「感化人群」美育之大用。

3. 《詩學討論集》

　　一冊，胡懷琛編，1924 年上海曉星書局初版。中研院近史所、台灣大學、復旦大學等圖書館，分別可見 1934 年 7 月上海新文化書社三版、1934 年 9 月四版、及 1936 年 4 月上海達文書店版，國家圖書館有 1971 年香港中山圖書公司版。

　　是書乃胡懷琛繼 1921 年《嘗試集批評與討論》後，再次出版的詩學專論。書中集結胡懷琛與諸詩人，包括郭沫若〈給李石岑的信〉、胡懷琛〈給郭沫若的信〉、胡懷琛與王無為〈改詩的問題〉、吳芳吉，劉大白等往復報章上的討論書函。並錄有〈胡適之派新詩根本的缺點〉、〈嘗試集批評與討論的結果到底怎樣？〉及〈評大江集〉等專文。

　　胡懷琛在〈胡適之派新詩根本的缺點〉文中，析指胡適新詩的兩大缺點：一是「不能唱」，無天然音節不能唱的文字，只能算白話文而非詩；二是「纖巧」，新詩語言以樸質平易為標準，流於詞曲纖巧的詩，不能算新詩。是以胡適派詩雖有「比較的容易發表意思」的優點，然其瑜難掩其瑕。音節一向是胡懷琛評詩的重要標準，就詩韻和音節問題，胡懷琛與劉大白在《民國日報》「覺悟」專欄曾有一番激烈的筆論，這些詩論都收入其〈劉大白『雙聲疊韻』和『句裏用韻』的問題的討論〉文中。〔註 32〕胡懷琛學生王庚也加入討論，發表〈嘗試集批評與討論的結果到底怎樣？〉一文表達對老師的支持。〈改詩的問題〉是胡懷琛與王無為針對詩韻與改詩問題的討論。吳江散人在〈評大江集〉文中，對胡懷琛詩集有極為嚴厲的批判，斥其為「非舊非新，又不能中立」的詩人，胡懷琛則以〈答吳江散人〉給予回覆。

　　改詩風波持續半年多，所幸胡懷琛與胡適二人私交並未因此反目結怨，胡懷琛於 1926 年出版《胡懷琛詩歌叢稿》，胡適還應邀贈作一首〈小詩〉，胡懷琛也回作了答詩，和平解決這場君子詩論。諸論之價值，誠如盧永和在〈胡

〔註 32〕胡懷琛與劉大白諸論，分別發表於 1921 年《民國日報》「覺悟」欄之第 3 卷第 6 期、22 期、30 期、與第 4 卷第 10 期，後輯入本書。

懷琛與《嘗試集批評與討論》〉總結云：「此事件從批評實踐層面，為五四新詩建設提供了諸多詩學啟示」。〔註33〕

4.《中國八大詩人》

一冊，胡懷琛編，1925 年 1 月上海商務印書館初版，收在《國學小叢書》，後收入《萬有文庫》第一集，有 1925 年 12 月、1927、1931、1932 及 1933（國難後初版）、1935 年（國難後二版）等多次再版；另有香港嵩華出版公司（1977 年重印本）、台北河洛圖書出版社（1978 年《河洛文庫》版）、及台北漢威出版社（1987 年）等多種版本。合刊本包括：

（1）2010 年 8 月，北京中華書局據商務印書館《國學小叢書》1931 年版《中國八大詩人》，收入其《跟大師學國學》系列第三輯，後「附錄」《詩的作法》，有 2012 年及 2016 年再版。該書另有北京首都經貿大學出版社（2012）、與安徽人民出版社（2013）等多種版本。國家圖書館、中研院近史所及各大學圖書館皆有館藏。

（2）2013 年 1 月，江西教育出版社《大師的國學課》之 4：《詩的啟蒙》一冊，下卷收《詩的作法》與《中國八大詩人》合刊。

本書乃胡懷琛評介屈原、陶淵明、李白、杜甫、白居易、蘇軾、陸游、王漁洋等八位詩家詩作之評論集。書前有「題詞」云：「察其人之性情環境，論其詩之特色，並淵源支派，共得三四萬字，編次成書。既畢，總題六絕句於卷端。」胡懷琛以簡練之筆，勾勒詩家之生平、環境、詩歌特點、宗源與對後世之影響，而以題於卷端的六絕句，表達他對詩人的評價。如其論陶淵明與李白曰：「浩然元氣在胸中，流露成文自不同。便說青蓮少含蓄，未能平淡步陶公」；寫蘇東坡：「大蘇才力亦奇雄，一吐胸懷氣似虹。參到甚深微妙處，禪心詩意本相通」；贊放翁長於「寫實」；說漁洋「溫柔敦厚」。胡懷琛是書體現八位詩家不同的詩歌風格，「梳理了古代詩歌的發展脈絡和藝術走向，猶一部簡明的中國古代詩史」〔註34〕。

5.《福履理路詩話》

一冊，胡寄塵撰，稿本，著錄於胡道靜〈先君寄塵著述目〉，未見單行本。

〔註33〕盧永和：〈胡懷琛與《嘗試集批評與討論》〉，《北華大學學報（社會科學版）》2014 年 2 月，第 15 卷第 1 期，頁 84。

〔註34〕《中國八大詩人》書前編輯者語，見《中國八大詩人》（北京：中華書局，2010 年 8 月）。

該詩話今僅見兩篇，曾分載於：一、《新上海》1933 年第 1 卷第 3 期；二、《金剛鑽》月刊 1935 年第 2 卷第 2 期「金剛鑽集」。

　　《新上海》版一篇所寫主題有四：〈破洋房題壁詩〉、〈以詩還書債〉、〈嘲莊周〉、〈秋日荒園小景〉，記錄生活聞見與心得感想。〈破洋房題壁詩〉寫其逃難賃居老舊洋房，曾作題壁詩表述「得緣且住」聊以自寬心境。〈以詩還書債〉記寫一二八戰役時，藏書殆燬，借自友人之書亦難倖免，擬以長詩抵書債。〔註 35〕〈嘲莊周〉針對莊子所云「夏蟲不可以語冰」一語，寓今古見識不可同日而語。〈秋日荒園小景〉慨秋園荒涼蕭瑟，也為感作之詩僅能題一聯句，與未能續成一首而嘆。

　　《金剛鑽》版一篇共寫十個主題：〈開場白一〉篇首以題詩「放膽文章拼命酒，無絃曲子斷腸詩」，表述其「作詩要大膽」、「不侷體裁、義法或聲調」、「充分表現自我的悲憤」的「作詩秘訣」，亦以此為作詩評詩標準。〈開場白二〉說明「福履理路詩話」篇名，乃從所居之路名而來，〔註 36〕如其《江村集》，亦出自所賃居的江灣附近為詩集之名。「司的克」為英譯「拐杖」，〈司的克詩〉（收在《江村集》），乃胡懷琛為拐杖所作之詩，饒富趣味。〈化鶴吟〉〔註 37〕一詩，乃借丁令威化遼東鶴歸以詠遼東事，感慨時事。〈題壁詩與「抽水馬桶間」的對聯〉乃繼前篇〈破洋房題壁詩〉，續成浴間題壁詩之下聯。〈老年人宜讀水滸〉，推崇《水滸》好漢任俠重義有真情實性，因以「山歌每見真情性，水滸能醫我老衰」詩，謂該書極適老人閱讀。〈淡宗〉一篇，借題友人書領略「心熱難忘世，情空已似僧」心境。〈題論語〉為半月刊《論語》一書戲寫打油詩一首。〈法國公園詩〉、〈兆豐公園詩〉詩寫公園所見。

　　以內容觀之，《福履理路詩話》所寫偏於胡懷琛移居福履理路時之生活及心情雜評，為研究胡懷琛生平之重要材料。

〔註 35〕　〈以詩還書債〉一名〈不還書篇〉；胡懷琛撰有〈賣書篇〉、〈不還書篇〉、〈尋書篇〉三詩，後以三詩體例相同而合為〈三書篇〉，收入《薩坡賽路雜記》（1937年 8 月上海廣益書局）。

〔註 36〕　胡懷琛〈用白話寫詩話〉文中曾記云：「民國廿一年（1932），我從江灣路遷居法租界的福履理路，暫時失了業，閒居無事，寫詩話賣錢，便題名為〈福履理路詩話〉。」見《薩坡賽路雜記》篇 21，頁 17。

〔註 37〕　〈化鶴吟〉詩，亦刊在《因社集》，見沈雲龍主編：《近代中國史料叢刊續編》第 42 輯（420）（台北：文海出版社，1977 年 5 月）。

（二）單篇

1. 〈海天詩話〉

一卷，胡懷琛著，可見收錄版本有三種：

（1）刊載於《儉德儲蓄會會刊》1923 年 4 月第 4 卷第 3 期「雜俎」欄，後收入《十年筆記》，上海圖書館有藏。

（2）何藻據 1913 上海廣益書局本，輯入《古今文藝叢書》（中）冊（1995年）〔註38〕，東吳大學及中研院文哲所圖書館、上海圖書館有館藏。

（3）張寅彭據《古今文藝叢書》版重新點校，編入《民國詩話叢編》第五冊〔註39〕，各大學圖書館皆有藏。

〈海天詩話〉全卷約六千餘字，乃胡懷琛針對中西詩學所作的比較研究論述，篇幅雖不大，然視域廣闊，輯論日本、英國、希臘、德國、俄國等中外諸位詩家及作品百餘首，深具近代比較詩學價值。胡懷琛以中國傳統點評方式，從中國詩學角度評價西方詩歌，〈序言〉說明要旨有五：

一談譯詩。謂「歐西之詩，設思措詞，別是一境。譯而求之，失其神矣。然能文者擷取其意，鍛鍊而出之，使合於吾詩範圍，亦吟壇之創格，而詩學之別裁也。」主要論點有二，一論譯詩之要，曰：「文學有可譯者，有不可譯者。能文者善於剪裁鍛鍊，未為不可譯。」二論西詩有益，曰：「大抵多讀西詩以擴我之思想」，「學一國文字，如得一金礦。……尤當知鍛鍊。」則有益我也。因舉英人譯李白《子夜歌》、李義山《錦瑟》詩為例，說明「用典愈多，愈不可譯」，中西因思想差異，若據之直譯，則「精神已失」、「笑柄乃見」。繼舉蘇曼殊、馬君武、胡適、高君平等人所譯雪蘭（Shelley 雪萊）、貴推（Goethe 歌德）、亥納與囂俄（Hugo 雨果）等家西詩，為「善於剪裁鍛鍊」之佳例。

二為中外詩家之比較。推薦嘗和唐伯虎《花月吟》詩作二十首之日本詩人管茶山之詩；以李白喻拜倫，並附拜倫年譜，以貽崇慕者。又舉英國詩人漢彌頓與左丘明相同困阨的際遇；再引白居易的社會諷諭詩對應英國詩人，曰：「西人詩大半激發人之志氣，或陳述社會疾苦。字句不嫌淺易，而以能感

〔註38〕何藻輯：《古今文藝叢書》（蘇州：江蘇廣陵古籍刻印社，1995 年），中冊，頁 1314～1341。

〔註39〕張寅彭：《民國詩話叢編》（上海：上海書店，2002 年 12 月），第五冊，頁 301～316。

人為歸。求之吾國詩人中白香山之諷諭，庶幾近之。」論贊西方詩歌對現實的批判作用。

三輯東瀛詩。所引二十五名詩家及詩作最多，曰：「東瀛本重漢詩，名手亦復輩出。搜其著作，採其精華，或可為他山之石，或以供茶餘客話。」又謂：「日本人詩本學中土，號為能手，亦不過似宋元而止，唐以前則未窺門戶。」以見中國詩對日本漢詩之傳播與影響。

四記海外詩。所記為「吾國人詩紀海外事者」，收有黃公度所記日本雜事詩；孫轂任居箱根絕句；潘蘭史（飛聲）遊德之詩作《西海紀行卷》、《天外歸槎錄》、《海山詞》；與蔣觀雲（智由）旅東瀛之作《居東集》等。

五寫詩人奇聞逸事。曰：「西方詩人名言逸事可資談助者，予偶有見聞，走筆錄之。」如芬蘭文豪亨勤克斯差科作文必以紅墨水；挪威文人伊布新翁以案頭泥人助文思；中國文人亦有走入醋甕、撚斷別鬚之癖。

〈詩話〉中也記「梵文微妙瑰琦，論者謂更出漢文之上」，摘引蘇曼殊於《文學因緣》、《潮音》中之「梵詩」例，贊其譯作之精妙。

2.〈寄塵學詩記〉

署名「寄塵」，發表於《生活日報》1914 年 6 月 12 至 17 日「閒話」欄。林香伶於《南社詩話考述》中有精詳敍錄，可參考。〔註40〕

該文專論唐音，共計 14 則，論述主題有四，一論用韻。文引王漁洋等人之言，析辨「夜聞猛雨判花盡」中，以「判」或「拌」何字為宜；又闢章專論用韻與詩歌內容關係，列數聯說明蒼涼悲壯詩之用韻原則，並引司空圖「豪放用陽韻，悲慨用灰韻」之語為證。二論詩歌寫作技巧及結構經營。例舉李白〈靜夜思〉中「望明月」句，論古今詩歌「氣」之運用與特質，而云：「漢魏詩一首一氣或數首一氣，盛唐詩亦一首一氣，後人詩一句一氣」，如王維「一氣呵成，層次井然有致，可為楷模」。三就詩人個論。論列詩家詩歌之特質，如柳子厚之詩有剛氣；陳子昂無六朝靡麗弊病；李白詩之創格，「然偶一為之可，濫學之便無味」。四將詩家並論以評判高下。如舉陳師道、王維、孟浩然與李白之送別詩並較，王、孟、李三人均不及陳詩之「風帆五字」；劉長卿與柳宗元各有「洞庭秋水遠連天」與「洞庭春盡水如天」句，而評柳詩中「春盡」一詞，以「暮春無限景象皆包括在內」技高一籌。

〔註40〕見林香伶：《南社詩話考述》（台北：里仁書局，2013 年 9 月），頁 137～138。感謝林香伶老師提供文本。

3. 〈波羅奢館詩話〉

署名「寄塵」，發表於《民國日報》1917 年 2 月 7 日「旗亭韻語」專欄。該詩話僅見一篇，述其「由詩後文」的學習體悟，以為「詩之為物，一字不容苟且」，初學為文者，若能先經詩學訓練，當可避去蕪雜枝離之病，藉收一舉二得之效。

4. 〈新派詩說〉

胡懷琛撰，初稿刊登於兩處，一見《婦女雜誌》1919 年第 5 卷第 11 號「雜俎」欄；一見《儉德儲蓄會月刊》1920 年第 2 卷第 3 期「雜俎」欄，後收在 1921 年出版的《大江集》「附錄」，為胡懷琛首度發表，藉諸詩以印證其「新派詩」理論。

首先界定「新派詩」，謂：「乃相對『舊派』而言，即不滿意於普通所謂舊體詩，故別創新派也。然則何以不名新體？蓋吾於普通所謂新體詩，亦有不滿意之處，故名新派，以示與新體有分別耳。」而知「新派詩」「合新舊二體之長，而去其短」之立論。

文分十章。第一章「詩在文學上之位置」與第二章「舊體詩之長」，簡述中國詩所顯現的五種文學特質，即：「最古、最簡、最整齊、有音節、美而感人」。然則後世詩之真意漸失，而生「舊體詩之流弊」有十，曰工於「典麗、鍊字、鍊句、巧對、巧意、格調別致、顯怪、生硬、乖僻、香豔」矣。新體詩遂繼舊體詩而起，總其精神與實質，「新體詩之長」有「四說」，曰：「白話普遍而無階級、社會寫實、使用現代的語言文字、神聖事業而非玩好品」也。又論「新體詩之短」亦有三，曰：「繁冗、參差不齊、無音節」也。是故欲解除新舊詩體束縛，惟可冀望「新派詩」之改革。新體詩格式既傳自歐美，自有比較之處，第六章「中國詩與歐美詩之比較」，胡懷琛例舉李白〈獨坐敬亭山〉之中英譯本互較，而見中國詩「簡潔無贅字、句式整齊」之長。新體詩既長於「四說」，第七章起，胡懷琛因舉新體詩與舊體「白話詩」、「寫實詩」、「歌謠」等，比較兩種詩體短長。如論「普遍通行」，李白〈夜坐〉「床前明月光，疑是地上霜」、孟浩然〈尋菊花潭主人不遇〉「行至菊花潭，村西日已斜」、袁凱〈京師得家書〉「江水三千里，家書十五行」等，皆為婦孺可解之白話詩，其結構、聲調之整齊悠揚，當優於新體詩；論「寫實」，白居易之〈賣炭翁〉、〈秦中吟〉、新樂府等，體民所苦，敘事實在，新體詩家，無以過此；論「語言文字」，俚俗歌謠天然簡潔，富含節奏，可歌可詠，遠非新體詩所能及。

第十章「新派詩之出現」，總結新舊體詩互有長短，擬倡「新派詩」，提就「七條例」，曰：一「命名」為「新派詩」；二以「明白簡潔之文字、寫光明磊落之襟懷、喚起優美高尚之感情、養成溫柔敦厚之風教」為「宗旨」；三不論「宗派」，以「不假雕飾、天然優美、樂而不淫、哀而不傷」為標準，祛卻舊體「特別階級文學」，及新體之弊；四「體例」，以自然為標準，五言、七言或雜言均可，不倡律詩；五「音韻」，以能識平仄、通用韻書為主，學成後當可不拘；六「詞采」，忌僻典生字；七「戒律」，為體現詩寫「真性情」、「好事實」之長，必恪遵不作「浮泛空疎」、「應酬干祿」、「和韻」與「限字」等原則，如此當能發揮「新派詩」之時代新思潮。

5.〈新派詩話〉

署名「涇縣胡懷琛寄塵」，發表於 1919 年《神州日報》，又刊載於 1920 年《儉德儲蓄會月刊》第 1 卷第 2、3、4 期「叢錄」專欄，後收入《白話詩文談》（1921 年 1 月廣益書局）。本文乃胡懷琛繼 1919 年〈新派詩說〉之後，續談「新派詩」之論。

胡懷琛因對新詩舊詩都不滿意，既「反對新體詩，一面也反對舊體詩」，故擬創「新派詩」。首揭「新派詩」於「取新舊詩體之長、去新舊詩體之短」定義，並例舉胡懷琛《大江集》中〈長江黃河〉、〈自由鐘〉、〈哀青島〉等新詩，及報章所見他人之詩合十數首，就新派詩「命名」、「宗旨」、「宗派」、「體例」、「音韻」、「辭采」、「戒律」等「七條例」，逐一論證對照。內容由《新派詩說》第十章發展而成。

6.〈譯詩叢談〉

胡懷琛撰，刊登於《婦女雜誌》1920 年第 6 卷第 10 號「學術」欄，為胡懷琛的譯詩之論。關於譯詩，胡懷琛認為，要領略詩的趣味，「讀譯本是無味的」。「譯詩是詩中的別裁，有一部分可譯，有一部分不可譯」，詩之難譯，理由有二，一以詩語言精奧，與詞及文學之質性不同，難以互譯；二以各國國情風土不同，文學精神難譯，惟以原語言領略之詩意為最佳，故讀譯本詩必加註補強。文中並發表其英譯詩作〈鳩〉、〈燕子〉、〈百年歌〉、〈愛情〉、〈花子〉、〈倩影〉、〈短歌〉等 7 首。〔註41〕

〔註41〕以上 7 首譯詩，收入胡懷琛《重編大江集》中，見《胡懷琛詩歌叢稿》（《樸學齋叢書》1940 年第三集第 1 冊）。

7. 〈白話詩與裸體美人〉

胡懷琛撰，刊載於《美育》雜誌 1921 年第 6 期。胡懷琛就部分文人對其白話詩與「新派詩」理論的反制與批判，提出反駁之論。他堅持主張白話詩之美，應有「聲調格律」內涵，對於時人極盡除去內涵，盲目追求外貌，一應「白話」就美的「美人裸體」論思考，深不以為然，特此回應並重申其論點。

8. 〈詩文拉雜談〉

胡寄塵撰，發表於《儉德儲蓄會月刊》1921 年第 3 卷第 1 期的詩文雜評。按胡家昌新浪博客網路文章所記，該文原有 3 篇，今僅見第一篇。胡懷琛載錄同族好友胡息求所作之〈我字詩〉25 首，以詩作「深於理而淺於情，頗似禪家語錄」，亦戲以「莫問多少我，人人皆是我。凡讀此詩者，且以我為我。各以我為我，到底沒有我。」一詩回應之。並錄同邑新進陳楚材之〈迷嶂樓〉詩、其學生都英華〈夏夜聞雨〉、李漢瑜〈春日雜詩〉、〈早春〉、甘佩珍〈春游詩〉等作。

文中簡評唐代羅隱〈京中正月七日立春詩〉之第一句「一二三四五六七」為「奇絕」也；杜荀鶴〈雋河道中〉一詩之「體於前人亦未嘗見也」；又改易清代無云和尚偈語：「削髮披緇淨天塵，自家且了自家身。仁民愛物無窮事，自有周公孔聖人」為「偈削髮披緇淨六塵，自家且了自家身。人人自己能相了，不用周公孔聖人」。〔註42〕

9. 〈五種新詩集的批評〉

胡懷琛撰，發表於《良晨週報》1922 年第 3 期「另外一欄」。所評詩人及詩集有五：一評郭沫若《女神》詩集，贊詩人有才氣，其詩「以長篇為佳」，「能鼓勵讀者的精神，令人不倦」；至若其短篇〈鳴蟬〉一首亦佳，「妙處便在言外之意，悠然不盡」。二評康白情《草兒集》，評其人「別有天才」，其才在「郭沫若之下，俞伯評之上」。三評俞平伯《冬夜》詩集之缺點為「才少含蓄，且過於繁冗」。四評王獨清所譯太谷兒（泰戈爾）《新月集》漢譯本，胡懷琛以為「太過累贅」，失之「恰到好處」。五評《湖畔》詩集四作者之詩，如稱修人〈我認識了西湖了〉、〈一生〉、〈悔殺〉；雪峰〈楊柳〉、〈花影〉；汪靜之〈小詩〉等詩為極佳；又雪峰〈落花〉、修人〈聽玄仁槿女士奏佳耶琴〉、漠華〈歸家〉等詩為絕妙；而對其中〈三隻狗〉和〈一隻〉兩首壞詩，則不予置評。

〔註42〕以上轉載自按胡家昌新浪博客（http://blog.sina.com.cn）網路文章（2017 年 2 月 11 日）。

10. 〈詩之陽剛與陰柔〉

胡懷琛撰，刊載於《國學周刊》1924 年第 44 期，收入《國學彙編》1924
年第二集。胡懷琛取曾國藩論古文之「創陽剛陰柔說」論詩，以為「陶淵明、
李太白、高青邱，陽剛者也」；「杜少陵、李長吉、李義山、黃山谷，陰柔者
也」。又舉哲學家為論，以為「孔子、孟子，陽剛者也」；「老子、莊子、韓
非，陰柔者也」，觀孟子所謂浩然之氣，老子所謂知雄守雌，故謂陰陽之理
明矣。

11. 〈論詩〉（〈論詩六首〉）

胡懷琛撰，一名〈論詩六首〉，收入《秋雪詩》（見《胡懷琛詩歌叢稿》，
《樸學齋叢書》1940 年第三集第 1 冊），乃胡懷琛「以詩論詩」之篇。詩前小
序記曰：「取古人詩集讀之，得我所最心折者八家，察其人之性情環境，論其
詩之特色，並淵源支派，……總題六絕句於卷端。」詩中論屈原、陶淵明、李
太白、杜子美、陸放翁、白香山、蘇東坡、王漁洋等八家，如論屈原曰：「屈
子離騷號楚辭，南方文派此宗師。一編哀豔兼幽怪，湘雨巫雲萬古悲」；論陶
淵明與李太白曰：「浩然元氣在胸中，流露成文自不同。便說青蓮少含蓄，未
能平淡步陶公。」

12. 〈新詩話〉

胡寄塵撰，發表於《新儉德》月刊 1927 年第 1 卷第 2 期，後收入《十年
筆記》。本文談詩的四個概念：一指詩本非文人之物，概以「三百篇半出於婦
人女子之口」可證；二謂詩乃「感情的文學」，而今文人工詩，視詩為「美術」
的文學，是捨真性情而專言美觀。三、駢文崇美，然「駢文之品，低於散文」，
詩亦然；四舉《國風・召南》「蔽芾甘棠，勿剪勿拜」詩，盛贊「菖蒲拜竹」
句中「拜」字之妙用。

13. 〈論詩三則〉

胡寄塵撰，刊載於《新儉德》月刊 1927 年第 1 卷第 2 期，後收入《十年
筆記》。其一論唐詩與宋詩之別。胡懷琛以韋蘇州詩「歸棹洛陽城，殘鐘廣陵
樹」句，與黃山谷「江流畫平沙，分派趁迴筆」句，以別「唐詩如中國水墨山
水，宋詩如西洋油畫」之論。〔註43〕

〔註43〕有關唐宋詩之論，又見〈樸學齋集跋〉，收在《秋山文存》（《樸學齋叢書》
　　　　1940 年第一集第 4 冊）。

14. 〈一葉詩話〉

署名「螺屋主人」，發表於 1927 年 5 月 13 日《小說世界》第 15 卷第 20 期，後收入胡懷琛《文藝叢說》（二）（1928 年 6 月上海商務印書館）。

共收 8 篇，包括〈日本女子談漢詩〉、〈日本首相清浦子爵詩〉、〈橋本關雪詩〉、〈紀事詩一〉、〈紀事詩二〉、〈蓮葉荷田田〉、〈虞山山歌〉、〈通俗詩文選本忘改成文〉等。其中〈日本女子談漢詩〉、〈日本首相清浦子爵詩〉與〈橋本關雪詩〉三篇，乃胡懷琛繼〈海天詩話〉評賞東瀛詩後又作。

針對日本女詩家闞談「中國新詩盛行，舊詩學必將破產」之說，胡懷琛於〈日本女子談漢詩〉文中提出駁議。日相清浦子爵與日畫家橋本關雪皆善漢詩，胡懷琛引其詩云：「今宵舊雨與新雨，肝膽相披酒幾杯」，胡懷琛議改其「酒幾杯」為「酒一杯」，以「一」字重如「一見如故」、「一諾千金」，較「幾」字豪放爽快。又胡懷琛就橋本關雪馬圖上之題詩：「汗血馳驅幾戰場，英雄一去夢茫茫。朱門不市千金骨，殘草秋風嘶夕陽」，評其詩為絕佳，尤勝清浦子爵。

其二評譚瀏陽（嗣同）《莽蒼蒼齋》〈贈入塞人〉詩中「筆攜上國文光去，劍帶單于頸血來」句，以明詩之「氣度」，有廣隘之別也。

其三舉鄭孝胥《海藏樓詩》「天荒荒而非雲，月團團而無色，海兀兀而不波，樓迢迢而將白」，對比陳子昂「前不見古人，後不見來者，念天地之悠悠，獨愴然而涕下」，以辨詩之「氣味」，有厚薄分也。

15. 〈無名氏的詩及不識字人作的詩〉

胡懷琛撰，刊在《學生雜誌》1929 年第 16 卷第 10 號。本文以無名氏作的詩、與不識字人作的詩為題，探討學問與詩作的關係。

中國古詩、樂府與民歌中常見有無名氏作品，或不識字之僕役工匠、農民老嫗、市井雜夫等也能作詩。嚴滄浪曾言：「詩有別才，非關學也」，胡懷琛以為，有名氏之詩多為名而作，無名氏之詩多無所為而作，「情之所觸，自然流露，喜怒哀樂皆發於天然，毫無勉強」，因保有天然的風趣，故多見好詩。以此得出作詩者不必高深學問，不可為求名而作；評詩者亦不可依憑詩名或學問高下作為審評標準的結論。

16. 〈評《儒教與中國文學》〉

胡懷琛撰，發表於《南洋：南洋中學校友會會刊》1929 年第 9 期。

本文為胡懷琛就日本學者鈴木虎雄《儒教與中國文學》一書中，對中國詩人的研究論點提出看法。鈴木推重「站在儒家立場的詩人」，特別是陶淵明、杜少陵與李獻吉（夢陽），以此三人「是有天性近於文學的技能，而又身體力行乎道德的作家」，而認為宋儒道學家如邵康節、二程、南北朝及唐以後等有文無行詩人之詩，概皆不足取。胡懷琛闡其理由，以為宋詩重哲思與說理，自與儒士真摯重情之表達有所不同；文士言情詩每多輕薄顯露，是為其失。胡懷琛並表達了其對李夢陽詩「有意仿古、真情不足」的評論。

17. 〈新詩歌的書目〉

胡懷琛撰，發表於《持志年刊》1930 年第 5 期。胡懷琛為新詩初學者提列新詩研究入門的參考書目，包括創作的詩集，如魯迅的《野草》、徐志摩的《志摩的詩》、聞一多的《紅燭》等 25 種；翻譯的詩集，如郭沫若譯《浮士德》、《雪萊詩集》、鄭振鐸譯《泰戈爾詩》、蘇曼殊譯《拜倫詩選》、張威廉譯《歌德名詩選》等 31 種；改作及集作的詩集，如郭沫若改編的《捲耳集》、盧冀野編作的《時代新聲》、鄭振鐸輯選的《白雪遺音選》、鍾敬文改編的民歌《粵風》、及冰心的《繁星》、余平伯的《冬夜》、劉大白的《舊夢》、郭沫若的《沫若詩集》等 105 種。

18. 〈武人的詩〉（〈話詩〉之一）

胡寄塵撰，發表於《新上海》1933 年第 1 卷第 2 期。舉岳飛〈滿江紅〉詞，乃武人詩詞之佳品，然不比〈詠菊花詩〉「拚與西風戰一場，滿身穿就黃金甲」之豪氣；禦寇功臣任環「帚柄願持來，廓清天下好」詩中氣度，又比

「黃金甲」超脫；又見穌炳文將軍〈龍魚潭題壁詩〉：「豪哉潭中魚，一躍化龍去」，而謂武人詩自見胸襟與個性，其詩境與詩意，實非文人詩所能及。

19. 〈讀韓樂吾詩記〉

胡寄塵撰，發表於《青鶴》1933 年第 1 卷第 6 期。胡懷琛於覽閱《韓樂吾詩》並遺事二冊之後，略傳其人並錄其詩，以知後學。

20. 〈古詩十九首志疑〉

胡懷琛撰，發表於《學術世界》1935 年第 1 卷第 4 期。

本文為胡懷琛疑考據〈古詩十九首〉之作共 8 則，如考「越鳥巢南枝」之「越鳥」，疑為「鷓鴣」也；「菟絲附女蘿」，菟絲與女蘿，兩蔓皆不能獨立或相附，以為當解作「菟絲因女蘿間附喬木」；「盈盈一水間，脈脈不得語」之「脈脈」，疑為「默」之借字；「錦衾遺洛浦」句，疑以「錦衾」代「角枕」；又考〈青青陵上陌〉全首、〈迴車駕言邁〉全首、〈驅車上東門〉全首、〈去者日以疏〉全首等，皆輓歌也。依此據疑〈十九首〉當作於建安中。

21. 〈讀《中國詩的新途徑》〉

胡懷琛撰，發表於《出版周刊》1936 年第 177 期，為胡懷琛於閱讀朱又白著《中國詩的新途徑》一書後的評論感言。

胡懷琛重申其曾於〈新派詩說〉揭示的主張，以為中國詩的前途，只有一條路，即「形的方面，根據中國詩原有的長處，而掃除其一切病態的修飾，並要相當的通俗化；質的方面，充分的吸收新的思想，即現代的事物。」並讚許該書中有關詩歌原理之見，又對如「知識從大門進來，文學從窗口飛出」、「一切中國的詩體，是諷詠式的，而新詩是誦讀式的」等用句之精確表示贊賞。篇末續補充曰：「中國詩的形式的問題，係決定於中國的『字』，而中國的『字』的問題，又決定於中國的語言。」提出其對於新體詩「歐化」問題的疑慮。

22. 〈易實甫與袁宏道〉等 10 篇：

《薩坡賽路雜記》收有詩論 10 篇：

（1）〈易實甫與袁宏道〉，評易實甫〈觀操〉詩及袁宏道西湖詩。

（2）〈替易實甫改詩〉，改易實甫〈觀操〉，主張「超脫」為寫詩方法之一種。

（3）〈用白話寫詩話〉，評徐增《而菴詩話》。

（4）〈滹南詩話〉，考王若虛《滹南詩話》，指出其詩論中之佳處、謬處與可議處者。如記《滹南詩話》引鄭厚〔註44〕論評白居易與孟郊島詩：「樂天如柳陰春鶯，東野如草根秋蟲，皆造化中一妙」句「哀樂之真，皆發乎性情，此詩之正理也」之評句極佳。王若虛素崇自然真率，高度評價樂天之詩，胡懷琛亦贊評曰：「春鶯秋蟲之喻，雖未必稱其佳，然哀樂之真發乎性情，則不佳而自佳也」。

（5）〈詩中無情對〉，讀宋人《觀林詩話》談假對。

（6）〈孫大雅食橄欖詩〉評孫大雅〈食橄欖詩〉一首。

（7）〈鄭板橋題畫詩〉，評鄭板橋題畫詩五首。

（8）〈山居集〉，評岳彰河《山居集》詩一首。

（9）〈唐詩宋詩之分別〉，論唐詩如「水墨山水」，別與宋詩之「工筆畫」也。

（10）〈東坡詩〉，云東坡之詩如其文「明達爽快，長於說理，而短於言情」，因錄數首以論。〔註45〕

23.〈新體詩和趙甌北〉

胡懷琛撰，收入胡懷琛《文學短論》〔註46〕。民國時期，新體詩與舊體詩之擁護者各據論點爭議不休，清乾隆間人趙翼提倡創新，曾作〈論詩絕句〉五首，說明詩風代變之理。胡懷琛贊其見解，特錄舉其詩，撰〈新體詩和趙甌北〉一文以勉後學。

其一論曰：「滿眼生機化鈞，天工功人巧日爭新。預支五百年新意，到了千年又覺陳。」其二論曰：「李杜詩篇萬口傳，至今已覺不新鮮。江山代有才人出，各領風騷數百年」。文隨勢移本歷史發展之必然，縱如李白、杜甫等偉大詩家，其詩作亦有時代之侷限性，江山代有才人出，詩歌自不必唯古人是從，應隨時代求新求變。其三論曰：「隻眼須憑自主張，紛紛藝苑漫雌黃，矮人看戲何曾見，都是隨人說短長。」作者反對時人盲從亦云、信口雌黃的做

〔註44〕鄭厚，字叔友，又字景韋，學者稱湘鄉先生，又稱溪東先生，鄭樵從兄，與鄭樵號稱「莆陽二鄭」。鄭厚學問賅博，尤長於《易》，其著《藝圃折衷》疑有詆毀孟子的「非孟」之言《詩雜說》十卷。

〔註45〕以上諸篇，收在胡懷琛《薩坡賽路雜記》（1937年8月上海廣益書局）。

〔註46〕胡懷琛：〈雜記九則〉，收在《文學短論》，見張高評主編：《民國時期文學研究叢書》（台中：文听閣圖書有限公司，2011年12月），第一編第55冊，頁133～134。

法，指出評論詩之優劣當自有主張，務修養自己成為獨具慧眼的「高人」。其詩四論曰「少時學語苦難圓，只道工夫半未全；到老始知非力取，三分人事七分天。」點出詩人創作之甘苦。

24.〈薩坡賽路詩話〉

鄭逸梅於〈南社社友事略〉著錄胡懷琛作有〈薩坡賽錄詩話〉，筆者未見。〔註 47〕

以上詩論與詩評，共有專著 3 種、編著 2 種，及文 33 篇。

第三節　胡懷琛詩作及詩論著述的價值

胡懷琛幼承古典文學滋養，有深厚的古詩學修養，及長繼受新文學思想啟發，在新舊文化的過度轉折時期，他以前瞻的識見，開始嘗試在舊詩學的基礎上，進行其取新詩改革舊詩之弊，吸納新舊二體之長的新派詩理論的探索。

一、詩歌創作甚夥，詩歌理論創新多元

胡懷琛的詩學觀念既不偏執拘守，也不盲目追新，懷抱對中國古詩深厚的情感，他以豐富的創作實踐其詩學理想，本章統計其詩歌著述數量，包括詩歌創作集有書 8 種；詩詞創作單篇有詩 73 首、詞 13 首；詩詞集編纂有書 8 種；詩學總論有書 5 種、文 5 篇；詩學史有文 1 篇；詩論與詩評有專著 3 種、編著 2 種及文 33 篇。總計有書 26 種，詩作 73 首，詞作 13 首，文 15 篇，展現了創新多元的豐碩成果。

二、以詩敘史，紀錄珍貴戰爭史實

胡懷琛壯懷理想，本思有所作為，然其生當 1910 年至 1938 年國族易代與社會變動之世，親睹兵燹苦烈，殤窮民之悲苦無告，乃以沉痛筆觸傳述他的聞見經歷。如〈贈孟碩〉中有「中州患烽火，四方苦饑饉，老弱多死亡，少壯亦流離」句，表達對國事的深切憂慮（《秋雪詩》）；〈海上雪〉「天上群龍戰鬥狂，玉麟瑤甲亂飛」句，記群機天空對戰景象（《秋雪詩》）；又〈槍聲〉「飛

〔註 47〕鄭逸梅：〈南社社友事略・胡寄塵〉，收在《南社叢談・歷史與人物》（北京：中華書局，2006 年 7 月），（下），頁 266。

彈聲颼颼，巨砲響訇砰。牆泥多剝落，屋瓦亦驚鳴」，寫夜半驚聞槍砲聲響的恐懼（《寄塵雜著叢存・生活詩冊》）。1924 年江浙戰爭煙硝漫天，戰事慘烈，胡懷琛乃作〈東南劫灰錄〉57 首敘事長詩載寫滬濱浩劫，兵靖後悲歡不忍卒睹，未幾殘火重焚，戰事再起，乃又續作〈東南劫灰續錄〉34 首，涕泣血染溝渠，災黎滿地的瘡痍。戰爭期間野多餓莩，〈苦熱〉、〈買菜〉、〈苦兵〉等篇反映民不聊生的淒苦。〔註48〕1937 年日寇侵華，他在憂慮與貧病中猶奮寫《上武詩鈔》35 首，表達同仇敵愾的激昂之聲。以上敘事詩皆戰況之實錄，胡懷琛以詩敘史，謳贊英雄烈士的豪氣悲壯，也反映歷史事件與民生現實，為後世留寫下重要而珍貴的史料。

三、以詩寫景，懷想上海古蹟風情

　　胡懷琛於 1911 年遷居上海即定居於此，上海猶如他的第二故鄉，對於上海的人事物，他都投注極深的感情，又以任職通志館編寫《上海通志》之便，曾對上海故地之風物景觀有過精詳的考察。這些考察記錄與感想同時載於〈春申懷舊錄〉（《十年筆記》）文卷〔註49〕、及《秋雪詩》、《福履理路詩鈔》等詩錄中。如其記〈法國公園〉、〈早秋兆豐公園〉、〈過黃家闕（並序）〉、〈夜過黃浦灘公園〉、〈淡井廟古銀杏（並序）〉、〈題靜安寺三寶印（並序）〉、〈題雲漢昭回之閣石刻（並序）〉、〈烏泥涇仿古雜詩（並序）〉、〈訪最閒園遺址（並序）〉、〈過味蓴園遺址（並序）〉、〈過愚園遺址（並序）〉、〈半淞園（並序）〉、〈雨園（並序）〉、〈膠州路公園（並序）〉等篇。〈中央公園〉寫「金瓦丹樓舊帝鄉」句，勾勒舊址當年氣象萬千風貌；〈龍華〉記上海高昌廟是「十二年前舊戰場」（以上《秋雪詩》）；〈夜過黃浦灘公園〉回想黃埔灘公園曾經「海市千輪轟破地，蜃樓萬火赤燒天」的景況；〈訪最閒園遺址（並序）〉詩四首，記與徐渭南同弔遺世獨立的「最閒園」遺址之感慨；〈淡井廟古銀杏（並序）〉寫建於宋代，廟前百歲銀杏可卜吉凶的傳說（以上《福履理路詩鈔》）。胡懷琛以詩寫景，細數上海園林過往風華，是上海歷史興衰變遷的重要見證。

〔註48〕〈東南劫灰錄〉及〈東南劫灰錄續錄〉二詩，收在《寄塵雜著叢存》（上海：新民書局，1934 年 8 月，頁 79～100、101～112），可對照本書「散文寫作及編集著述敘錄」一章。

〔註49〕〈春申懷舊錄〉收在《十年筆記》，見本書「散文寫作及編集著述敘錄」一章。

四、創作與研究並重，融通於新舊之間

五四新文學發軔之初，胡懷琛在新舊詩的比較論爭中，提出了他獨特的「新派詩」觀，即主張新舊調和，「採取新舊兩體之長，淘汰新舊兩體之短，另成一種新派詩。」〔註50〕此後他傾力於新舊詩的比較梳理，先後出版《白話詩談》（1921）、《新詩概說》（1923）、《小詩研究》（1924）、《詩的作法》（1931）等詩學理論，及〈科學觀之詩談〉（1920）、〈詩學研究〉（1920）等詩學專篇，又〈海天詩話〉（1912）、〈新派詩說〉（1919）、〈新派詩話〉（1920）、〈新詩話〉（1927）等詩評，結合大量白話新詩的創作，建構了從詩歌理論、評論、到創作實踐，具體完整的詩學研究方案。

胡懷琛堅持其「以中國文學為本位」〔註51〕的文學主張，對於詩歌本質、語言與詩歌格律的追求與探索，使他勇於向「新文學陣營」提出驗證，《嘗試集批評與討論》（1921）、《詩學討論集》（1924）的出版，引發新舊學者激烈的論爭，雖然因此導致「非舊非新，又不能中立」的批評，然誠如學者劉立群與李金釘所言，新詩舊詩之間的界線並不類之於棋盤上的楚河漢界，胡懷琛在新派詩理論的努力、與其對古典詩學踐行的付出，展現了通達虛心的詩家風範，也為我們提供了一個「新舊詩碰撞與融合問題個案的新思考」。〔註52〕

〔註50〕胡懷琛：〈新派詩話〉，收在《白話詩談》（上海：廣益書局，1921 年 1 月），頁 27。

〔註51〕胡懷琛：〈小詩研究自序〉，《小詩研究》（上海：上海商務印書館，1927 年 7 月），頁 1。

〔註52〕劉立群、李金釘：〈新舊之間：胡懷琛『新派詩』理論抉微〉，《巢湖學院學報》（2015 年第 17 卷第 1 期），頁 81。

第四章　胡懷琛散文寫作及編集著述敘錄

　　清代以前，中國所謂「散文」，乃指與詩詞曲賦及有聲律的駢文相對的散文行體，所涉範圍極廣，鄭明娳在其《現代散文類型論》中指出：「它不但包括文學作品，如記敘、抒情的文章、筆記、小品、歷史、傳記文學以及有文藝性的說理文等等，它也包括一般的歷史著作、學術論文及各種應用文等非文學作品。」[註1] 甚至古文中的辭、賦、頌、贊等文類，皆可歸隸其範圍，分類極為繁瑣。經過漫長的演進發展，「民國五四運動以後迄今所指的散文，大抵限於文學性的作品」。[註2]

　　胡懷琛的文學基礎承自傳統，深受古典文學薰陶，然而他也是懷抱創新思想的文學家，在五四時期風起雲湧的「文學獨立」改革思潮中，關於「文學」與「非文學」、「純文學」與「雜文學」範圍的界定與觀念的釐析，乃是新文學家們借鑒西方文學理論，對中國傳統文學觀念在近代所進行的一次重大變革，胡懷琛也以大量的文學作品，包括雜文、隨筆、評論、序跋、函牘、遊記與抒情文、情趣小品、異聞軼事等創作與編集，嘗試闡述並實踐他的文學新觀點。

第一節　散文集與雜文、筆記

　　民初散文並無統一名稱，或稱「小品散文」、「純散文」、「小品文」。鄭

〔註1〕鄭明娳著：《現代散文類型論》（台北：大安出版社，1987 年 2 月），頁 1～2。
〔註2〕鄭明娳著：《現代散文類型論》（台北：大安出版社，1987 年 2 月），頁 2。

明娳引林語堂所作定義云：「蓋小品文可以發揮議論，可以暢洩衷情，可以摹繪人情，可以形容世故，可以剳記瑣屑，可以談天說地，本無範圍，特以自我為中心，以閒適為格調，與各體別，西方文學所謂個人筆調是也。」〔註3〕小品文範疇如此寬廣，能記述、能描寫、能議論，題材又無所不包，因此當五四白話文興起，這種使用自然親切而生活化語言，又格局精緻、短小寫實的小品散文，很快成為民初作家最愛，與雜文共同奠立了它們在民初文壇上特殊的地位。本節所錄，包括胡懷琛創作出版之散文集，及其雜文與筆記集篇之作。

一、散文集

（一）《秋山文存》

一卷，署名「秋山」，胡懷琛輯選其 1914 年起至 1940 年等三十年間，自撰之散文稿共 24 篇，未見單行本。1940 年胡樸安收入其《樸學齋叢書》第一集第 4 冊；1983 年，胡道彥於台北重刊於《樸學齋叢書》第 4 冊；1989 年台北新文豐圖書據《樸學齋叢書》本影印，輯入《叢書集成續編》第 198 冊「文學」類。國家圖書館及台灣大學、東吳大學等圖書館皆有館藏。

卷前有〈秋山文存自序〉，胡懷琛自述多年習文，學溯「唐宋名家，下及震川、軫石、雪苑、叔子、堯峯」等作；因歎古風不存，今文多為他人意作之風習濫，故輯是編，以「驗吾學問之進退」，亦「嗟境遇之變遷」。全卷計收序跋 12 篇、書信 1 篇、評傳 6 篇、記述文 4 篇、文字考據 1 篇等共 24 篇。

序跋 12 篇，包括〈雲鶴先生遺詩序〉、〈論詩絕句百首序〉、〈國文典表解序〉、〈歸震川先生年譜序〉、〈吳南屏文選序〉、〈樸學齋集跋〉、〈蘭亭集跋〉、〈跋汪南溟尺牘〉、〈算經十書跋〉、〈數術記遺跋〉、〈經傳釋詞跋〉、〈歸震川逸文跋〉等；書信有〈與柳亞子書〉1 篇；文字考據有〈骨董解〉1 篇；另記述文有〈續三說〉、〈偕老堂記〉、〈淡井廟元銀杏記〉、〈臼辛居記〉等 4 篇；評傳 6 篇，包括〈趙從龍傳〉、〈記李景元〉、〈義工周諧傳〉、〈三先生傳〉、〈喬將軍傳〉、〈南洋中學四先生紀念碑文〉〔註4〕等。

〔註 3〕鄭明娳著：《現代散文類型論》（台北：大安出版社，1987 年 2 月），頁 18。
〔註 4〕〈南洋中學四先生紀念碑文〉初刊於《南洋：南洋中學校友會會刊》1935 年第 5 卷第 2 期。

　　〈續三說〉〔註5〕一名〈擬姚鎔三說〉，乃仿柳宗元〈三戒〉及姚鎔〈三說〉之作。另外特別的是胡懷琛為自北宋、明、清、民國以來，籍居上海而名不彰識於《上海縣志》的忠臣節士、卓德高義者所修補之傳：如〈記李景元〉，記寫志游山水的北宋詩畫家李景元；〈喬將軍傳〉〔註6〕，彰明末平寇將軍喬琦一生英勇事蹟；〈趙從龍傳〉，記明末崇禎名士趙從龍討賊平亂之忠勇事蹟；〈三先生傳〉，記清末名士陳國陛狷節執義之行誼；〈義工周諧傳〉寫民國時期，精勤恭謹、忠誠事主的雇工周諧；〈南洋中學四先生紀念碑文〉，乃胡懷琛為南洋中學已故教師王引才、許蘇民、湯濟滄、任連城諸位先生所作之碑文合傳。該書輯錄大量上海文獻史料，乃胡懷琛為上海研究存留的重要資產之一。

（二）《江村雜俎》

　　稿本，一冊，見胡道靜〈先君寄塵著述目〉著錄，下云：「諸暨蔣孟潔（瑞藻）先生精寫（校字）」，未見單行本。該書收有〈詩學雜著〉、〈江湖異人傳〉〔註7〕、〈金魚譜〉與〈石菖蒲譜〉等文四種。筆者今僅見其中〈金魚譜〉與〈石菖蒲譜〉兩種。

　　〈金魚譜〉一文，初發表於《白相朋友》1914 年第 2 期。篇前有〈金魚譜序〉（亦見收在《寄塵雜著叢存·小品文存》），胡懷琛秉其對魚鳥的喜好，以文記述金魚歷史掌故與飼養方法。一考魚之「種」，金魚最早品種「金鯽」，源產於宋代杭州六和塔下，後貴族豢養觀賞金魚之法出，而「能變魚以金色，鯽為上，鯉次之」。二談魚之「飼」。關於養魚之法，如魚食製作、餵養時間、換水曬日等步驟。三談魚之「病」，預防及魚生病之處理。四談魚之「具」，如瓦盆魚器之樣式規格、盆內之擺設、水質控管等。

　　〈石菖蒲譜〉一文，曾刊在《春聲》雜誌 1917 年第 6 期，乃作者考證「石菖蒲」之作。菖蒲者，香草也，有「水蒲」、「泥樸」、「石菖蒲」等多名。篇前

〔註5〕〈續三說〉初名〈擬姚鎔三說〉，收為胡懷琛〈秋燈雜話〉中一篇，刊載於《遊戲新報》1920 年第 1 期。

〔註6〕胡懷琛〈喬將軍傳〉有文言、白話各一篇，《秋山文存》收文言傳記，另〈喬將軍〉白話篇，刊在《創導》半月刊 1937 年第 1 卷第 5 期。

〔註7〕〈江湖異人傳〉初發表於《七襄》雜誌 1914 年第 3、5 期，後收入《寄塵短篇小說》（1914 年 6 月上海廣益書局出版）第一集。胡道靜〈回憶我的學生時代〉文中，曾記胡懷琛著有〈寄塵雜著四種〉稿本，其中有〈江湖奇人傳〉一篇，後毀於文革時，不知是否為同一篇。

有〈石菖蒲譜序〉（亦見收在《寄塵雜著叢存・小品文存》），作者說明其據引《小知錄》、《群芳譜》、《呂氏春秋》、《說文》、《淮南子》、《楚辭》、《三柳軒雜識》等古籍，兼古詩、陸游詩、南宋裘萬頃詩與蘇軾文等，詳錄石菖蒲之「種、名、品、德、藝、宜、忌、器」等八法，據以為譜。其考證極細，所引資料龐雜，說菖蒲之品，有「寸根九節，仙家所珍」；說菖蒲之德，謂菖蒲「服之益智寧神長壽」；說菖蒲之器，則盆與罋子皆有可究。

柳亞子作有〈為胡寄塵題《雜俎四種》〉詩云：「皖江胡季子，一別五年餘。結想恆成夢，謀生但著書。恢奇述文武，瑣碎及蟲魚。識小聊為樂，高情足起予。」〔註8〕書稿卷末有太虛法師、于右任、柳亞子等題跋，並收有三十餘幀南社同仁及友人之書墨題詠，包括潘飛聲、柳亞子、葉楚傖、陳去病、包天笑、于右任、王蘊章、傅熊湘、陳澹然、周瘦鵑、何海鳴、林紓、葉恭綽、陸丹林、簡又文、徐珂、太虛法師、陳方恪、聞宥等，囊存眾多民國名家之珍稀墨寶，殊極珍貴。

以上散文集，有書2種。

二、雜文、筆記

所謂「雜文」，據鄭明娳所下的定義是：「雜文是具有作者直接論斷，帶有批評或議論之見的小品文。」〔註9〕散文與雜文包容範圍廣大，所謂「散」，並非「散漫」，而是「形式的自由」；所謂「雜」，亦並非專指內容之駁雜，「也涉及形式的不定型，它接受西洋的隨筆與中國的筆記文學以記錄為主的形式。」〔註10〕其形式是筆記式的，而其內容可以嚴肅地評論說理，常是「文人借來做為批評社會缺陷最直接的武器」〔註11〕；也可戲謔性地調侃嘲諷，或幽默閒談，以獨特見解批判人生，反映社會現實。胡懷琛有許多雜文筆記作品，或以專欄連載方式發表於報章雜誌上，或收錄於其著述，或集結成書，茲敘錄於此。

（一）〈樸學齋夜談〉

一卷，胡懷琛著。刊載於《夏星雜誌》1914年第1卷第1期，《儉德儲蓄

〔註8〕柳亞子：「詩集第三輯」《方壺集》（1928～1929），收在《磨劍室詩詞集》（上海：上海人民出版社，1985年1月），（上），頁585。
〔註9〕鄭明娳著：《現代散文類型論》（台北：大安出版社，1987年2月），頁150。
〔註10〕鄭明娳著：《現代散文類型論》（台北：大安出版社，1987年2月），頁150。
〔註11〕鄭明娳著：《現代散文類型論》（台北：大安出版社，1987年2月），頁148。

會會刊》1923 年第 4 卷第 4 期，後收入《十年筆記》。1995 年 12 月，江蘇廣陵古籍刻印社據 1914 年廣益書局本重印出版何藻所輯《古今文藝叢書》（全套共上中下三冊），收在叢書之下冊。內收〈清文匯藍本〉、〈戴文節軼事〉、〈石達開詩〉、〈戴古村詩〉、〈陳烈婦降乩詞〉、〈吳日千留窮詞〉、〈寄禪上人詩〉、〈安南詩人〉、〈簷曝雜記論逆流瀑〉、〈對山閣語錄〉、〈夢溪筆談論日月〉、〈遠鏡〉、〈伊索軼事〉、〈阿去美特軼事〉、〈聚芳圖百花帶〉、〈古代耶穌教風俗〉等小品、詩話共 16 篇。

（二）〈波羅奢館雜記〉

胡寄塵撰，曾發表於《白相朋友》1914 年 9 月第 1～3、7～8 期、《雙星雜誌》1915 年 3 月第 3 期、《儉德儲蓄會會刊》1921 年第 3 卷 3～5 期、1922 年第 4 卷第 1 期、1923 年第 4 卷第 2 期之「雜俎」欄，共 18 篇。包括〈金魚譜〉、〈詩牌〉、〈說夢（一～四）〉、〈神話〉、〈幽夢影〉、〈鐵甲船〉、〈唐六如詩〉、〈胡時可〉、〈冷香集〉、〈說權〉、〈說性〉、〈拆字考〉、〈樸安詩〉、〈太真軼事〉、〈以詩談禪〉、〈譯詩〉、〈雨花台石子考〉、〈反聊齋〉等。

〈詩牌〉引錄《姜露庵雜記》所集之詩牌佳句；〈說夢〉四篇，為胡懷琛對「夢」的探討研究；〈唐六如詩〉記明代孫七峰與唐寅、祝允明、楊鎣庵、陳石亭、張石川等名彥所題「七峰山修禊圖」石壁詩；〈胡時可〉記宋詩人胡時可所作七言絕句〈賦滕王閣謁辛稼軒〉；〈說性〉，胡懷琛論儒家之性善性惡，以為「善惡非人之天性」，乃人本其天生之好動、好奇、好勝三性，「其所向之途為善者謂之善，其所向之途為惡者謂之惡」，所謂善惡，概皆由此三性而生出之結果也。〈鐵甲船〉引錄《宦海升沉錄》，記甲午之前士大夫惡西學、拒西船之遺事。

（三）〈鏡台叢考〉

署名「寄塵」，連載於《先施樂園日報》1920 年 12 月 13～15、17 日「雜貨攤」欄。所輯 24 篇，乃胡懷琛對古今閨閣知識與內涵之考證。

包括「俏、條脫、檀暈、藕覆、椒房、首飾、裙解、斂袵、處子、佳人、媽媽、長相思、破瓜、巧妻常伴拙夫眠、情人、妍頭、嫁、歸寧、結髮、支婆、偏房、傍妻、寡居、娃」等，主為探其源流典故，釋今昔意義與用法之異同。

如「條脫」，一作「條達」，臂飾也。「檀暈」，婦女暈眉，其色似檀，蘇東坡有詩云「檀暈粧成雪月明」。「藕覆」，古時婦人袴襪之稱。「首飾」，古代凡男女冠冕笄瑱之屬皆稱之，今則獨指婦女之釵玉飾品。「媽媽」，本為古時北

地馬群中領牝而行之母牡，今稱婦也。古詩中之「長相思」，指「被中棉」，以結不解也。「破瓜」之「瓜」字破為二八，女十六歲指稱。「嫁」，今稱女適男為嫁，然《列子》有曰：「國不足，將嫁於衛」，此「嫁」注「往」，謂子之將行也。「歸寧」，唐錢起〈送李四擢第歸觀省〉詩云：「才子欲歸寧，棠花已含笑」，此指男子返鄉，不同於今專稱新嫁女回門。又「支婆」，庶母之稱。「傍妻」，妾也。「娃」，唐人稱美女曰「娃」等。

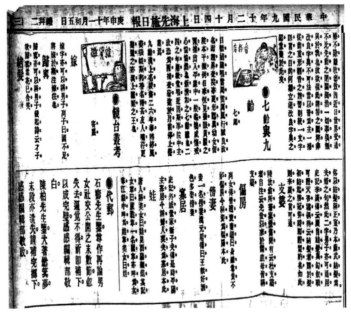

（四）〈秋燈雜話〉

胡寄塵撰，發表於《遊戲新報》1920 年第 1 期「談叢」欄，共有筆記雜文 10 篇。包括〈水滸中鳥字〉、〈欄腰〉、〈訛字〉、〈呂洞賓過海曲〉、〈重謫仙人〉、〈寫景文〉、〈敗簏中之舊文〉三篇及〈奚鐵生題畫詩〉等。如〈水滸中鳥字〉，胡懷琛考〈武松打虎〉一節中有「我卻怕甚麼鳥」句，該句中之「鳥」字無解，以為或乃地方方言，因過於粗俗難形於字，遂以鳥字代之。〈訛字〉例舉鉛印書因失校所造成的訛字趣事。〈呂洞賓過海曲〉為胡懷琛依呂洞賓〈過洞庭湖詩〉演寫的〈南商調·梧桐樹〉曲。〈重謫仙人〉介紹號為「重謫仙人」的湖南文人夏紹笙（字伏雛，又字白）。〈敗簏中之舊文〉乃胡懷琛將舊稿重抄，整理得〈與鄰人乞花種書〉、〈讀梅曾亮觀漁書後〉、〈擬姚鎔三說〉〔註12〕

〔註12〕〈擬姚鎔三說〉即〈續三說〉，收入《秋山文存》（《樸學齋叢書》1940 年第一集第 4 冊）。

等三篇。〈奚鐵生題畫詩〉摘錄奚鐵生題畫詩之佳句共賞。

（五）〈痛快之談〉

胡寄塵撰，刊載於《最小報》1923 年第 1 卷第 7～8、10～11 期「閒文」欄。共 15 則，皆為極簡短箴言式的摘語，如「不顧忌諱的話，只敢在遺書上一說」；「要是完全為善，除非是不吃飯的上帝」；「真理恐怕要到世界末日以後始發現」；「陶淵明不肯為五斗米折腰，而甘作乞食之時，幸而他不生於今日，不然真難免文丐之譏」等句。

（六）〈波羅奢館筆記〉

胡懷琛撰，發表於《儉德儲蓄會會刊》1923 年第 4 卷第 2 期「雜俎」欄。所錄雜文共 27 篇，有典故考據，如〈酒令〉、〈姓名反覆可觀〉、〈陽秋〉、〈詩鐘考〉、〈酒令考〉〈押詩韵續麻〉；詩詞如〈夢中詩〉、〈悼亡詞〉；詩話如〈說詩〉、〈王陽明詩〉、〈老漁歌謠〉；文學考據如〈狐自稱姓胡〉、〈南唐詩僧〉；傳記如〈馮鑄〉、〈巧工〉；動植物常識如〈種果〉、〈接葡萄法〉、〈假斑竹〉、〈假烏木〉、〈種海棠花法〉、〈種鳳仙花法〉、〈五色蠶繭〉、〈哈什蟆〉；與生活知識〈葡萄燈〉、〈雞蛋可藏瓶中〉、〈試雞蜉新陳法〉，及〈慰友人喪子〉等文。

（七）〈披沙錄〉

胡寄塵撰，發表於《儉德儲蓄會會刊》1923 年第 4 卷第 2～3 期「雜俎」欄。共收雜文 19 篇，胡懷琛於篇前「小序」，說明諸篇係平日讀書隨筆所記，於其中「披沙揀金」後，撮摘堪值研究之篇章，輯為〈披沙錄〉。

所輯包括各種常識，如〈阿剌伯數目字之來歷〉、〈活字版印刷〉、〈孔子花〉；文學考據與討論，如〈宋玉之字與號〉、〈白居易之婦女觀〉、〈孔子之國家界限觀〉、〈鄧析之人民自治論〉、〈中庸非孔門之書〉、〈列子之優勝劣敗論〉；文字考據如〈蒙古〉、〈懺悔〉、〈牡丹與牧丹〉、〈蠢字〉；史地考據如〈斷橋〉、〈阿房宮之門〉、〈小姑山〉；亦見傳記摘錄，如〈辜鴻銘作葉澄衷傳〉、〈補履先生〉；與民歌〈西粵民歌〉等。〔註 13〕

（八）〈讀宋詩鈔雜記〉

胡懷琛撰，發表於《國學周刊》1925 年第 83、85、87 期「雜俎」欄，共

〔註 13〕〈披沙錄〉中〈孔子花〉、〈白居易之婦女觀〉、〈孔子之國家界限觀〉、〈鄧析之人民自治論〉、〈中庸非孔門之書〉、〈蠢字〉等 6 篇，亦收見《十年筆記》書中。

得 7 篇。包括〈黃文谷樓大防之俗語詩〉、〈山歌源於蘇子美詩〉、〈宋詩狀物有痕跡〉、〈朱文公詩有禪〉、〈宋人詩多尖新之字〉、〈唐宋之分〉、〈孔平仲述鷗詩〉等。

〈黃文谷樓大防之俗語詩〉文，例舉黃山谷詩之「情人眼裡出西施」、樓大防詩「早起三朝當一工」句，以見古詩與俗語詩之相互影響。〈宋詩狀物有痕跡〉以蘇子美（舜欽）詩「窗靜蜂迷出，簾輕燕誤飛」試比杜少陵（甫）之「細語魚兒出，微風燕子斜」，以為宋詩狀物雖工，不免斧鑿之跡。〈宋人詩多尖新之字〉，例舉宋人朱韋齋（名松，字喬年）詩「危紅數點藏深綠」、朱文公（熹）詩「綠陰經雨墮危花」二詩之「危」字，及韋齋詩「風雨交交耿夜燈」之「耿」字，「悲歌聊倚一杯歡」之「倚」字，皆乃「尖新」之字，偶一用之則佳。

（九）〈讀書雜記〉

胡懷琛撰，自 1925 年起陸續發表於《國學周刊》第 92～93 期、及 1926 年第 94 期「雜俎」欄，為摘考筆記之作，共 9 篇。包括〈晉人文與佛經〉、〈關尹子與佛經〉、〈柳子厚郭橐駝傳之所本〉、〈封禪書所紀扶乩事〉、〈經傳中之訛句〉、〈東坡用孔明文為詞〉、〈王元美之始創論〉、〈名歌失傳可惜〉、〈歇欽〉。

（十）《文藝叢說》（一）、（二）

二冊，胡寄塵編，1928 年上海商務印書館精選，曾刊載於《小說世界》的名家小說，編印為單行小本，總輯成《小說世界叢刊》〔註 14〕，其中胡懷琛之作品《文藝叢說》共輯有二冊，列為「文學掌故類」，分別於 1928 年 6 月及 1931 年 4 月出版。

全書共收文 33 篇，有散文、文論、詩詞、詩話、傳記、民間故事、神話、傳說、隱語、隱語詩、民歌、民俗典故與文詞字學考據等，包羅極廣。

第一集收 20 篇：〈中國戲是甚麼〉、〈隱語詩考〉、〈隱語與神話〉、〈推敲餘談〉、〈作文莫用典〉、〈文學賞鑑法〉、〈中國文人結社考源〉、〈中國民間文學之一斑〉、〈琉球神話〉、〈一本原有的平民文學〉、〈女詩豪薄少君〉、〈歸有光的小說文學〉、〈柳宗元的小說文學〉、〈侯方域的小說文學〉、〈古書中之詩句〉、〈中國小說中之龍王〉、〈骰子牙牌之來歷〉、〈松江田家月令詩〉、〈新送

〔註 14〕《小說世界叢刊》共 53 冊，收書 29 種。其中收錄胡懷琛作品有《文藝叢說》
二冊及《今鏡花緣》、《十年舊夢》。

郎歌〉、〈虞山艷景詩〉。

　　第二集收文 13 篇：〈識寶回子和江西人〉、〈讀搜神記〉、〈鄭板橋的田家詩〉、〈談社會小說〉、〈市招上的考古學〉、〈關於薄少君的話〉、〈河伯娶婦志疑〉、〈南社掌故〉、〈紫姑與文人之糾葛〉、〈一葉詩話〉、〈有意味之俗語〉、〈短簡〉、〈文壇秘錄〉。

（十一）《寄塵雜著叢存》

　　一冊，胡寄塵著，1930 年 5 月上海廣益書局初版。國家圖書館有 1934 年 8 月廣益書局再版及新民書局版。

　　該書文白皆收，體裁內容豐富，包括生活雜記、傳體小說、小品文、序文、寓言、神話等 40 篇及詩作 32 首。〈螺屋記〉、〈移居瑣記〉書寫作者書房與遷居瑣事。〈吾鄉之神話〉收「活馬」、「石烏龜」、「金雞」神話 3 篇。〈寓言〉一作，收有「漁父」、「動靜」、「螕語」、「園丁」、「無絃琴」、「莊子遊梁」、「瘦人」等寓言故事 7 篇。〈泥水匠王承福〉、〈姓張的乞兒〉、〈補鞋子的先生〉〈種芋芳的老人〉等 4 文，為取古籍改編為白話的小說。〔註15〕〈梭格拉底辯論之一斑〉，全篇以對話形式演述，與〈黃金國〉同為寓言類小說。〈新鏡花緣之一回〉為胡懷琛繼《鏡花緣》之後，續寫主角三人歷遊夫妻國、玻璃國、飯桶國、讀官國與三手國等異境奇聞。〈新君子國〉續演胡懷琛《今鏡花緣》一書，幻寫〈夫妻國〉、〈新君子國〉2 篇。

　　〈小品文存〉收〈宜社小啟〉、〈劍考社序〉、〈石菖蒲譜序〉、〈金魚譜序〉等序文 4 篇。詩作包括〈貝葉詩冊〉、〈遊鴛鴦湖紀實詩〉、〈生活詩冊〉、〈東南劫灰錄〉、〈東南劫灰續錄〉等 5 種。

　　〈貝葉詩冊〉收佛詩 20 首，詩前記云：「題釋迦如來應化事迹」，胡懷琛將其對佛的覺悟見解融入詩中，包括〈車匿辭還〉、〈六年苦行〉、〈成等正覺〉、〈林間宴坐〉、〈菩薩降魔〉、〈布髮掩泥〉、〈迦葉求渡〉、〈施食源起〉、〈雙林入滅〉、〈問〉、〈答〉、〈七夕〉、〈夢〉、〈西湖〉、〈和無雲和尚偈〉、〈附原詩〉、〈詠荷包蛋席上作〉、〈端午看龍船〉、〈中秋看月詩〉、〈集經〉等。

〔註15〕〈泥水匠王承福〉取韓愈〈圬者王承福傳〉、〈姓張的乞兒〉取清周震榮〈書詠清張乞人事〉、〈補鞋子的先生〉取清汪縉之〈補履先生傳〉、〈種芋芳的老人〉取清周茂三之〈芋老人傳〉而編之。其中，〈補履先生傳〉曾刊於《儉德儲蓄會會刊》1923 年第 4 卷第 2 期》「雜俎」欄〈披沙錄〉；〈種芋芳的老人〉刊於 1922 年《儉德儲蓄會會刊》第 4 卷第 1 期。

記遊詩〈遊鴛鴦湖紀實詩〉4 首，乃胡懷琛 1923 年 7 月游鴛鴦湖煙雨樓所得。

〈生活詩冊〉收紀事詩〈苦熱〉、〈賣書〉、〈苦兵〉、〈買菜〉、〈寄曹民父永嘉〉、〈槍聲〉等 5 首〔註16〕，其中〈苦熱〉、〈賣書〉、〈苦兵〉、〈買菜〉、〈槍聲〉等，與 2 首長篇感事詩〈東南劫灰錄〉、〈東南劫灰續錄〉，所記皆為民國時期戰亂、民不聊生的苦狀。

繼〈東南劫灰錄〉與〈東南劫灰續錄〉長詩後，胡懷琛後續又作小說〈東南劫灰續錄附錄小說〉，收〈難民歟、鬼歟、瘋歟〉、〈和平之神〉、〈幻覺〉、〈兄弟〉、〈滑稽先生被劫記〉等 5 篇。

另有〈獵人一夕談〉〔註17〕文，藉獵人論辨獵搏熊豹之法，示唯黃老「不爭」之術可治亂世。又效《史記》為亂世之義士遊俠仿作傳記小說如〈今遊俠傳〉、〈朝鮮英雄傳〉、〈越南義士傳〉、〈新七俠傳〉等。〈今遊俠傳〉寫清末民初莊五、酒保與盜王等寄跡於屠沽酒肆之奇士逸聞；〈朝鮮英雄傳〉取仿《戰國策》〈馮諼客孟嘗君〉與〈虯髯客傳〉，記任俠好客商人張仲泉與朝鮮遺民申嶽力振復國壯志；〈越南義士傳〉亦取《戰國策》荊軻刺秦故事，寫越南隱士李某慷慨赴義之志節；〈新七俠傳〉彰揚明、清與民初時，亂世隱俠如朱欣、太倉庖人、大漢、朱先生、大力哥、章鐵拳、飛將軍等士之忠勇義行，諸傳篇前或文後皆書有「胡子曰」、「記者曰」等贊評語。〔註18〕

本書中之長篇敘事詩〈東南劫灰錄〉與〈東南劫灰續錄〉，係以詩歌與見聞互注形式，詳錄 1924 年間江浙兵燹人禍，災黎避疫、避兵離亂實況，兩詩共 364 句，計 2548 字。其序言曰：「但就滬濱風聲鶴唳之情形，及戰地難民之所述，本諸見聞發為吟詠，長歌當哭，用紓己懷。」如其詩云：「烽火當年一再經，風聲鶴唳萬人驚。主權國體今休管，只說洋場可避兵。」注云：「九月三日，兩軍具戰實行作戰，滬上居民，在南市及閘北者，紛紛遷往租界，以避萬一殃及。蓋民國二年及四年兩次攻城製造局。滬民皆深嘗痛苦。劫後餘生，信覺烽火可畏也。」又詩云：「巨砲轟身火炙膚，填溝血肉已模糊。可憐

〔註16〕〈生活詩冊〉中〈買菜〉一首亦收入《江村集》，〈賣書〉、〈買菜〉、〈槍聲〉三首亦見《文藝叢說》（二）〈一葉詩話〉篇中。

〔註17〕〈獵人一夕談〉初發表於《小說世界》1926 年 3 月 26 日第 13 卷第 13 期。

〔註18〕以上仿傳小說，初刊登於《偵探世界》：〈今遊俠傳〉刊於 1920 年第 13 期、〈朝鮮英雄傳〉刊於 1923 年第 14 期、〈越南義士傳〉刊於 1924 年第 21 期、〈新七俠傳〉初刊於 1924 年第 22 期。

五日傾盆雨，欲潤枯喉滴水無。」其注云：「九月八日以還，大雨數日，溝洫皆是積水，而同時軍旅缺乏飲料，甚以為苦。蓋溝中之水皆有死屍，血肉滲雜其間，臭穢不可向邇也。」

作者於戰亂浩劫中淚筆寫下如詩史般長作，反映了當時代歷史事實，故而彌足珍貴。

（十二）《文藝古老話》

一冊，胡懷琛著，南京正中書局出版，筆者未見。該書有 11 篇文，曾以「文壇老話」為名，連載於《珊瑚》半月刊 1933 年第 1 卷第 1～3、8～9 期，《文藝座談》雜誌 1933 年第 3 卷第 3～4、6 期，另有 3 篇發表於《華美》月刊 1934 年第 1 卷第 7 期「語林」欄。

書前「緒言」云：「最近我撰《中國文學史概要》，其中一部分是『歷代文人的故事』，約三、四萬字，而為篇幅所限，所蒐集的還是不多，且其中有許多是常見的。……這裡，我把比較少見的再蒐集來，供給讀者。一方面可以從這裡看出中國文人的生活，一方面也可以當有趣味的故事看。」

書中所寫多文人之軼聞趣事，如〈吟詩折衝的外交官〉，記賈島、蘇東坡以詩挫高麗使和遼使之事；〈文人恭維朱元璋的故事〉、〈文人的忌妒心〉、〈偷文的故事〉、〈文丐偷詩騙文人〉、〈考試與審判的特別辦法〉，乃譏指中國文人相輕相忌、偷文、偷詩，與在考試與司法審判上，習常不循規範、逸出法令之病；〈白話判詩〉舉唐代河南尹裴諝以白話詩判奪貓狀之趣談；〈寫不出的詩〉記鄭板橋以揚州俗語口唸詩，能讀卻無法書寫的趣味；〈唐伯虎的畫不值錢〉為才子唐寅生時清困無名，死後書畫卻值千金而嘆。

〈戴帽的詩〉指詩人作詩為詩之固定格式所拘之病；〈換靴的詩〉，即為詩「換靴」，指更動原詩押韻處一、二字，亦可成詩之例，如將詩句「瞬眼繁華幾變遷，湖光山色尚依然」更為「瞬眼繁華幾變更，湖光山色尚青青」、「畫閣遺鈿侵暮雨，斷橋衰柳拂秋煙」更為「畫閣遺鈿侵暮雨，斷橋衰柳拂秋晴」。

《華美》月刊所見有 3 篇，為〈明代文學界的兩個怪人〉、〈落筆以前的錯誤〉、〈野老難倒司馬光〉。〈明代文學界的兩個怪人〉摘自明代周亮工《書影》一書，介紹好作詰屈聲牙之語的明代文學家王子涼與袁景修。〈落筆以前

的錯誤〉例論文章因照例襲抄產生的誤會。〈野老難倒司馬光〉〔註19〕寫司馬
光與野老論學之氣量。

（十三）〈薩坡賽路上雜記〉

胡懷琛撰，發表於《大聲》雜誌1933年第1卷第1～2、4～8、10～11、
13～18、25期，及《金剛鑽》月刊1935年第2卷第1期「金剛鑽集」中，共
8篇。包括〈日本人愛用中國布〉、〈洋鬼子捉人〉、〈公園詩話（一）〉、〈公園
詩話（二）〉、〈帝國主義與巨魚〉、〈海島的去來今〉、〈本色語〉、〈由無錫泥人
說到藝術教育〉等。

（十四）《十年筆記》

稿本，四冊，著錄於胡道靜〈先君寄塵著述目〉，未見單行本。胡道靜於
〈回憶我的學生時代〉文中，憶及《十年筆記》曾委刊《華美晚報》，然稿本
與另一份《寄塵雜著四種》手稿，後盡毀於文革。筆者今所見，乃1923年起，
逐段發表於《儉德儲蓄會會刊》第4卷第3期、第4卷第4期、1924年第4
卷第5期、1925年第5卷第3期「雜俎」欄、及《新儉德》〔註20〕1927年第
1卷第2、3期上諸篇。相隔十餘年後，《文心》月刊再現《後十年筆記》，時
先生已逝，署「胡懷琛遺著」，發表於1939年第2卷第2期、1940年第2卷
第3、7～12期、1941年第3卷第1～9期。

〔註19〕〈野老難倒司馬光〉一篇，又見刊載於《鐵路月刊——津浦線》1933年第3
　　　　卷第8期。

〔註20〕《儉德儲蓄會會刊》，原名《儉德儲蓄會月刊》，乃1920年3月上海儉德儲蓄會
　　　　以宣導儲蓄為主旨所發行的刊物，至1925年2月停刊，後經改為「會刊」後重
　　　　新發行。胡懷琛任胡惠生（道吉）於1930年曾擔任過該刊第1～3期編輯。

《十年筆記》為胡懷琛自 1913 起隨筆摘錄的雜文筆記，共 75 篇，內容包羅萬象，極盡豐富。其寫人物軼聞者，有〈戴文節軼事〉〔註21〕、〈伊索軼事〉、〈阿去美特軼事〉〔註22〕；記中西地方異俗者，有〈古代耶穌教風俗〉；錄讀書雜感者，如〈幽夢新影〉、〈簷曝雜記論逆流瀑〉、〈夢溪筆談論日月〉；抒思見瑣文者，如〈萬物一物〉、〈以詩文為子〉；詩錄有〈石達開詩〉、〈戴古村詩〉、〈安南詩人〉、〈論詩三則〉、〈飛素閣詩〉等；詞錄有〈陳烈婦降乩詞〉、〈吳日千留窮詞〉、〈咏七字詞〉等；有談奇物者，如〈植物防敵法〉、〈遠鏡〉；有載拾遺者，如〈春申懷舊錄〉、〈對山閣語錄〉；有執考釋者，如〈間情辯〉、〈中庸非孔門之書〉、〈宋玉之字與號〉；也有學術之論，如〈列子之優勝劣敗論〉、〈白居易之婦女觀〉、〈孔子之國家界限觀〉；又有〈文則〉、〈小說管見〉、〈鄧析之人民自治論〉等文談；及〈海天詩話〉、〈新詩話〉等詩話。各文篇幅長短不一，少僅四十餘字，如〈寄禪上人詩〉；也見萬言長篇，如〈神州異產志〉。

其中〈文則〉、〈春申懷舊錄〉、〈海天詩話〉、〈神州異產志〉等卷，已先於 1913～1915 年為廣益書局輯入《古今文藝叢書》系列。

〈文則〉一卷，乃提舉「知用、立品、儲材、養氣、摹神、取勢、乘機、循法」等八法，以示教作文之法。

〈春申懷舊錄〉稿本一卷，共 25 篇。上海古稱「春申」，「春申」一地，原為戰國時楚國春申君黃歇封地，故以為名。〈春申懷舊錄〉胡懷琛記懷上海故地文人軼事、藝壇風月、史地掌故、民俗人情、社會百態之作。其所寫之人有〈黃道婆〉、〈三汪〉、〈岸君吟香〉、〈黎蒓齋之古逸叢書〉、〈金梅溪〉、〈葉澄衷〉、〈蔡伯浩與詩鐘〉、〈我佛山人遺事〉〔註23〕；所述之事有〈雞翼生爪〉、〈電燈之始〉、〈石印書籍〉、〈龍華之神話〉、〈地火〉、〈旅館〉、〈廳〉、〈中國人自製輪船〉；所憶之地有〈虹口〉、〈丹桂戲園〉、〈白渡橋〉、〈天妃廟〉、〈最老之書坊〉、〈夷場〉、〈靜安寺〉、〈滬北廢園〉；又有感時之文如〈棋盤之變遷〉

〔註21〕〈戴文節軼事〉初刊《夏星》月刊 1914 年第 1 卷第 1 期「樸學齋夜譚」欄。

〔註22〕「阿去美特」亦譯作「阿基米德」，著名古希臘數學家、物理學家、天文學家與發明家。

〔註23〕胡懷琛記寫吳趼人，撰有〈我佛山人遺事〉文共兩篇，其一篇原載《紅雜誌》第 60 期，世界書局 1923 年出版，收見袁進主編《鴛鴦蝴蝶派散文大系》之《活在微笑中》，與收入《十年筆記》中〈春申懷舊錄〉之〈我佛山人遺事〉，二篇篇名雖同實內容不同。

等，書中考見上海掌故與歷史變遷，是相當珍貴的上海文化史料。

〈海天詩話〉以傳統詩話形式對中外詩歌進行比較探索，是中國比較詩學最早的作品之一。

〈神州異產志〉一卷乃胡懷琛摘覽 55 種前人筆記所得，記寫中國各地罕希之珍禽異獸與妙品奇物，共得 140 則。〔註24〕

（十五）《後十年筆記》

稿本，四冊，著錄於胡道靜〈先君寄塵著述目〉，未見單行本。《後十年筆記》共收文 78 篇，體例同與〈十年筆記〉，篇章內容則更豐富精彩。包括文學探源之作，如〈桃花源記辨〉、〈詩謎考源〉、〈詩鐘興盛之源由〉、〈百花生日考〉、〈老殘遊記著者小考〉、〈最早之娼門小說〉、〈古代之小說大觀〉、〈西廂記之源流〉、〈西廂記之回數〉、〈拆字源流〉、〈木蘭〉、〈水西洪秀全時代之服飾及稱呼〉、〈鍾馗考〉等；記寫文人軼聞筆記如〈鄧析之滑稽〉、〈孫子之跑馬法〉、〈吳趼人為南亭亭長作傳〉、〈陶淵明之小說癖〉、〈楊雲史為吳子玉改詩〉及〈林琴南少年時之軼事〉、〈林琴南譯聖經未成〉；奇聞異事如〈外國水兵之奇談〉、〈古今事比〉；笑話妙語如〈教育外史之妙譬〉、〈西人學中國語之笑話〉、〈百子全書之笑談〉、〈某教員之笑談〉、〈呂洞賓開銀行〉、〈樸克匾額〉等；又有字聯妙語，如〈破字妙對〉、〈嵌字聯〉、〈白話新婚聯〉；時事見解，如〈女子為官之先例〉、〈女子裝束之奇異〉、〈伶人能文墨〉；民俗采風有〈粵東俗歌〉、〈南北採茶歌〉、〈新山歌〉、〈日光療病法〉、〈蛤什蟆〉等篇。

《十年筆記》與《後十年筆記》二書共八卷，各卷都五萬餘字，乃胡懷琛累年積月所得，羅括詩詞、文論、考據、風俗民歌、奇談軼事、妙句聯對、笑話趣聞、或學問之獨到創見等，內容龐雜閎富。

胡道靜於〈回憶我的學生時代〉文中，曾提及〈十年筆記〉書稿係胡懷琛聞見之紀錄：「總共記了一千多條，約二十萬字」〔註25〕，後毀於文革，筆

〔註24〕以上〈海天詩話〉與〈神州異產志〉，因性質不同，又具深入敘論必要，本書以〈海天詩話〉歸於「詩作及詩論著述敘錄」一章之「詩話與詩評」；〈神州異產志〉歸於「其他學術著述敘錄」一章之「譜錄類」，另作詳細敘錄。

〔註25〕胡道靜於〈回憶我的學生時代〉文中，記《十年筆記》稿文有「一千多條，約二十萬字」，事，又有《寄塵雜著四種》稿文，其中一稿為〈江湖奇人傳〉，書封面有林琴南之題墨，後皆毀於文革。見虞信棠、金良年編：《胡道靜文集》（上海：上海人民出版社，2011 年 12 月），卷七《序跋題記・學事雜憶》，頁 257。

者今日所見二書之篇幅當非全稿。胡傳樞亦有〈記胡懷琛《後十年筆記》〉一文〔註26〕，記述所見部分篇章內容。

（十六）《薩坡賽路雜記》

一冊，胡懷琛著，1937 年 8 月上海廣益書局出版，有 1938 年再版，及台北華夏書局 1978 年版。台灣大學及復旦大學圖書館有館藏，國家圖書館有 1937 年影印本。

書前〈薩坡賽路雜記序〉，稱此書所作小品文是一種「新式的筆記」體裁，並說明借居所「薩坡賽路」以為書名之用意〔註27〕。全書收其平日聞見摘錄的雜談短文計 100 篇，內容林總可觀，包括如〈古代的嘆五更與現在的識字運動〉、〈蒙文三國故事〉、〈對零聯碎〉、〈可笑的蜆殼字類〉、〈漆沙硯〉、〈明人言植物有知覺〉、〈逸元史與逸宋史〉、〈唐會要言日本地震事〉、〈飛鳥使與傳信鴿〉、〈神仙的莊嚴與幽默〉、〈葉文通水滸〉、〈翮〉、〈鍾道贈答詩〉、〈鐵路無完膚〉、〈用白話寫詩話〉、〈遲字與中國人的特性〉、〈歌妓讀別字著東坡吃草〉、〈關於讀書的苦〉、〈內園一瞥〉、〈句中無動詞〉、〈文人的動物心理描寫〉、〈關於文人描寫月的種種〉、〈劉備借債的故事〉、〈岳飛的逸事〉、〈民歌與文人詩〉、〈諺語與文人詩〉、〈讀詩的困難〉、〈從王實甫寫月說起〉、〈蘇東坡的語病〉、〈說詩奇談〉、〈待呼賈島說推敲〉、〈文人語含詩意〉、〈烟草志疑〉……等，多為作者勤筆即錄的生活瑣見、趣事逸聞、雜感與讀書心得等，內容包羅而識見極廣。

（十七）《讀書雜記》

一卷，涇縣胡懷琛寄塵著，收入《樸學齋叢書》1940 年第一集第 6 冊；1983 年，胡道彥於台北重刊於《樸學齋叢書》第 4 冊；1989 年台北新文豐圖書據《樸學齋叢書》本影印，輯入《叢書集成續編》第 24 冊「考據」類。

封面有夏敬觀「讀書雜記」題字；書前有作者序，書末有胡樸安跋。作者於序中謂其「讀陳言舊簡，而於一事一物，尋其真相，考其變遷」乃作，所

〔註26〕胡傳樞，胡懷琛姪孫，知名報人，曾撰有〈記胡懷琛《後十年筆記》〉文（2017年 1 月 20 日轉載自胡家昌的新浪博客（http://blog.sina.com.cn）。

〔註27〕鄭逸梅〈南社社友事略〉之〈胡寄塵〉篇，記胡懷琛「居滬廿六年中，幾乎每年遷居，凡廿次，住福履理路，便名其所著為《福履理路詩鈔》；住薩坡賽路，便名《薩坡賽路詩話》、《薩坡賽路雜記》，賃居江灣……所做的詩匯為《江村集》」。鄭逸梅：《南社叢談——歷史與人物》（北京：中華書局，2006年 7 月），（下），頁 265～266。

記悉依「四準則」，曰：「其一，外來器物混入中國，而為前人所不知留意者，如〈牝〉字等條是也；其二，民間傳說神話，前人所謂不登大雅之堂而不屑留意者，如〈魚腹中書〉等條是也；其三，今日所謂文法，為中國古所未有而前人無從留意者，如〈興之〉等條是也；其四，百家之書，異詁別訓不同於許氏，而為儒家所不肯取者，如〈峻〉字等條是也。」

　　全書收考據文共 78 篇，包括〈糖稱甜鹽〉、〈越鳥巢南枝〉、〈邪許即嗚呼〉、〈徐福何以又作徐巿〉、〈牡丹為木芍藥之變音〉、〈論詩〉、〈竊比於我老彭〉、〈亂臣〉、〈焉字〉、〈吳鹽勝雪〉、〈征字〉、〈不借〉、〈論古書體例〉、〈浮一大白〉〔註28〕、〈老子書不言山〉、〈姑射山〉、〈蝍且〉、〈折楊皇荂〉、〈建德之國〉、〈方舟〉、〈蹄〉、〈貴真〉、〈子產戒殺放生〉、〈蒙鳩〉、〈孔雀〉、〈月中兔〉、〈干欄〉、〈江水三千里〉、〈秋興〉、〈砧聲〉、〈解〉、〈趦〉、〈再論趦字即曲字〉、〈黃花〉、〈款乃〉、〈妖韶女老〉、〈萬畢術〉、〈最早之日本留學生〉、〈晉唐人小說中之白話〉、〈牝〉、〈窮廬〉、〈馬是天池之龍種〉、〈魚腹中書〉、〈昭王制肅強侯〉、〈興之〉、〈骨董〉、〈準者這咱〉、〈瓶壺〉、〈換酒〉、〈峻〉、〈兒〉⋯⋯等。

　　其所述內容廣泛，又精於考字釋典，如〈徐福何以又作徐巿〉篇中，可知福與「黻」同音，而「巿」為黻之初文；莊子齊物篇云「蝍且」，「蝍」，蛆也，亦蜈蚣、蟋蟀之名；〈趦〉、〈再論趦字即曲字〉兩篇，釋「趦」為「曲」也，「趦」、「曲」乃一聲之轉；〔註29〕「窮廬」，即「穹廬」，匈奴人所居氈帳也；〔註30〕杜甫〈秋興〉詩中所言之「興」字，乃是「比興」之興，而非興趣之興也；〈準者這咱〉所考「準」字，《說文》訓為「平」，而史漢解作「鼻」，胡懷琛考之為自稱之詞，音拙也，後世之「者」、「這」、「咱」等字皆自此音變而來；又考〈燕歌行〉之「燕」字，乃「豔」之同音借用字，而「豔」為楚歌之專名。〔註31〕《詩經》與博物學的關係始於孔子「多識於鳥獸草木之名」之語，自三國吳人陸璣作《毛詩草木鳥獸蟲魚疏》〔註32〕後，考述《詩經》

〔註28〕〈浮一大白〉，初刊於《南洋：南洋中學校友會會刊》1936 年第 6 卷第 4 期。

〔註29〕〈趦〉與〈再論趦字即曲字〉兩篇，可互參胡懷琛〈淮南鴻烈集解補正〉卷中所釋「趦」條內容。

〔註30〕〈窮廬〉一篇，可互參胡懷琛〈淮南鴻烈集解補正〉卷中所釋「窮廬」條內容。

〔註31〕關於艷詩，胡懷琛《中國文學辨正》書中作有〈豔詩辨〉一篇，有詳盡之考辨可茲對照。

〔註32〕〔三國吳〕陸璣撰、〔清〕丁晏校正：《毛詩草木鳥獸蟲魚疏》，收入《續修四庫全書》（上海：上海古籍出版社，2002 年）第 71 冊，頁 441～458。

所載名物之風氣益盛。然胡懷琛於〈讀詩識草木之名〉〔註33〕文中，力辨《詩經》為「純粹之文學」，以其內容雖間接可考見古代社會狀況，卻萬不可視以社會史或動植物學史讀之，否則將難識文學本來之面目。

（十八）《牧羊雜記》

稿本，一冊，著錄於胡道靜〈先君寄塵著述目〉（樸學齋叢書第一集第8冊《家乘》），歸於「筆記／文學雜著」類，筆者未見。

（十九）《文藝叢談》

三冊，出版不詳，著錄於見胡道靜〈先君寄塵著述目〉「筆記／文學雜著」類，筆者未見。

（二十）《今日筆記》

稿本，一冊，著錄於胡道靜〈先君寄塵著述目〉「筆記／文學雜著」類，筆者未見。

（廿一）《毛錐》

稿本，一冊，著錄於胡道靜〈先君寄塵著述目〉「筆記／文學雜著」類，筆者未見。

（廿二）《小慧錄》

稿本，一冊，著錄於胡道靜〈先君寄塵著述目〉「筆記／文學雜著」，筆者未見。

以上雜文、筆記集結之作，共有書14種，文131篇。

第二節　專欄散文與單篇散文

民國時期，被文人視為傳播文學作品最重要的報刊和雜誌，在百家爭鳴中無不推陳出新開闢各種欄目，亟思尋求能夠吸引知識菁英創作，與引發市民讀者閱讀興趣的內容。在以教育與消費為重心的報章刊物上，從發表傳統學術性著作的「考」、「評」、「論」，到刊載詩詞歌賦、雜談隨筆、工藝賞玩、逸異軼事等文藝主題的「筆記」、「雜俎」、「雜話」、「叢錄」專欄，無不熱衷於

〔註33〕〈讀詩識草木之名〉一名〈讀詩識鳥獸草木名辨〉，發表於《南洋：南洋中學校友會會刊》1928年第3期。

這種隨筆小品的嘗試探索，筆記雜文蔚為當時寫作主流。胡懷琛的單篇散文作品以雜文筆記為多，除已集結出版的散文集、雜文筆記集外，尚有大批刊載於報刊雜誌上的單篇或專欄雜文，悉歸於本節敘錄之。

一、專欄散文

（一）「嚼雪錄」等 6 種專欄

胡懷琛於 1922 年起，陸續於《紅雜誌》開闢六種專欄，署名「寄塵」，發表短篇雜文共 112 篇：

1. 「嚼雪錄」、「嚼雪續錄」雜文 28 篇，刊在 1922 年第 1 卷第 23、24、26、31 數期；

2. 「浴日錄」、「浴日續錄」雜文 14 篇，刊在 1923 年第 1 卷第 33、34、35 期；

3. 「飲露錄」、「飲露續錄」雜文 24 篇，刊在 1923 年第 2 卷第 13、15、17、23 期，1924 年第 2 卷第 23 期；

4. 「餐風錄」、「餐風續錄」雜文 22 篇，刊在 1924 年第 2 卷第 24、26、29、30 期；

5. 「南面錄」、「南面續錄」雜文 12 篇，刊於 1924 年第 2 卷第 24、26、29、30 期；

6. 「瓜子落花生漫錄」雜文 35 則，刊於 1924 年第 2 卷第 33、35 期。

以上六種專欄所錄雜談散文共 112 篇，內容包羅林總，有讀書心得、生活雜感、軼聞遺事、風俗、常識、趣談、笑話、滑稽詩文、釋字解詞、燈謎、神話、山歌、拳令、軼聞、楹聯等小品雜文。如談文學，提出讀詩法「讀詩十二字訣」。論小說，以為小說因言情、冒險等性質不同，其筆墨當有不同，翻譯小說因譯者之筆墨不同，其譯筆亦宜不同，故贊林紓所譯之《大食故宮餘載》譯筆極佳。又談小說作法，以為小說無一定作法，本各人自出心裁之作，惟多讀多寫自能領會。考軼聞遺事，如記清代王松所撰《台陽詩話》中有雇丐充補臨時兵丁之事；阿房宮磁石門事；上海城下杞梁殖石像；黃浦江名稱由來；又採錄山歌；談戒菸法；感傷徐園之沒落；憶兒時猜字遊戲與數牆磚計時趣事；寫元曲選譯為西文之數可觀；為黃懺華亡妻撰輓聯；仿唐詩趣改為白話滑稽詩；及釋古籍中特殊俗字如「閠」、「凪」、「圐」、「圙」等。

（二）「滑稽尺牘」

連載於《紅雜誌》1924 年 3 月至 5 月第 2 卷 32、34、36、38、40、42 等期，共 6 牘 18 簡書信體諧文，如〈謝友人月賜一宴〉、〈慰友疾贈寬心藥〉、〈責友人書信過冗〉、〈寄友人問疾當每日大笑〉、〈寄友人託代買物，無油水可揩〉、〈拒友人借立錐之地〉等，乃藉書信之體，暢諧聊之趣。

（三）「螺屋雜記」

署名「螺屋主人」，連載於《小說世界》1926 年 1 月第 13 卷第 2 期起，至 1927 年 1 月第 15 卷第 1 期止之雜文，共 25 篇。內容包含俗典考釋，如〈諺語訛句之可笑〉、〈琴魚〉、〈木魚書〉、〈油煎蚱蝠〉；有詩文書評，如〈黑奴籲天錄〉、〈小說中之零星文字〉、〈蔣智由之小說論〉、〈汪精衛詩〉；有文學考據，如〈三國演義中之人名〉、〈木蘭〉、〈洪秀全時代之服飾及稱呼〉、〈水西〉；有文人軼事，如〈林琴南之長篇創作〉、〈汪倫〉；有文學獨到見解，如〈神話〉、〈翻譯與創作〉；有歌謠，如〈四川苗歌〉、〈小兒催眠歌〉；生活感想如〈記貓〉與聯語〈徐淡廬贈聯〉等。〔註 34〕

（四）「文壇秘錄」

署名「秋山」、「寄塵」，分別連載於《小說世界》1926 年 7 月 23 日第 14 卷第 3 期起，至 1927 年 11 月 11 日第 16 卷第 21 期止，共 20 篇雜文，後收入 1928 年出版的《文藝叢說》（二）集中。

包括〈向季郭象兩家注〉、〈章太炎為蘇曼殊譯詩〉、〈泰戈爾作品之初次介紹中國〉、〈林琴南譯聖經之所聞〉、〈徐電發之〈楓江漁父圖〉〉、〈故台灣總統與韓荷生〉、〈金聖嘆之子孫〉、〈辜鴻銘之嫉俗詩〉、〈唐詩人賈島墓〉、〈顛不剌之注解〉、〈蒙古人之軍歌〉、〈《史記》之法文譯本〉、〈所謂上海之詩妓〉、〈建立詩人祠堂之提議〉、〈田南遯叟創辦之循環報〉（以上署名「秋山」）、〈韓退之鬼怪談〉、〈木魚書〉、〈唐詩別字辨〉、〈記《神童詩》〉、〈偽裝的中國小說〉（以上署名「寄塵」）等。

（五）「讀俞曲園茶香室叢鈔札記」

胡懷琛作，發表於《學術世界》1935 年第 1 卷第 2 期及 1936 年第 1 卷

〔註 34〕「螺屋雜記」中除〈蔣智由之小說論〉、〈汪精衛詩〉、〈琴魚〉、〈小兒催眠歌〉、〈徐淡廬贈聯〉、〈記貓〉、〈四川苗歌〉、〈油煎蚱蝠〉、〈木魚書〉等 9 篇外，餘 16 篇皆為《文心》雜誌輯入胡懷琛《後十年筆記》卷中。

第 9 期，共 35 篇。胡懷琛於卷前記云：「俞曲園《茶香室叢鈔》一再賡續，採書極博。雖未能組織成一有系統之社會史，但搜羅之廣大，可為今人所取材焉。」胡懷琛乃摘錄各鈔中之可商榷處筆記之。

1. 發表於《學術世界》1935 年第 1 卷第 2 期，包括〈關雎〉、〈吾我二字〉、〈欣然規往〉、〈司馬溫公解禪偈〉、〈畫舫之舟〉、〈對牛馬誦經〉、〈一至十市語〉、〈常州亥〉、〈地震鼇魚動〉、〈觸為之舟〉、〈朱子造墨〉、〈卡〉、〈顧況仙遊記〉、〈鶻露蹄〉、〈太公家教〉、〈袁天罡（綱）為李淳風師〉等 16 篇。

如〈對牛馬誦經〉（叢鈔卷十）篇，引「《齊東野語》載姚鎔〈喻白蟻文〉云：『物之不靈，告以語言而弗聽，俗所謂對牛馬而誦經是已。』疑『彈琴』乃『談經』之誤」。按胡懷琛以為二者不相涉，蓋「對牛彈琴」語出《東漢牟融傳》云：「公明儀為牛彈清角之操，伏食如故。非牛不聞，不合其耳。轉為蚊虻之聲，孤犢之鳴，即掉尾奮耳，蹀躞而聽。」又〈地震鼇魚動〉（叢鈔卷十二）篇，引劉攽《彭城集》〈地震戲王深父詩〉注云：「俗云『地震鼇魚動』為今俗說。」按胡懷琛以為「地震鼇魚動」當出《列子‧湯問篇》，略云：「渤海之東，……有五山之根，無所連著，常隨波潮上下往還，不得暫峙焉……帝乃命禺彊使句鼇十五，舉首而戴之，迭為三番，六萬歲一交焉，五山始峙。而龍伯之國，有大人，舉足不盈數步而暨五山之所，一釣而連六鼇，合負而歸其國。於是岱輿、員嶠二山流於北極，沉於大海。」可知其說實有所本也。

2. 發表於《學術世界》1936 年第 1 卷第 9 期，包括〈澠澠潩汷洹五泉名〉、〈歐陽文忠叔父〉、〈袁子才江賦〉、〈門字無句〉、〈荊劉拜殺〉、〈毛連〉、〈一窩蜂〉、〈等人易得久〉、〈單題詩〉、〈杜詩四十圍不誤〉、〈元時國語入詩〉、〈釋迦真像〉、〈刹即塔字〉、〈悲田〉、〈不喏湯〉、〈燈籠稱碗〉、〈禁賣蠱〉等 17 篇。

如〈杜詩四十圍不誤〉（四鈔卷十三）篇，引王得臣《麈史》云：「莊子曰：櫟，社木，其大蔽牛，挈之百圍；疏云：『以繩束之，圍麤百尺』。杜子美〈武侯廟古柏〉詩曰：『霜皮溜雨四十圍』是大四丈。沈存中云：『四十圍，乃是徑七尺，無乃太細長也。』杜老此句，世皆以為語病，今《麈史》據《莊子》疏『四十圍』是『四十尺』，可為少陵一雪此言。」按胡懷琛以為，「四十圍」亦極言其粗耳，絕非確數，如「萬丈」、「千尺」、「百尺」乃詩詞中所見，杜詩「四十圍」亦如此也。又如〈燈籠稱碗〉（四鈔卷廿七）篇，引宋趙彥衛《雲

麓漫鈔》載金國使過平江，辦司數，有云：「燈籠四百七十一碗」，以燈籠稱「碗」為俗字。按胡懷琛以為昔用油燃燈，盛碗以計，或稱「盞」。今之燈籠雖用燭不用油，仍沿舊稱未改，猶今日之燈以盞計亦然也。

　　以上為胡懷琛以專欄形式發表的雜談散文，共有 10 種專欄（文 221 篇）。

二、單篇散文

（一）序跋

　　所謂序跋者，用以陳著作旨趣、出版宗旨或編輯體例之文體，書首稱序，書末稱跋。傳統序跋體如贈序、賀序等多酬酢之用，並無文學價值。鄭明娳《現代散文類型論》中指出：「序跋體裁發展到晚明，已漸漸擺脫了純粹應用的性質而滲雜了更濃厚的文學趣味，不拘體格以通達為尚。而現代文學中的序跋尤其突破了體裁的拘限，……其中也包含了許多人生境界、時事感評。」故而「序跋的上品，其文學價值與功能可與小品等量齊觀。」

　　序跋依對象不同，可分自序跋與他序跋。鄭明娳以為，不同於為自著書籍所作的自序跋，他序跋作者「站在超然的立場撰述，已隱含實際批評的底蘊，有時評文、有時論原作者，以客觀代主觀，與自序跋有所不同」。其中，「人物小品、人情小品、雜文的文體都滲透在他序跋體裁之中，……甚至可以和嚴謹的文學批評相結合」。鑒於這種能「融合各種散文的能力」，因此可以確立他序跋在現代序跋中的獨特地位。〔註35〕

　　胡懷琛曾發表於報章雜誌上之序跋文數量頗多，包含胡懷琛為己著或主編出版的刊物所寫的序跋，與為他人著述所作的他序跋。經筆者核對整理，已將諸自序跋文收歸原書內，而胡懷琛為他人著述所作的他序跋文，則顯現兩種情形，一是輯入胡懷琛其他著述中者，一是散載於多種刊物上仍未集結的單篇。蓋自序跋已於原著中論敘，故此不重錄，本節僅擬擇取胡懷琛之他序跋文為主，並按刊載情形分為兩部分敘錄之。

1. 已輯入胡懷琛集著之他序跋

（1）〈子美集序〉

　　胡懷琛撰，為柳亞子所編之《子美集》作序，收在《南社叢刻‧文錄》第 10 集；又收在《怪話》（1936 年 4 月上海新民書局版）第三卷「怪文」

〔註35〕以上序跋體例說明整理自鄭明娳：《現代散文類型類》（台北：大安出版社，1987 年 2 月），頁 203〜204、212、216、218。

之〈說部敘言（七）〉〔註36〕。南社以文藝倡導革命，柳亞子與新劇演員馮春航、陸子美交往甚密，先後為二人編纂詩文專集《春航集》（1913 年 8 月上海廣益書局出版）與《子美集》（1914 年上海廣益書局出版），並由胡懷琛校訂之。

（2）〈蕙娘小傳序〉

署名「安吳胡寄塵」，1914 年為好友春夢生小說《蕙娘小傳》（1914 年 4 月上海廣益書局出版）書序，收在《南社叢刻・文錄》第 12 集，又收入與《冰天鴻影》之合刊本。〔註37〕序贊《蕙娘小傳》「筆似平淡而婉曲，寫出女兒情態」。

（3）〈雲鶴先生遺詩序〉

署名「涇縣胡懷琛寄塵」，為方瘦坡（廷楷）所輯《雲鶴先生遺詩》（《習靜齋詩話》，1995 年 5 月黃山書社《皖人詩話八種》陳斌點校本）卷作序。刊載於《南社叢刻・文錄》第 12 集、《南社叢選》（二）卷十「寄塵文選」，收入《秋山文存》。〔註38〕序寫《遺詩》「天機流蕩，襟懷豁達，有禪理焉」，並贊方瘦坡勤輯前賢遺著之功。

（4）〈戲劇叢報序〉

署名「寄塵」，為夏秋風主編之《戲劇叢報》（1915 年 3 月第 1 卷第 1 號）所作創刊序（序二），收在《怪話》（1936 年 4 月上海新民書局版）第三卷「怪文」之〈說部敘言（五）〉〔註39〕。序云：「世界一劇場也。遠之如秦皇、漢武、華盛頓、拿頗崙、皆是好腳色；近之如中國大革命、外國大戰

〔註36〕 〈子美集序〉，收在《南社叢刻・文錄》第 10 集，林慶彰主編：《民國文集叢刊》（台中：文听閣圖書有限公司，2008 年 12 月），頁 617～618。又胡寄塵主編：《怪話》（上海：新民書局，1936 年 4 月），第三卷「怪文」〈說部敘言（七）〉，頁 95～96。

〔註37〕 〈蕙娘小傳序〉，收在《南社叢刻・文錄》第 12 集，林慶彰主編：《民國文集叢刊》（台中：文听閣圖書公司，2008 年 12 月），頁 815～816。又見與《冰天鴻影》之合刊本（上海：廣益書局，1914 年 4 月）。

〔註38〕 〈雲鶴先生遺詩序〉，收在《南社叢刻・文錄》第 12 集，林慶彰主編：《民國文集叢刊》（台中：文听閣圖書有限公司，2008 年 12 月），頁 813～814。胡樸安輯：《南社叢選》（二）卷十「寄塵文選」，沈雲龍主編：《近代中國史料叢刊》第三輯（台北：文海出版社，1966 年 10 月），頁 769～770。《秋山文存》，見胡樸安編《樸學齋叢書》（1940 年第一集第 4 冊）。

〔註39〕 〈戲劇叢報序〉，見胡寄塵主編：《怪話》（上海：新民書局，1936 年 4 月），第三卷「怪文」〈說部敘言（五）〉，頁 95。

爭，皆是好劇本。」又謂「戲者」，「乃戲中之戲，非戲者，則真戲也。做戲者，為戲中之戲，看戲者，則即做戲也」，闡其淡對人情興衰、冷觀世局如戲的「世界劇場」觀。

（5）〈蘭亭集跋〉

署名「安吳胡懷琛」，為所編蘭亭集重刊本（據《說郛》本）記跋。跋文收錄有三處：《南社叢刻・文錄》第 16 集、《南社叢選》（二）卷十「寄塵文選」、及《秋山文存》。〔註 40〕跋記以「今人只知右軍一序，詩多不傳」為憾而重刊之旨，並考〈蘭亭集序〉未收入《文選》之由，蓋因「搜羅之不及，非故遺之也」，以釋學者之疑。

（6）〈跋汪南溟尺牘〉

署名「涇縣胡懷琛寄塵」，刊載於《南社叢刻・文錄》第 16 集、《南社叢選》（二）十「寄塵文選」，又收入《秋山文存》。〔註 41〕為偶得之《汪南溟尺牘》卷作跋。深慨南溟遺文軼事後人無可踵繼，徒任流落東瀛，故舉其言書跋以記。

（7）〈蕭引樓稗鈔序〉

胡懷琛撰，為葉楚傖所編之《蕭引樓稗鈔》作序，收入《怪話》第三卷「怪文」，〈說部敍言（二）〉〔註 42〕。序云「作文非難也，……能變化斯為難耳。……變化其面目非難也，能變化其氣質斯為難耳。」以此盛讚葉楚傖之文章、小說、詞曲「無不精工」與「變化文章氣質」之能，而稱其「稗鈔可觀」。

（8）〈樸學齋集跋〉

署名「涇縣胡懷琛寄塵」，為胡樸安《樸學齋集》（1918 年自印本）書跋。

〔註 40〕　〈蘭亭集跋〉，收在《南社叢刻・文錄》第 16 集，見林慶彰主編：《民國文集叢刊・南社文錄》（台中：文听閣圖書有限公司，2008 年 12 月），第 146 冊，頁 1290～1291；《南社叢選》（二）卷十「寄塵文選」，見沈雲龍主編：《近代中國史料叢刊》第三輯（台北：文海出版社，1966 年 10 月），頁 773～774；又《秋山文存》，見胡樸安編《樸學齋叢書》（1940 年第一集第 4 冊）。

〔註 41〕　〈跋汪南溟尺牘〉，收在《南社叢刻・文錄》第 16 集，見林慶彰主編：《民國文集叢刊・南社文錄》（台中：文听閣圖書有限公司，2008 年 12 月），第 146 冊，頁 1289～1290；《南社叢選》（二）卷十「寄塵文選」，見沈雲龍主編：《近代中國史料叢刊》第三輯（台北：文海出版社，1966 年 10 月），頁 772～773；《秋山文存》，見胡樸安編《樸學齋叢書》（1940 年第一集第 4 冊）。

〔註 42〕　〈蕭引樓稗鈔序〉，見胡寄塵主編：《怪話》（上海：新民書局，1936 年 4 月），第三卷「怪文」〈說部敍言（二）〉，頁 93～94。

收入《秋山文存》（《樸學齋叢書》1940 年第一集第 4 冊）。跋文中憶與仲兄論詩事，樸安有唐宋詩論曰：「宋詩如八股，難學而易工；唐詩如古文，易學而難工」；懷琛以中西畫譬曰：「宋詩如西洋油畫，善刻畫」，如黃庭堅之詩：「江流畫平沙，分派如迴筆」，油畫也；「唐詩如中國水墨山水，善寫意」，如韋應物之詩：「歸棹洛陽人，殘鐘廣陵樹」，水墨山水也。又稱樸安之《和陶詩》「在杜少陵、岑嘉州之間」。

（9）〈論詩絕句百首序〉

署名「涇縣胡懷琛寄塵」，為方瘦坡（廷楷）《論詩絕句百首》（《習靜齋詩話續編》，1995 年 5 月黃山書社《皖人詩話八種》陳斌點校本）作序，收入《秋山文存》（《樸學齋叢書》1940 年第一集第 4 冊）內。序贊論詩百絕「持論精湛」，並娓敘與方瘦坡二人相知情誼。

（10）〈武術問答序〉

胡懷琛撰，為武術史考據學家唐范生（唐豪）所編《武術問答》（1920 年出版）書作序，收入胡懷琛《文學短論》〈雜記九則之八〉〔註43〕。中國武術是中國傳統文化的一環，民國時期，不少武術專家或熱愛武術的文人學者，開始參與武術的考據研究，撰寫了大量武術專篇，為中國武術技術與理論貢獻了頗具建樹的源流考據與開創探索工作。唐豪曾隨胡懷琛學詩，胡懷琛幼隨仲兄樸安學習拳術，略識刀劍，因有此緣由而為之序。

（11）〈國文典表解序〉

署名「涇縣胡懷琛寄塵」，序文刊載於六處：①《國學周刊》1923 年第 7 期；②《國學彙編》1923 年第一集第 4 冊；③《儉德儲蓄會會刊》1923 年第 4 卷第 3 期；④《南洋雜誌（上海）》1926 年第 4 期；⑤《南社叢刻・文錄》第 22 集；⑥收入胡懷琛著《文學短論》一書〔註44〕。

1923 年 3 月，胡懷琛為郭步陶之《國文典表解》一書作序。序云：「文之有典，猶語之有法。……語法固當研究，然似非人人必需之事；不知語法

〔註43〕〈武術問答序〉，收入《文學短論》，見張高評主編：《民國時期文學研究叢書》（台中：文听閣圖書有限公司，2011 年 12 月）第一編第 55 冊，頁 138～140。

〔註44〕〈國文典表解序〉，收在《南社叢刻・文錄》第 22 集，見林慶彰主編：《民國文集叢刊・南社文錄》（台中：文听閣圖書有限公司，2008 年 12 月），第 146 冊，頁 2052～2054；胡懷琛著《文學短論》，見張高評主編：《民國時期文學研究叢書》（台中：文听閣圖書有限公司，2011 年 12 月），第一編第 55 冊，頁 106～107。

者未嘗不能說話也。作文亦何獨不然？」中國本無文典，自《馬氏文通》後，始以西方詞品之說移植於中國，於是作文者必讀文典。民國之後，猶有章士釗之《國文典》，然馬氏與章氏之書典皆過於繁複難懂，不便初學者使用。惟郭步陶《國文典表解》可「提綱挈領，能使讀者一目了然，先讀是書，進而讀章氏馬氏之書，可收事半功倍之益。」

（12）〈歸震川逸文跋〉

署名「涇縣胡懷琛寄塵」，為歸有光逸文〈偕老堂記〉作跋，收在《秋山文存》（《樸學齋叢書》1940 年第一集第 4 冊）。跋記該篇逸文乃 1932 年參與編修《上海縣志》輯佚所得，復將〈偕老堂記〉全文收錄《秋山文存》卷內。

（13）〈吳南屏文選序〉

署名「涇縣胡懷琛寄塵」，1933 年 12 月，為李融之所選註的《吳南屏文選》一書作序，收在《秋山文存》（《樸學齋叢書》1940 年第一集第 4 冊）。序中讚李融之好學古文不倦，選註益勤，而能「得文之真」。

（14）〈歸震川先生年譜序〉

署名「涇縣胡懷琛寄塵」，為李融之所著《歸震川先生年譜》一書作序，收在《秋山文存》（《樸學齋叢書》1940 年第一集第 4 冊）。序贊李融之推重震川文之用心，其治學精深，勤於考據，故能正前人之謬。

（15）〈算經十書跋〉、〈數術記遺跋〉、〈經傳釋詞跋〉

胡懷琛為〈算經十書跋〉、〈數術記遺跋〉、〈經傳釋詞跋〉三書撰跋，收入《秋山文存》（《樸學齋叢書》1940 年第一集第 4 冊）。

上海商務印書館於 1929 年起編纂《萬有文庫》叢書，其中之一《國學基本叢書》，輯選中國古籍精要所編。胡懷琛參與校點了《算經十書》、王念孫《讀書雜志》與王引之《經傳釋詞》等三書，期間並同時撰寫了《讀書雜誌正誤》、〈算經十書跋〉、〈數術記遺跋〉、〈經傳釋詞跋〉等稿。《算經十書》為中國漢、唐時期十部重要數學書籍之總稱。清代時，戴震輯校《周髀算經》、《九章算數》、《海島算經》、《孫子算經》、《五曹算經》、《五經算術》、《夏侯陽算經》、《張邱建算經》、《緝古算經》、《數術記遺》〔註45〕等

〔註45〕《數術記遺》為《算經十書》中一種，胡道靜在〈我的父親胡懷琛與商務印書館〉文中曾記云：「我父親寫了《十書》的跋，又專門為《記遺》寫跋，因為《記遺》是一部很奇特的古典算書，與道教有密切的關係，故專寫一跋，闡明它的性質與來歷。」胡道靜撰：〈我的父親胡懷琛與商務印書館〉，收在

十部算經，作圖和注釋後，收入作為《四庫全書》之底本。

（16）〈劍考序〉（代序）

胡寄塵撰，收入《寄塵雜著叢存》（1934 年 8 月廣益書局版）之〈小品文存〉。序云：「考工有記，刀劍著錄，釋名考制，古者所不廢也」，嗟乎「良工不作，誰能鼓歐冶之爐，寶器長淪；人祇彈馮歡之鋏，豈不悲哉」，乃據舊知著新考，說明作序因緣。

（17）〈宜社小啟〉（代序）

胡寄塵撰，收入《寄塵雜著叢存》（1934 年 8 月廣益書局版）之〈小品文存〉。題為文學社團「宜社」社刊之發刊啟詞，啟云：「宜社本以文會友之意，收賞奇析疑之樂，當年幾復。」

（18）〈婚姻指南序〉

署名「塵夢」，為劉哲盧所著新婚筆記《婚姻指南》之書作序，收入《怪話》第三卷「怪文」〈說部敘言（一）〉（1936 年上海新民書局）。

（19）〈南北戰爭趣談序〉

胡寄塵撰，為剡溪（作者不詳）所著《南北戰爭趣談》書序，收入《怪話》第三卷「怪文」，〈說部敘言（四）〉（1936 年上海新民書局）。云該書所錄皆為「可笑、可驚、可嘆」之事。

以上為胡懷琛集著中之序跋文，共有 21 篇。

2. 散載其他刊物之他序跋

（1）〈在山泉詩話序〉

署名「涇縣胡懷琛寄塵」，刊載於《南社》1914 年第 11 期、《南社叢刻‧文錄》第 12 集、《南社叢選》（二）卷十「寄塵文選」。〔註46〕

寫透過陳蛻庵結識潘飛聲（蘭史）經過，及序《在山泉詩話》緣由。蓋以「詩人別有懷抱，非逐逐塵事者所可與言。蛻庵、蘭史，吾心所佩，今蛻老已作古人，舍蘭史，吾誰與歸。」胡懷琛與潘飛聲私交甚篤，除有南社濃厚革命

虞信堂、金良年編：《胡道靜文集》（上海：上海人民出版社，2011 年 12 月），卷七《序跋題記‧學事雜憶》，頁 182 註①。

〔註46〕〈在山泉詩話序〉，收在《南社叢刻‧文錄》第 12 集，林慶彰主編：《民國文集叢刊》（台中：文听閣圖書有限公司，2008 年 12 月），頁 694。胡樸安輯：《南社叢選》（二）卷十「寄塵文選」，沈雲龍主編：《近代中國史料叢刊》第三輯（台北：文海出版社，1966 年 10 月），頁 770～771。

情誼外，二人且同為鷗社詩友與上海正風文學院同事。1913 年胡懷琛作〈海天詩話〉，潘飛聲曾為之題詞，潘飛聲也曾在《南社叢刻》表彰〈海天詩話〉「詩說之創格，前人所未覩也」的獨到之處，〔註47〕胡、潘二人互為對方詩話寫序，見證二人的深重情誼。

（2）〈習靜齋詩話序〉

署名「涇縣胡懷琛寄塵」，收在《南社叢刻・文錄》第 12 集，及《南社叢選》（二）卷十「寄塵文選」。〔註48〕南社詩人方瘦坡（廷楷）所輯《習靜齋詩話》四卷（1995 年 5 月黃山書社《皖人詩話八種》陳斌點校本），廣錄當代詩人詩作，胡懷琛為之序。序中以方子蟄隱賦溪山林，久濡謝朓、李白、梅堯臣、施潤章等名士風流，盛贊其詩有「山水清淑之氣」，文末亦為自己多年「羈身市塵喧囂」，詩多俗塵而歎。

（3）〈影梅盦憶語跋〉

署名「涇縣胡懷琛寄塵」，收在《南社叢刻・文錄》第 12 集、《南社叢選》（二）卷十「寄塵文選」。〔註49〕明末冒辟疆著有《影梅盦憶語》，憶寫與妾秦淮名姝董小宛之間相攜相守愛情故事，集成之後，諸文士友人如吳偉業、杜濬、李雯、王士錄、吳綺等，紛題詩文相與唱和，冒辟疆遂匯選其中 27 家詩文，群輯為《影梅盦悼亡題詠》廣為傳閱。《題詠》輾轉刻印，訛誤附會難免，胡懷琛於 1914 年為該書作跋，述其證考董小宛傳及《憶語》與《題詠》二書概況。

〔註47〕林香伶在〈吟壇創格與詩學別裁——從〈海天詩話〉、〈扶桑詩話〉論近代詩話視野的新創、局限與中日交流譜系〉文中記述：「潘飛聲曾在《南社叢刻》表彰〈海天詩話〉「詩說之創格，前人所未覩也」的獨到之處，而〈海天詩話〉收錄潘氏〈宿郭木湖客館〉、〈從蘆幹湖看山，至盧在城湖上〉、〈宿蘆在城客館〉、〈舟過丁薩湖得句〉、〈別紅海〉等「彼邦山水美人」之作，則是源於「壬子之秋，余識蘭史，獲讀是卷，因摘卷中詩以實吾詩話」的考量。據此推測，〈海天詩話〉對潘詩流布應有其功。」林香伶：〈吟壇創格與詩學別裁——從〈海天詩話〉、〈扶桑詩話〉論近代詩話視野的新創、局限與中日交流譜系〉，《中國現代文學》2017 年 6 月第 31 期，頁 82。
〔註48〕〈習靜齋詩話序〉，收在《南社叢刻・文錄》第 12 集，林慶彰主編：《民國文集叢刊》（台中：文听閣圖書有限公司，2008 年 12 月），頁 812～813。胡樸安輯：《南社叢選》（二）卷十「寄塵文選」，沈雲龍主編：《近代中國史料叢刊》第三輯（台北：文海出版社，1966 年 10 月），頁 768～769。
〔註49〕〈影梅盦憶語跋〉，收在《南社叢刻・文錄》第 12 集，林慶彰主編：《民國文集叢刊》（台中：文听閣圖書有限公司，2008 年 12 月），頁 816。胡樸安輯：《南社叢選》（二）卷十「寄塵文選」，沈雲龍主編：《近代中國史料叢刊》第三輯（台北：文海出版社，1966 年 10 月），頁 771～772。

（4）〈妻黨同惡報序〉

胡寄塵撰，據劉永文編《民國小說目錄（1912〜1920）》著錄：「《妻黨同惡報》（家庭哀情小說），夏秋風著，上海振圜小說社，1914 年出版，十五回」。〔註 50〕《妻黨同惡報》為夏秋風改編自傳統京劇劇目的章回體小說，書前有胡寄塵、瘦月廬主、洪白蘋等人所撰序。

（5）〈分湖舊隱圖詩跋〉

署名「安吳胡懷琛寄塵」，收在《南社叢刻・文錄》第 13 集、《南社叢選》（二）卷十「寄塵文選」。〔註 51〕1913 年 6 月，南社核心人物柳亞子萌隱退之意，請陸子美（尊熹）繪「分胡舊隱圖」，並廣邀南社同好相與撰文題辭。胡懷琛乃以詩〈題柳亞子分湖舊隱圖〉「寂寞荒江一病夫，故人有字慰愁軀，十年我作離家客，惆悵分湖尺幅圖」〔註 52〕為之題詠並作跋記。跋中記述與柳亞子四年相知莫逆情誼，又因覽圖而自傷，憑添遊子鄉關愁思。

（6）〈續杜工部詩話序〉

署名「胡懷琛寄塵」，收在《南社叢刻・文錄》第 13 集〔註 53〕。胡懷琛於 1915 年為蔣瑞藻選編《續杜工部詩話》一書作書序，云：「諸暨蔣子瑞藻孟潔，能詩文，富藏書，於詩學杜，嘗輯《續杜工部詩話》，補萍鄉劉氏所未備也，余謂更有過之。」給予該書極高評價。

（7）〈變雅樓三十年詩徵序〉

署名「涇縣胡懷琛寄塵」，刊於《南社叢刻・文錄》第 16 集、《南社叢選》（二）卷十「寄塵文選」。〔註 54〕1914 年高旭廣徵當代優秀詩人作品，集成

〔註 50〕劉永文編著：《民國小說目錄（1912〜1920）》（上海：上海古籍出版社，2011 年 12 月），「三、單行本小說目錄」Q 序下，頁 705〜706。

〔註 51〕〈分湖舊隱圖詩跋〉，收在《南社叢刻・文錄》第 13 集，林慶彰主編：《民國文集叢刊》（台中：文听閣圖書有限公司，2008 年 12 月），頁 973。胡樸安輯《南社叢選》（二）卷十「寄塵文選」，沈雲龍主編：《近代中國史料叢刊》第三輯（台北：文海出版社，1966 年 10 月），頁 774〜775。

〔註 52〕〈題柳亞子分湖舊隱圖〉，收在《磨劍室詩詞集》（上海：上海人民出版社，1985 年月），（上），頁 174。

〔註 53〕〈續杜工部詩話序〉，收在《南社叢刻・文錄》第 13 集，見林慶彰主編：《民國文集叢刊》（台中：文听閣圖書有限公司，2008 年 12 月），頁 972。

〔註 54〕〈變雅樓三十年詩徵序〉，《南社叢刻・文錄》第 16 集，林慶彰主編：《民國文集叢刊》（台中：文听閣圖書有限公司，2008 年 12 月），頁 1291〜1292。胡樸安輯：《南社叢選》（二）卷十「寄塵文選」，沈雲龍主編：《近代中國史料叢刊》第三輯（台北：文海出版社，1966 年 10 月），頁 768。

《變雅樓三十年詩徵》，胡懷琛為之序，以輯成《全清詩》相勉，又引高旭所言「世事之變，以近三十年來為最亟。故詩之奇，莫奇於此，詩之正，亦莫正於此。讀三十年詩者，可以觀學術之蟬蛻，政治之變遷」，號召南社同好以詩存史，共襄盛舉。

（8）〈女子古文觀止序〉

署名「涇縣胡懷琛寄塵」，收在《南社叢刻・文錄》第 17 集〔註 55〕。為南社詩人張破浪（張祉浩）《評點女子古文觀止》（上海：瑞華書局，1915 年）作序。胡懷琛以個人學習受環境、性情與心境影響的經驗引題，強調提供女性學習者適性之文的重要性。而《女子古文觀止》專錄女子文學著作，俾益女性學習時收事半功倍之效，故贊之為「女子之範模也」。

（9）〈俗語典序〉

胡懷琛撰。1922 年 7 月，胡懷琛為其參與編纂的《俗語典》（1922 年 7 月上海廣益書局出版）所作之前序。《俗語典》由胡樸安主編，協理編輯者除胡懷琛外，尚有家人朱昭（胡樸安夫人）、胡淵（胡樸安長女）、與姪胡道吉、胡道和（二人皆琛長兄伯春之子）等。〈序〉中駁學者多稱舊文學「文言分歧」而病以「失真」、「不達」說之誤。胡懷琛以為舊文學被詬病原因不一，「有自身之病者，有用之不善之病者」，不可「一例視為雕琢虛偽而舍棄之」。今《俗語典》之編，以溯求俗語典源為旨，其中徵稽古籍得錄俗語千餘條，「以今世俗語俚詞，無不見於古人文字」，可證「言文本無歧二，後人妄自區分之耳」。

（10）〈馮君秋農國恥實錄序〉

胡寄塵撰，刊載於《永安天韻報》1926 年 1 月 14 號，乃胡懷琛為馮秋農著《國恥寫真記》所作序。《國恥寫真記》（1928 年上海泰東書局出版）記寫鴉片戰爭、英法聯軍、日據台灣琉球、俄奪新疆、法占越南、英滅緬甸、日侵中國、列強恃武爭割中國、義和團抗列強、五卅慘案濟南五三慘案等國恥實錄。胡懷琛序云：「國有恥不足患也，患在有恥而不知恥；不知恥不足患也，患在知恥而不能雪恥」，以為「有恥而不知，或知恥而不能雪，斯真可恥已」，而今國勢危殆，「吾民尚有昏然不知者」，揭櫫是編醒民知恥之旨。

〔註 55〕 〈女子古文觀止序〉，收在《南社叢刻・文錄》第 17 集，林慶彰主編：《民國文集叢刊》（台中：文听閣圖書有限公司，2008 年 12 月），頁 1405。

（11）〈中國小說史序〉

胡懷琛撰，為范煙橋所著《中國小說史》（1927 年 12 月蘇州秋葉社出版）書序之一。盛讚范氏網羅史料豐富，致力編纂《中國小說史》貢獻。

（12）〈忘憂草（前集）序〉

據《中國現代文學總書目》「詩歌（1931）」目下著錄：「《忘憂草》前集，王一心、李英樵著。上海聯合書店 1931 年 1 月初版」，目次中記「詩序（胡懷琛）」。〔註56〕筆者未見。

（13）〈實驗兒童作文新法序〉

胡懷琛撰。為小學教員石徵鴻主編《實驗兒童作文新法》（1932 年 9 月上海兒童書局出版）一書所作序。胡懷琛對於兒童作文寫作教學與研究一向不餘遺力，序中提出作文教學的指導建議，強調「要在作文上用功，須從小學作文改造起，依次到中學」，又以「要改造小學作文，還當先造成改造的人才」勗勉之。

（14）〈南遊記新序〉

胡寄塵與胡樸安合撰。《南遊記》為清初孫嘉淦所作長篇遊記，1933 年 3 月，胡懷琛與胡樸安為上海文藝小叢書社之再版重編作序。序中簡述中國遊記作品源流，並舉《徐霞客遊記》與《南遊記》二書相評，以為《徐霞客遊記》勝在山川考證，而《南遊記》之文字則佳，可作為文學作品閱讀。

（15）〈老子道德經貫珠解〉

胡懷琛為李伯朝所著之《老子道德經貫珠解》（1934 年 4 月新華書局出版）作序。筆者未見。

（16）〈古今小說精華序〉

胡寄塵撰，收在《古今小說精華》（1992 年 7 月北京出版社據 1914 年上海廣益書局石印本影印重刊）一書之前序。《古今小說精華》原書上、下冊，書前有李劍痕與胡懷琛二序。胡懷琛於序中例舉「管城子與二儀君」之「投閒與用世」對論，評贊該書「善於為世之用」。

以上散載於其他刊物上之他序跋有 16 篇，合兩種序跋共有文 37 篇。

〔註56〕賈植芳、俞元桂主編：《中國現代文學總書目》（福州：福建教育出版社，1993年 12 月），「詩歌（1931）」，頁 37 下。

（二）書信

書信陳之簡牘，除抒布其言、傳達情感外，由於筆調真摯誠懇，文人多喜用以交通思想，陳述理念，形成一種獨特的書信體文學。1920 年起，胡懷琛因改論胡適之《嘗試集》之舉，引發新舊詩家群起筆戰，自 1920 年 4 月起延續至 1921 年 1 月，長達半年時間大量論辨書函頻見報端，特別是《神州日報》、《時事新報》與《星期評論》。由於這些深具價值的書函，已經整理集結於《嘗試集批評與討論》、《詩學討論集》等二書出版，本節故不擬重錄；至於已收入胡懷琛之專集著作中者亦不收，所敘錄書信但以散載於報章刊物者為主。

1.〈與七襄社諸子書〉

胡懷琛撰，收在《南社叢刻·文錄》第 13 集〔註 57〕。胡懷琛於 1914 年 11 月加入南社好友姚錫鈞（鵷雛）、陳匪石（世宣）、龐檗子等人所創辦的小說家團體「七襄社」，並為該社刊物《七襄》的專任撰稿人。書信指給「楚傖、匪石、檗子、蕘農、鵷雛」等人，以「欲藉說部之功，補典謨之逮」黽勉同仁好友，志為「青年之導師」、「神州之野乘」。

2.〈與柳亞子書〉3 篇

胡懷琛撰，收在《南社叢刻·文錄》第 13 集〔註 58〕，共見 3 篇。

（1）〈與柳亞子書〉〔註 59〕

訴病中獲好友尺素之欣喜心情；又允諾為「分湖舊隱圖」詩後綴跋一事；三與亞子論傅鈍根（專）詩句中「吳淞」、「歇浦」韻，而感「一藝之微，精奧至此」；末嘆知音之不可多得。

（2）〈再與柳亞子書〉

信中專談姚鵷雛所作《菊影記傳奇》劇本，雖贊劇本之佳，然對將柳亞子、陸子美設為劇中角色的作法，表達其不以為然之意。

（3）〈三與柳亞子書〉

書懷故人，自訴己心尚「不能放剡溪之棹」，多感羈懷。

〔註 57〕〈與七襄社諸子書〉，收在《南社叢刻·文錄》第 13 集，林慶彰主編：《民國文集叢刊》（台中：文听閣圖書有限公司，2008 年 12 月），頁 975～976。
〔註 58〕〈與柳亞子書〉三篇，收在《南社叢刻·文錄》第 13 集，林慶彰主編：《民國文集叢刊》（台中：文听閣圖書有限公司，2008 年 12 月），頁 973～975。
〔註 59〕此篇〈與柳亞子書〉，亦收入《秋山文存》，見胡樸安編《樸學齋叢書》1940 年第一集第 4 冊。

3. 〈與楊白民書〉

胡寄塵撰，收在《南社叢刻‧文錄》第 16 集〔註60〕。與楊白民說論《繪圖兒童詩歌》讀本之編旨。為力矯當今詩歌「或者失之艱澀，或者失之悲傷，養成僻性，引起悲觀」之弊，胡懷琛指出，詩歌圖畫「雖非盡屬山水風月之作，然舍山水風月，即無清淑幽靜之氣，而不能令人生起澄潔悠遠之思」，因選輯「山水風月之作，一以優美高尚為歸」，「欲藉以養成兒童高尚優美之性質」，亦以此提供適合初識詩者的引導。

4. 〈與朱味誠論文書〉

胡懷琛撰，收在《南社叢刻‧文錄》第 16 集、《南社叢選》（二）卷十「寄塵文選」。〔註61〕胡懷琛與同邑友人朱味誠就「文魂」主題相論，書云：「大抵文有軀殼，有魂靈。軀殼不全是為殘廢，魂靈一失，亦翁仲木偶之流。文之結構布置，軀殼也，而別有魂靈在焉。史家之文，事實為魂；政治家之文，見識為魂；文家之文，其魂為神韻、為丰姿。」所舉史家實錄之文，如《左傳》、《史記》；政治家恢闊之文，如〈治安策〉、〈出師表〉；兵家如孫、吳；哲學家如莊、老。又云「諸家之魂實，文家之魂虛」，因虛而更難得其用，是學文者當察鑑也，以此相勉。

5. 〈與王蓴農書〉

胡懷琛撰，收在《南社叢刻‧文錄》第 16 集〔註62〕。胡懷琛與南社好友王蓴農（蘊章，號西神）往來，論文兼敍日常。書云「天下文章，上焉者，在名山大川之間；其次者，在蔓草荒煙之裏。樂者在園林歌舞之中，哀者在瑣尾流離之際。」又告以愚園社友相集，因未見知音而悵然思念之情。

6. 〈與柳亞子書〉等共 3 篇

胡懷琛撰，收在《南社叢刻‧文錄》第 16 集〔註63〕，共 3 篇。

〔註60〕 〈與楊白民書〉，收在《南社叢刻‧文錄》第 16 集，林慶彰主編：《民國文集叢刊》（台中：文听閣圖書有限公司，2008 年 12 月），頁 1293～1294。

〔註61〕 〈與朱味誠論文書〉，收在《南社叢刻‧文錄》第 16 集，林慶彰主編：《民國文集叢刊》（台中：文听閣圖書有限公司，2008 年 12 月），頁 1292～1293。胡樸安輯：《南社叢選》（二）卷十「寄塵文選」，沈雲龍主編：《近代中國史料叢刊》第三輯（台北：文海出版社，1966 年 10 月），頁 775～777。

〔註62〕 〈與王蓴農書〉，收在《南社叢刻‧文錄》第 16 集，林慶彰主編：《民國文集叢刊》（台中：文听閣圖書有限公司，2008 年 12 月），頁 1294～1295。

〔註63〕 〈與柳亞子書〉三篇，收在《南社叢刻‧文錄》第 16 集，林慶彰主編：《民國文集叢刊》（台中：文听閣圖書有限公司，2008 年 12 月），頁 1295～1296。

（1）〈與柳亞子書〉

驚聞伶人陸子美逝，嗟人事無常，嘆家國恨事，惟掬淚同灑函慰亞子。

（2）〈再與柳亞子書〉

隨函奉寄亞子以潘蘭史、胡樸安及胡懷琛自己之詩若干。

（3）〈三與柳亞子書〉

書與柳亞子聊敘初秋思友困愁心情。

7. 〈與寒雲書〉

署名「寄塵」，刊載於《晶報》1921 年 5 月 3 日。書與袁寒雲就胡適改詩爭議，闡述自己為藝術力爭是非，問真理不輕易妥協的態度與立場。書云：「吾人不認詩為一種文藝則已，不認文藝為一種文明則已，如其認之，則吾人所斤斤於是非者，豈私人之事，實國家之事也。吾既幸獲為文人，安敢草率命筆，以貽國家之羞；又安敢過於顧忌諱，而使他人貽國家之羞哉。」又籲能與互助追求真知之友伴，共同掃除文藝盲從跟風。其言剴切，表達了對當時詩壇自挾私見、伐異黨同者的不滿。

以上書信共 11 篇。

（三）隨筆、筆記、雜文

胡懷琛散載於報章期刊上有 113 篇雜文，內容與主題紛雜，多汲自其對生活中人、事、物相關問題的體悟與思考，有面對時局動盪的焦慮感觸、有對社會現況的觀察與理解、與對世情冷暖的深切感受、同時也包含了他在汲取新知識後特殊的發現或實用的見解。

1. 人生感悟與心情書寫

胡懷琛於民初遷居上海後，面對人生與環境的重大轉變，又感困生計壓力，其愁苦無奈的心境可見。他每將這些心情感受以真摯的筆調娓娓敘出，或叨念鄉愁、憶懷舊往；或感憂生計、喟嘆前景；或述離難驚恐，文中飽含了他對人情世事的切身觀感與生活的智慧。如〈聽王玉峯彈三弦記〉、〈記湖北饑民〉、〈記燕市乞兒〉、〈記皖北石匠〉、〈我之新年趣事〉、〈我之兒時〉、〈百年前之我〉、〈我〉、〈樓頭明月〉、〈恕不賀年〉、〈傷心的俏皮話〉、〈旅行日記之一節〉、〈鷗侶聞歌記〉、〈我之趣事〉、〈租屋〉、〈一幕悲劇〉、〈冷酷的我〉、〈飲泣〉、〈記葉楚傖先生〉、〈旅舍度年記〉、〈津沽舊話〉、〈移居瑣記〉、〈今天的日記〉……等共 26 篇。例述如後：

（1）〈旅行日記之一節〉

胡寄塵撰，發表於《小說世界》1923 年 6 月第 2 卷第 9 期。以旅行普陀山時，其「目所見」山僧清靈淡然的山中修持生活，對比「耳所聞」學生所記述家鄉有官賊勾結侵擾民家的惡行，喟慨人性現實與遭受離亂紛擾之不幸。

（2）〈鷗侶聞歌記〉

胡寄塵撰，發表於《小說世界》1923 年第 1 卷第 12 期。憶懷 1919 年時與「鷗社」友人歡聚杏花樓吟詩聽歌之事。憶當年詩云「春申江上偶然集，不約相逢情更好」，「莫問東西南北人，相逢且把一樽倒」，「浮蹤明日又何如，世事茫茫哪可道」，而今世事變遷，詩友天涯飄零生死兩茫，不禁傷懷悲嘆。

（3）〈傷心的俏皮話〉

胡寄塵撰，發表於《小說世界》1923 年 6 月 29 日第 2 卷第 13 期。胡懷琛寫自己初至上海時屢遭刁難，被迫以俏皮話應付勢利上海人的三則「自衛」經驗。「請叫化子吃麵」寫因不慎碰撞麵館外送伙計，強被刁難賠錢，遂花錢買下該碗麵轉請叫化子吃之事。「揩油的銅板」，寫搭電車時，遭受刁滑的賣票人揩油車費之事。「冒充紙業公會董事」，寫買書時遭書販哄價，故以公會董事名片矇騙對方事。藉此三則故事，道盡外地人客居上海大不易的現實。

（4）〈樓頭明月〉

胡寄塵撰，發表於《紅玫瑰》1924 年 9 月第 1 卷第 9 期。作者以「明月」勾串其人生各階段的經歷起伏。懷想兒時家鄉樓頭清輝，與兄長朝夕歡樂的成長時光，與母親親植庭中菊影映壁時所見的「墨菊」；離鄉後常仰望的月光，雖月明依舊，徒增遊子羈旅客鄉之思；蝸居上海愁困生計，窗縫中難得的月光也晦暗不明；中年以後遷居偏郊，再次仰望幽靜的月光，然「往事回頭半渺茫」，嘆明月竟已與人同憔悴。

（5）〈租屋〉

胡寄塵撰，發表於《小說世界》1924 年 10 月第 8 卷第 4 期。寫 1924 年江浙戰爭時，民生困頓難以為繼，自己一邊準備逃難，為典當衣物書籍與當鋪錙銖較價，一邊又投機地想將屋子出租，並與前來避難的租客精算租金，事後反省愧感自己言行之事。

（6）〈旅舍度年記〉

胡寄塵撰，發表於《小說世界》1925 年 4 月第 10 卷第 1 期。記述 1924 ～1925 年江浙戰爭時，潰兵挨戶打劫，舉家故避居旅館過年事。

2. 時俗與時評雜論

民初西風東漸，中西新舊觀念互相衝擊，中國舊制封建許多陋規惡習逐漸浮現亟待根革。文人肩負指導教化與更正風氣之責，胡懷琛亦透過報章刊物宣揚其進步思想，特別是在攸關民生國本的鴉片、酗酒、賭博問題，兒童教育、女性自主自覺如婚姻制度、家庭關係、婚姻自由、女子職業、教育；社交、纏足、裝飾、貞操、廢婢、廢妓、廢妾等議題上給予更多的關注。其撰作有〈大總統〉、〈燕京歸客談〉、〈女子職業問題〉、〈女子當廢除裝飾〉、〈婦女與常識〉、〈貞操問題〉、〈釋放婢女議〉、〈廢娼問題〉、〈離婚問題〉、〈家庭俱樂部的提倡〉、〈積錢與用錢〉、〈乙種小家庭〉、〈二魔鬼〉、〈兩個殺動物的故事〉……等共 33 篇。例述如後：

（1）〈廢娼問題〉

胡懷琛撰，刊載於《婦女雜誌（上海）》1920 年第 6 卷第 6 期「通論」欄。有關廢娼之議紛紛，胡懷琛進一步提出廢娼之後，明娼與暗娼安置問題的深度討論與具體建議。胡懷琛以為明娼問題易解，可以「漸漸廢除」，如「授以工藝」，輔導簡單謀生技能，並「暫留擇配」，暫置濟良所等待擇偶婚配。然暗娼問題難解，欲斷絕娼妓來源，一惟振興工業，維持民生生計，斷絕女子典押買賣情事；二須減少嫖客，惟有透過教育教化民眾尊重女性，提倡社會正當娛樂，力求婚姻制度完善，並嚴懲賭博、吸食鴉片與酗酒，又減少花柳病醫生與醫書，如此則雖短期無法完全禁絕嫖娼行為，然長久必能見效。

（2）〈離婚問題〉

胡懷琛撰，刊載於《婦女雜誌（上海）》1920 年第 6 卷第 7 號「社論」欄。胡懷琛贊成男女因性情、品行不合而離婚，並須關切離婚之後衍生的改嫁與廢妾問題。他指出三個疑慮，一是傳統社會貶抑女性，無受教權的女性離婚後難以自立謀生；二是社會觀念根深蒂固，女性絕離後難以再嫁；三須顧及子女育養問題。以此呼籲有關單位制訂平等、重視女性自主權的法律。

（3）〈女子當廢除裝飾〉

胡懷琛撰，刊載於《婦女雜誌（上海）》1920 年第 6 卷第 4 號「社論」

欄。勸戒女子當自我解放，莫為討人歡心裝扮自己，耗時費錢，無如廢除裝飾，保持簡約天然之美為佳。

（4）〈二魔鬼〉

胡寄塵撰，刊載於《儉德儲蓄會會刊》1924 年第 5 卷第 2 期，談鴉片與酒之危害。胡懷琛不以嚴肅的說教方式，而是使用故事強化勸戒鴉片與酒。故事中趙、錢、孫三位青年冒險強往快樂園，其中趙君先受女子蠱惑含食白草送命，繼而錢姓少年又被所飲仙水淹死，原來白草和仙水乃是鴉片和酒，孫姓少年因拒絕二魔鬼誘惑故能全身而退。

（5）〈兩個殺動物的故事〉

胡寄塵撰，刊載於《佛學半月刊》1934 年動物節特刊（護生報）。以英國富蘭克林「大魚強食小魚」的食物鏈故事，對照土匪不忍殺雞的民間故事，呼籲世人心存慈悲保護動物。

3. 閱讀心得與文藝雜談

胡懷琛以敏銳的感知擷拾生活周邊各種材料，並汲於科技新學的探求，特別是對民生相關的議題，自其記錄中，可觀其文藝修養與見微知著的人生智慧。如〈文學與環境〉、〈釋迦牟尼與達爾文〉、〈東西人之優點與劣點〉、〈一種特殊的情形〉、〈除法新術〉、〈骰子代珠算法〉、〈翻案錄〉、〈藝術家之秘訣〉、〈做壽送理論〉、〈中國宜以菊為國花議〉、〈談月色女士畫的梅花〉、〈上海的展覽會〉、〈人性論〉、〈求學者之目的〉、〈菸草在中國〉、〈眼鏡在中國〉、〈家庭裝飾的我見〉、〈書房裝飾叢談〉、〈書房布置法〉、〈木魚的故事〉、〈聊且偷閒學少年〉、〈鴉片異聞〉……等共 54 篇。例述如後：

（1）〈骰子代珠算法〉

胡寄塵撰，刊載於《婦女雜誌（上海）》1918 年第 4 卷第 12 期。胡懷琛於推介其所發見簡易算學遊戲，即以骰子點數代用中國珠算之術，展現他運用舊器創造新法的算學樂趣。

（2）〈翻案錄〉

署名「塵夢」，刊載於《小說世界》1925 年 8 月第 11 卷第 7 期。胡懷琛好發異文，於此提出讀書所見 4 則翻案舊說之論，如：①發現美洲者非哥倫布，而是中國僧人法顯。蓋依章太炎考法顯《佛國記》行跡，當其自中印度東歸時，曾因迷路陷「耶婆提國」，或譯「耶科陀耳國」，亦今之墨西哥南方「厄

瓜多爾」也。②達爾文創人類由猿猴進化之進化論，然英國亦有研究指與其說相反，謂猿猴乃由人類退化而成。③哥白尼地圓之說已成定論，按又有蘇宣中之《天地新學說》創地平之說。④美國地理學家葛拉勃考中國土地在百萬年前本為大海，又謂今之南洋土人才是真正中國人。以證所謂事實或理論之說，端視個人思想與考證判斷。

（3）〈中國宜以菊為國花議〉

胡懷琛撰，刊載於《小說世界》1925 年 12 月第 12 卷第 13 期。中國自古以牡丹為花王，五四以後，贊成菊花為國花的議論漸多，胡懷琛也拋出以「菊」為國花的提議。其理由一以菊自甘淡泊，不慕榮華，足徵中國文明之特色；二以菊勁節傲霜，耐冷不屈不撓，足徵中國人民之品行；三以菊之黃為正色，足徵黃種及黃帝子孫；四以菊盛於重陽，近雙十節，逢其時也。

（4）〈求學者之目的〉

胡寄塵撰，刊載於《小說世界》1926 年 11 月第 14 卷第 19 期。與畢業學生談論國學的實用價值，感嘆現今年輕學子流於以功利與虛名為求學目的錯誤認知。

（5）〈釋迦牟尼與達爾文〉

胡寄塵撰，刊載於《新儉德》月刊 1927 年第 1 卷第 1 期「瞎說」欄。儒家視人與禽獸各為一界限不相混，然古今惟釋迦牟尼與達爾文打破此界限。釋迦牟尼謂人禽同具性靈，所不同者，羽毛齒角之間爾；達爾文謂人禽同此生理，所不同者，智愚強弱之別。故釋者以人為本位，待禽獸如待人，而不忍殺生；達氏以禽獸為本位，以為人亦禽獸也，故以待禽獸之法待人，或以強凌弱。此二論之出發點相同而趨異，然其是非各見，得失亦難判也。

（6）〈讀書說〉

胡寄塵撰，刊載於《新儉德》月刊 1927 年第 1 卷第 1 期「瞎說」欄。胡懷琛例舉陶淵明「不求甚解」與諸葛孔明「略觀大意」兩種讀書法相比較，以為讀書法必因人因書而異，不可「一法以繩之」。概「文人讀書當法淵明」、「政治家讀書當法諸葛武侯」，此視人而異；「讀文學書當法淵明」、「讀政治書當法武侯」，此視書而異。文人讀書當如莊子所言「得意忘言」，政治家讀書當如孟子所言「盡信書不如無書」，如此則讀書法可謂有價值。

以上單篇發表之隨筆、筆記、雜文等，總計有 113 篇。

第三節 散文編選與校訂

除創作外，本節所錄，乃胡懷琛所編選或校訂之散文集。

一、《近人游記叢鈔》

一冊，胡寄塵編，1914 年 7 月上海廣益書局鉛印本。書首有序及名勝圖片，共收游記 17 篇，包括趙國華〈江寧山水記〉、王葆楨〈蘭亭游記〉、潘飛聲〈游薩克遜日記〉、周實〈岩山游記〉、陳衍〈登泰山記〉、徐淵如〈游雲台山記〉、寶青〈廬山一日記〉等。

二、《文藝小叢書》第一輯

《文藝小叢書》第一輯 12 種，1915 年胡樸安與胡懷琛為上海文藝小叢書社選編《文藝小叢書》系列，收為叢書第一輯。1933 年 3 月，上海廣益書局再版重印《文藝小叢書》，國家圖書館、復旦大學與台灣大學圖書館皆有收。

全套叢書為平裝小開本，封面設計簡潔雅致，共 12 冊，收錄包括詩詞選集《小詩選》、《香薾（奩）集》、《蘭閨清課》、《漱玉詞》、《斷腸詞》；詩話集《本事詩》；民歌選輯如《胡笳十八拍及其他》、《子夜歌》；散文選集編如《描寫人生斷片之歸有光》、《倦雲憶語》、《南遊記》、及傳奇小說選《唐人傳奇選》等。

胡寄塵選編的《蘭閨清課》，收錄其平日摘記的閨閣詩詞佳句。《子夜歌》為胡樸安、胡寄塵共同選編的民歌選集。所選編以唐代之前的民歌作品為主，包括包括〈子夜歌〉、〈子夜四時歌〉、〈大子夜歌〉、〈子夜警歌〉、〈子夜變歌〉等。《唐人傳奇選》，胡樸安、胡寄塵選編，該書精選推介〈虬髯客傳〉、〈柳毅傳〉、〈南柯記〉、〈枕中記〉、〈會真記〉等 5 篇唐人傳奇代表作。

三、《怪話》

一冊，編輯者署名「怪人」，1919 年 3 月上海廣益書局線裝鉛印本。有多種版本：香港中央圖書館藏有 1934 年 3 月上海新民書局版、中研院郭廷以圖書館有 1936 年 4 月大達圖書供應社版、上海圖書館有 1940 年廣益書局再版、及國家圖書館 1982 年木鐸出版社影印本等。

全書四卷，李定夷作〈怪話序〉云：「寄塵為人端重，寡言笑。與余交數年，雖于文酒宴會之場，亦未嘗見其有喧嘩跌蕩之態。顧偶一出言，則必冷雋，余甚奇之。近寄塵復輯一書，名曰怪話。自題名曰怪人，余益疑寄塵何復

誂奇乃爾。寄塵曰：『子以我之書為怪乎？今夫天下之文章，不今不古，不中不西，誰非怪話，何獨責我？』余曰：『噫！子言是也。子之書非怪話，彼指君書為怪話者，乃真怪話；子非怪人，謂君為怪人者，真怪人矣。噫！』」，敘寫胡寄塵編輯緣由。書前有「凡例」說明是輯：「共分四類，一曰怪談、二曰怪事、三曰怪文、四曰怪詩。均以出於尋常範圍之外，故曰怪談。」所收232則，內容龐雜、題材繁富，天文地理、生老病死、衣食住行、喜怒哀樂均不忌；趣談、諧語、笑話、典故、詩謎、對聯、詩詞、小品、新劇、寓言、傳記、軼聞皆有收。字數少不及二十，多則千餘字。胡懷琛自撰者多，凡間取他人之言者，皆於篇末註記有原作者姓名。

首卷「怪談」收文87篇，包括〈逸世黃花〉、〈長壽新法〉、〈世界之水〉、〈人名奇談〉、〈絕妙之墓誌〉、〈筆之用〉、〈苦與樂〉、〈處世之法〉、〈僧人懼內〉、〈超然道士之笑話〉、〈更夫笑史〉……等，諸篇所談，言短寓深，「凡例」云：「怪談中尤有時彥名言，可深玩味。」

「怪事」收文84篇：〈髮之價值〉、〈金聖嘆之破硯〉、〈皇帝之樹〉、〈丐鬪記〉、〈奇怪之訃文〉、〈達爾文軼事〉、〈郵片周遊全球〉、〈印度異人記〉、〈新八大胡同〉、〈祀竈趣談〉……等，「凡例」記云：「怪事所記，多屬實事。」

「怪文」收文24篇：〈麻雀牌解〉、〈無佛論〉、〈人與世界契約〉、〈討書蠹檄〉、〈汽車教習記〉、〈都督化身記〉、〈錢卦〉、〈夢游華胥國記〉〔註64〕、〈說部敘言（八篇）〉……等24篇。

「怪詩」收文37篇，所錄〈聞德奧宣布共和感賦〉、〈丙辰上海打油詩〉、〈丙辰海上顧曲詞〉、〈菊仙菊人歌〉、〈乙卯雜詩〉、〈甲寅雜詠〉、〈新唐詩〉、〈己未上海新年打油詩〉……等，「凡例」云：「怪詩中所收多詩，如〈新唐詩〉、〈甲寅雜詠〉、〈乙卯雜詩〉、〈丙辰上海打油詩〉等，均記一時教政風俗，他時讀之，可作稗史觀，可作采風記觀也。」

四、《中外名人演說錄》

一冊，胡寄塵編，1919年5月上海廣益書局出版。全書收錄中外總統、教育、哲學、實業、美術等各領域學者專家之稿詞，總輯為上、下兩卷，國家

〔註64〕胡耐安曾記胡懷琛所作〈夢游華胥國記〉一篇云：「胡寄塵的處女作，是叫〈華胥夢〉的一篇不過兩三萬字的小說，胎襲陶淵明的〈桃花源記〉類的寓言小說。」胡耐安著：《六十年來人物識小錄》（台灣商務印書館，1977年4月），頁168。

圖書館今僅見上卷。該書共收錄 56 篇，計有上卷 45 篇，收總理孫中山、教育學者蔡子民、梁任公、章太炎、胡適之、蔣夢麟、財經學者范靜生、曹慕管、楊杏佛、哲學思想家張東蓀、王與在、沈信卿……等 28 位中國名家演講實錄；下卷收 11 篇，包括美國總統威爾遜、羅斯福、教育專家杜威、飛行家勃朗林、法國哲學家沙來、英國法學家莫安仁、日本畫家石井柏亭等 9 人講稿。「凡例」云：「凡欲研究演說學者，可以是本為模範。即不欲為演說家，讀此一編，亦能增進許多智識」，是該書編纂宗旨。

五、《南亭筆記》

共四冊十六卷，清李嘉寶（李伯元）著，涇縣胡寄塵校訂，上海大東書局 1919 年 7 月石印本。山西古籍出版社 1999 年 4 月輯入其《民國筆記小說大觀》，又江蘇古籍出版社 2001 年重排再版，收入《清代民國史料筆記》。書中所記為有清一代上自朝廷、下迄閭巷遺聞軼事。

六、《(新式標點) 隨園文選》

一冊，胡寄塵選輯，朱太忙標點，胡協寅校閱，1934 年 3 月上海大達圖書供應社出版，有 1935 年 3 月再版、及上海廣益書局 1936 年 3 月版。

書前有朱太忙序，內頁有蔣士銓〈題辭〉，選錄袁枚各體文作如〈長沙弔賈誼賦〉、〈不繫舟賦〉、〈儉戒〉、〈釋名〉、〈范西屏墓志銘〉、〈祭姊文〉、〈後出師表辨〉等共 120 篇。

以上選編與校訂之散文，有書 6 種。

第四節　胡懷琛散文著述的時代意義

身處中西思想激烈震盪與新舊文化轉折過渡時期，胡懷琛與當時代文人一樣，懷抱著以文學振衰起敝，救國興民的理想。上海工業的興旺發達，帶給新興市民對於未為來前景的「期望視野」〔註65〕，追求改革與創新成為共同目標，為順應市民需求，報章刊物與作家自然被賦予承載社會進步的重任。胡懷琛身兼刊物編輯與作家，他以大量文學作品，記錄上海在新舊時代折衝過程中的種種現象與轉變，表達知識分子參與上海文學建設的用心，在形式與內容上展現了重要的時代意義。

〔註65〕袁進：《中國近代文學史》（台北：人間出版社，2010 年 9 月），頁 33。

一、運用傳統文藝舊形式，傳達現代文學新思維

　　中國古典散文淵遠流長，源自先秦諸子哲學與史傳的正統散文，與晚明追求率性任真的筆記散文合流後，灌注成為中國現代散文發展的養分。民初散文內容更為多元，傳統文人在寫作上仍承襲中國古典散文的許多形式，包括筆記雜著、尺牘、傳記、日記、遊記、序跋等傳統文學體類，藉白話文流暢的語言書寫，傳達現代文藝意識與文學新思維。

　　胡懷琛作品中，含有大量的散文篇章、雜文、隨筆、評論、序跋、函牘、遊記與抒情文、情趣小品、異聞軼事等創作與編集。本章總輯其著述，包括散文集有書 2 種，雜文、筆記有專書 14 種及文 131 篇，專欄散文有 10 種（文 221 篇），單篇散文有序跋 37 篇，書信 11 篇，筆記、雜文共 113 篇，及編選與校訂之散文集有書 6 種，總計其散文寫作有專著 22 種，文 429 篇。透過這些數量龐雜、內容可觀的作品，可以見出胡懷琛在精闢說理的文學見解之外，忠實敘事與觀照人生的筆墨文采。

二、以散文呈現社會現實，表達人文關懷與改革意識

　　中國長期受封建統治，鼎革之後，受西風影響，社會風氣大開，然初期舊制陋規尚未去除，而新法新制未及建立，胡懷琛懷抱改革熱情，在時評作品中發揮意見，表達其對社會事件與文化現象的觀察與感想。他勇於指陳並揭露社會諸多不公義之事，對於軍閥亂政更極盡諷諭給予嚴厲批判，更以飽含情感的筆觸，憂懷百姓民生疾苦。如〈飲泣〉寫避兵難於旅館的難民，懷了隱痛卻無處哭訴。〈體育場一瞥〉諷寫窮民子女不必上學是快樂的。〈恐慌〉寫因受上海金融風暴影響，銀行倒閉導致破產而瘋了的友人。〈冷酷的我〉寫因自己冷酷拒絕前來借錢的窮學生後，內心的糾結與感喟。〈車中一瞥〉速寫電車窗外兩幕苦民映像：一是坐困殘爐小店中愁憂房租的店主；一是攔搶外送夥計回收剩麵的饑羸乞兒。

　　胡懷琛感民所苦，以悲憫之筆，紀錄上海社會底層小人物的悲苦無助，給予至深的同情，也表達其對無情戰爭的反感與控訴。

三、以雜文娛樂兼啟新知，重視社會教育功能

　　為傳輸知識，啟迪智慧，胡懷琛之雜文中含有許多知識性的篇章，收錄於《十年筆記》、《後十年筆記》、《江村雜俎》、《薩坡賽路雜記》、〈波羅奢館

筆記〉、〈披沙錄〉等著中。

　　包括貼切生活的小常識，如〈日光療病法〉說明古療病法，猶今之日光浴照射法；〈金魚譜〉釋養金魚之法；〈扶乩與心理〉，解釋信乩者之心理；〈名人言植物有知覺〉寫名人李賢古《儴雜錄鍾》已記載植物有知覺之見。有文學人物小考證，如〈老殘遊記著者小史〉，簡考作者劉鶚之姓名與事略；〈孽海花著者與小鳳仙〉，軼傳小鳳仙感情實另有所鍾；〈吳趼人為南亭亭長作傳〉，以吳趼人為李伯元之傳精詳，甚為可貴；〈陶淵明之小說癖〉揭淵明喜嗜小說事；〈木蘭〉考木蘭或實無其人也；〈岳飛的逸事〉錄岳飛與詩人毛國英事；〈劉備借債的故事〉趣考劉備向諸葛亮借債事。

　　〈中國逸書之存於日本〉，記唐小說《遊仙窟》流傳日本事、〈桃花源記辯〉，考〈桃花源記〉一篇實「寓言」也。有傳統文藝，如釋〈得勝頭回〉、考〈木魚書〉、考〈尺八〉、談〈漆砂硯〉等。透過這些珍貴史料記錄的傳布，藉可寓教於樂，啟發讀者自然輕鬆地吸收新知。

第五章　胡懷琛小說創作、編譯
與研究著述敘錄

　　中國小說，歷來被文人歸入稗史之林，文人既輕之而不為，故其發展長期備受冷落。然而隨著時代與文學觀念演變，清末民初小說地位丕變，在梁啟超、康有為等維新知識分子吹播「小說界革命」（1902）、倡議以小說救國、「改良群治」、「啟迪民智」的期待下，一躍而為「文學之最上乘」，與詩文同躋文學殿堂，並迅速發展，甚而取代詩文成為時代文學重心，各種通俗小說報刊雜誌應時代而生，傳統士大夫、新學知識分子、新興小說作家們紛紛嘗試小說的寫作與編輯，一時應者雲集，小說界呈現空前隆景。

　　胡懷琛於辛亥革命前夕移居上海，很快地便在這個中西兼容的文化場域中開始他通俗小說的寫作生涯。他的創作動機，除了個人喜好與研究興趣外，也為呼應當時代「專在借小說家言，以發起國民政治思想，激勵其愛國精神」〔註1〕的維新思潮；民國之後，囿於家庭經濟考量，或應報章雜誌稿約，乃為實質稿酬收入而作。在民初各大知名流行的通俗報刊上，常可見到他以「胡寄塵」、「寄塵」、「秋山」、「塵夢」、「春夢」〔註2〕等多式筆名，積極活躍的撰述身影。

　　他的小說創作豐富，內容包羅廣泛，作品中除已經出版的單行本長篇小

〔註1〕梁啟超：〈中國唯一之文學報（新小說）〉，見《新民叢報》1902 年 8 月 18 日第 14 號。
〔註2〕胡懷琛文章使用多種筆名，其中，凡文學或學術作品，多署全名「胡懷琛」；小說作品多署「胡寄塵」，或其字「寄塵」，或別字「秋山」，另也用「季塵」、「塵夢」、「春夢」、「螺屋主人」、「瀨江濁物」、「濁物」等筆名。為便於統整敘述，本書於記述時一律稱以「胡懷琛」，至其作品附錄中，則恢復原作之署名，俾利查閱對照。

說與短篇小說集外，多數是散見於民國時期各報章雜誌中、尚乏統整的單篇散論，包含長短篇創作、翻譯小說、小說評述、與小說的理論研究等。本章搜輯其作，依作品不同之功能與性質，區分為「創作」、「編纂」、「譯作」、「理論」四大類型：（一）「創作」，以胡懷琛的短篇、長篇小說及已經出版的小說專書結集為主；（二）「編纂」，指胡懷琛所編纂的各類小說選集；（三）「譯作」，收胡懷琛翻譯（意譯、節譯）或合譯的小說作品；（四）「理論」，凡有關小說觀念之討論、創作理論與研究等悉歸納之。

第一節　胡懷琛的小說創作

在民初作家群中，胡懷琛可稱得上是一位多產的小說家。胡樸安《寄塵事略》中記其：「好小說家言，嘗賣文以自給，日寫數千言至萬言不休，……喜作小說，嘗終日秉筆不停也。」〔註3〕他曾自稱為「小說勞工」〔註4〕，云：「我從民國元年起到現在（民國十一年），共做過幾百篇短篇小說。」〔註5〕從民初以啟蒙新民為旨，到「五四」以後為娛樂消遣而作，胡懷琛所創寫的小說，不拘文白語言，不論長短篇幅，涵蓋了當時市場流行的各類題材，包括家庭、倫理、教育、言情、社會、偵探、武俠、科學、滑稽、神怪、虛幻等，其作或言寫實、或寄虛幻、或秉筆直陳、或隱諷暗喻，適切地反映出他對當時代社會環境衍生問題的思考與看法。

欲為胡懷琛的作品進行分門別類，實非易事，蓋以小說類型自來「界說甚難確定」〔註6〕，小說本可從不同角度或標準歸納出不同類型，任何分類實都無法涵蓋小說全貌。清末民初為小說建立標目，始自 1898 年梁啟超在其《新小說》雜誌上標示「政治小說」起，〔註7〕為小說寫作建立「規範」的概念、與標門別類的風氣便日益昌盛，作家慣在作品下標寫著如「教育小說」、

〔註3〕胡樸安：〈寄塵事略〉，收在《樸學齋叢書》1940 年第一集第 8 冊《家乘》卷。

〔註4〕胡寄塵：〈新的神怪小說〉，見《游戲世界》1922 年第 19 期。

〔註5〕胡懷琛：〈小說拉雜談（一）〉，見《最小報》1922 年第 14 期。

〔註6〕陳平原：〈論「新小說」類型理論〉，見《中國現代文學研究叢刊》1991 年 2 期，頁 118。

〔註7〕1989 年梁啟超初在《清議報》為《新小說》專設「政治小說」欄，1902 年《新小說》已增設歷史、政治、哲理科學、軍事、冒險、偵探、寫情、語怪、箚記體、傳奇體等小說門類，實際使用時，又增加了法律、外交與社會諸小說。夏曉虹：〈晚清『新小說』辨義〉，《文學評論》2017 年 6 期，頁 11。

「寫情小說」、「傳奇小說」、「章回小說」、「短篇小說」、「俗語小說」等類目。由初時僅數類，至 1904 年《新新小說》與 1906 年《月月小說》，小說欄目已增加了「心理」、「戰爭」、「理想」、「滑稽」、「虛無黨」等合數十類；〔註8〕1915 年，《小說新報》上所載標目，已有 48 類；〔註9〕胡懷琛於 1916 年主編《小說名畫大觀》時，其標目也超過廿類；于潤琦在其《清末民初小說書系》所註記的小說門類，甚至「達二百餘種」。〔註10〕

　　儘管當時小說分類不夠科學，但它畢竟反映了當時分類的實際情況。小說分類成為必要時尚，學者以為其目的，或為銷售宣傳，提供「選擇小說種類」時參考；或為新舊小說建立寫作規範，拓展小說視野與功能。〔註11〕然小說分類精細若此，實已達過度浮濫程度；硬將作品與類目牽線的作法，也必然導致「一書多類」的混亂情形。〔註12〕日籍學者澤田瑞穗便觀察指出：

〔註8〕朱秀梅：〈晚清『新小說』類型及其演變〉，《河南大學學報（社會科學版）》2010 年 3 月第 50 卷第 2 期，頁 9。

〔註9〕筆者統計民初《小說新報》所編標目，包括：言情、寫情、奇情、怨情、苦情、哀情、悲情、覺情、懺情、豔情、烈情、趣情、俠情、義俠、義烈、節烈、戀愛、宗教、家庭、倫理、社會、教育、醒世、警世、復仇、滑稽、諷刺、慚悔、武俠、偵探、探秘、冒險、神怪、怪異、軍事、時事、紀事、紀實、紀念、寓意、風俗、掌故等，計有 48 類。見劉永文編著：《民國小說目錄（1912～1920）》（上海：上海古籍出版社，2011 年 12 月），《小說新報》目錄頁。

〔註10〕據于潤琦統計，民初短篇小說，包括政治、教育、紀實、社會、言情、警世、笑話、偵探、武俠、愛國、倫理、科學、家庭、法律、廣告、商業、歷史、迷信、虛無黨、拆白黨等，有二百餘種門類。于潤琦編：《清末民初小說書系》（北京：中國文聯出版公司，1997 年 7 月），〈代序〉註②。

〔註11〕民初為小說標目的目的，澤田瑞穗以為：「主要是為提供當時之人選擇小說種類參考之用」，是「宣傳用的文字」。陳平原則以為當有「對中國古代小說的重新詮釋」、「對小說創作規則的探討」、「對中國小說總體布局的改造」等更深刻的思考。澤田瑞穗：〈晚清小說概觀〉，收在林明德編：《晚清小說研究》（台北：聯經出版，1988 年 3 月），頁 36；陳平原：〈論「新小說」類型理論〉，收在《中國現代文學研究叢刊》1991 年 2 期，頁 118。

〔註12〕夏志清〈新小說的提倡者：嚴復與梁啟超〉引阿英《晚清文學叢鈔·小說戲曲研究卷》所載，記俠人（不詳生平）在《新小說》專欄「小說叢話」中曾評曰：「吾國之小說，莫奇於《紅樓夢》，可謂之政治小說，可謂之倫理小說，可謂之社會小說，可謂之哲學小說、道德小說。」又記 1908 年，燕南尚生除為其《新版水滸傳》一書標以「祖國的第一政治小說」，並在序言中謂該書「也是一本社會小說、軍事小說、偵探小說、倫理小說、冒險小說」。記錄了當時代喜為經典多重加標的風尚。見林明德編：《晚清小說研究》（台北：聯經出版，1988 年 3 月），頁 75～76。

「寫情小說、言情小說、哀情小說、家庭小說、結果可以戀愛小說的名稱一括之；偵探小說、科學小說、軍事小說，十之八九不是外國作品的翻譯，就是外國小說的改編作品。……滑稽小說則是表現出強烈的諷刺揶揄態度，無論何種小說皆可以滑稽小說稱之。」〔註13〕在五花八門的標目下，小說主題與內容的疊合性過高，澤田瑞穗以為，此種就「讀者」角度，側重於題材與內容的分類標準，其實既繁雜又不夠嚴謹。因此他將清末小說大別為「創作」與「翻譯」兩類，依作家「態度」，將創作小說分為「理想主義的」、「寫實主義的」、「通俗作品」三大類：以理想主義思想所創作的小說，包括廣義的政治小說、歷史小說，狹義的理想小說等；寫實主義的小說，即社會小說、寫實小說；以娛樂大眾為主的，如戀愛、偵探、武俠等類讀物。

澤田瑞穗以作品「態度」、即重視「作家」創作的主題意識為分類的方式，不僅顧量到作家的著述旨趣，也顧及小說作品的特質與內涵。筆者承此概念，羅縷胡懷琛發表於報章雜誌上的單篇小說得 173 篇、已出版的單行本小說專書有 20 種，據其內容、性質與功能，以綜合歸納的概念，區分為「寫實的社會小說」、「理想的虛幻小說」與「娛樂的通俗小說」等三個主題，凡小說已有標目者，悉依相類主題先行歸類，闕標目者，則於審度內容後亦予分類，又依篇幅別以「短篇小說」和「長篇小說」。由於小說內容與數量龐雜，本章囿於篇幅無法一一呈現，故每類小說僅擇舉例篇敘述之。

一、寫實的社會小說

民國建立後，革命熱潮消退，軍閥割據的紊亂世局使文人深感失望憤慨，此時，訴求啟蒙昏聵、解剖現實、暴露社會醜闇諸相的「社會小說」崛起，延續清末民初「小報」〔註14〕犀利的批判與譴責精神，以「揭發伏藏，顯其弊惡，而於時政，嚴加糾彈，或更擴充，並及風俗」為題材的內容，於民初小說

〔註13〕〔日〕澤田瑞穗作、謝碧霞譯：〈晚清小說概觀〉，收在林明德編：《晚清小說研究》（台北：聯經出版公司，1988 年 3 月），頁 36。

〔註14〕馬關條約（1895）之後，上海興起一股文藝性「小報」風潮，1896 年與 1897 年 5 月，李伯元主編的《指南報》與《遊戲報》問世，正式開啟了上海文藝性小報的辦報風氣。「小報」以通俗趣味廣受市民歡迎，其崛起所傳達的重要啟示，是文人有意識地將「小報」作為評議政治與社會現象的「武器」。參考楊嘉佑：〈半個世紀的上海小報〉，《檔案與史學》月刊，2002 年第三期，頁41～47。又見姚吉光、俞逸芬：〈上海的小報〉，《新聞與傳播》月刊，1981 年第四期，頁 245～291。

中表露無遺。〔註15〕

　　胡懷琛以嚴肅的態度，在小說中客觀地呈顯社會現實，消遣娛樂之外，尚期寓教於樂，通過嘻笑怒罵、嘲弄揶揄的筆調，刻劃人性醜陋，將諷刺對象滑稽化，以達刺激國民反省，啟發國民思想目的。此類小說又有短篇及長篇之作。

（一）短篇小說

　　胡懷琛探討家庭、倫理、愛國、社會、教育等與現實生活相關的小說，多是對當時社會現況的真實寫照，述寫對象涉及廣泛的社會群體，如軍閥、政客、商賈、教員、農民、小販、學生、甚至社會下階層的妓女、無賴、盜匪、竊賊等，用心地呈現一幅幅市井小民生活的浮世繪，具有深刻的社會批判性和啟發意義。包括〈大錯〉、〈好孩子〉、〈廚娘〉、〈義丐〉、〈西裝的少年〉、〈愛兒〉、〈同胞〉、〈嚴先生借貸〉、〈狗〉、〈各持一說〉、〈新舊夫妻〉、〈乞兒（上海的事實）〉、〈第一次戀愛〉、〈鄉姑娘的新思潮〉、〈一個勞工〉、〈老先生的覺悟〉、〈人道主義〉、〈炎涼〉、〈歸舟一席話〉、〈兩對無家之人〉、〈家庭與學校〉、〈兩個家庭〉、〈上海市的竈君〉、〈家庭教育〉、〈張先生的秘密〉、〈玩物〉、〈訪友歸來〉、〈交際博士〉、〈兩個假面具〉、〈勢力的眼光〉……等，計77篇。例述如後：

1. 〈愛兒〉

　　胡寄塵撰，標「教育小說」，發表於《婦女雜誌》1916年第2卷第12號。故事寫畫家之油畫不慎遭頑兒玷汙，畫家太太極盡寵溺，為掩錯私下偷以摹畫替換。故事藉教養不當，惕以「養兒不教父母過」之理，然反之亦寓有「養兒方知父母恩」之意，值得為人父母與子女者深思。

2. 〈紅兒〉

　　胡寄塵撰，發表於《婦女雜誌》1917年第3卷第4號。敘述頑劣婢女紅兒，懷恨女主叱責，遂設陷女主不守閨閣貞節之罪。婢女最終幸得女主教育感化，自悔前愆。故事雖為虛構，作者寓藉教育以移易蓄奴惡俗的用心，

〔註15〕自1900年以後，清廷國事衰頹腐敗，深具改革思想的作家紛紛透過創作小說，行其糾議時政、挽救社會的主張，譴責小說流派於焉興起。魯迅（周樹人）於〈清末之譴責小說〉中概括這類小說的特點云：「其在小說，則揭發伏藏，顯其弊惡，而於時政，嚴加糾彈，或更擴充，並及風俗。」謂之為「譴責小說」。魯迅：《中國小說史略》（台北：明倫出版社，1969年5月），頁298。

如其主旨所記：「摹繪小婢之狡黠，可為蓄奴者戒。篇末以教育之力，能移人作結。」

3. 〈求福新法〉

胡寄塵撰，發表於《婦女雜誌》1918 年第 4 卷第 4 號。劉瀛洲不堪養尊處優的太太貪求無厭，好友張翼之獻計施法催眠術，意為改造惡婦使能甘守簡樸本分。故事擬探求「幸福」真義。特別的是故事中施用了民初偵探小說常用的「催眠」之法，可見作者新意。

4. 〈淚〉

署名「寄塵」，發表於《小說新報》1918 年 2 月 25 日第 9 卷第 2 期。深明事理的劉月如女士，以眼淚點醒其少年得志就官居要職的夫婿。作者假劉月如之口，揭示「若仰恃小才以藝事人，猶女子憑貌美以色事人，既不久長，又為人所輕；不如搹懷心志，放任士人本性，回歸清高風骨，淡寡平生最樂」道理，意在警醒懷才委屈又趨炎附勢的當世士人。

5. 〈壬之面與癸之面〉

胡寄塵撰，發表於《小說世界》1923 年 2 月 16 日第 1 卷第 7 期。壬戌年的最末一日，雜貨店黃老闆討債時尖酸刻薄的嘴臉，對比隔日癸亥新年拜年時的滿面春風，壬癸之間一夜「變臉」。故事末記曰：「壬的面雖惡，還是本來面目，還不失為人的面。癸的面雖好，卻不懷著好意，真是鬼的面」。故事巧妙地運用了「壬癸」、「人鬼」等語，展現諧音的趣味，感諷人性的真偽善惡與人情冷暖。

6. 〈上海人的人生問題〉

胡寄塵撰，發表於《小說世界》1925 年 11 月 20 日第 12 卷第 8 期。姜達道寄宿上海友人柏自誠宅，藉以觀察研究上海人的生活觀。上海人多汲營於行樂，因為逐樂而形銷神損，引發一連串「因精神不繼而吸食鴉片」、「為購鴉片必舉債」、「債逐高台後冀望彩票發財」等沉淪晦暗的人生問題，故事總結「逸求安樂」是萬惡之源，發人深省。

（二）長篇小說

1. 《慕凡女兒傳》

胡寄塵撰，全本初連載於《婦女雜誌》1916 年 2 卷第 1 至第 11 號，胡道靜〈先君寄塵著述目〉著錄有一冊，筆者未見單行本。

《慕凡女兒傳》講述農家少女董慕凡志學成長為教育學者的故事，全本十八章，各章前皆標有主題，如「種菜」、「玩船」、「習畫」……等，描繪慕凡童年時成長點滴；「會話」、「選舉」、「寒假」、「旅行」……等，記述慕凡考入師範學校交友學習的生活細節；「助教」、「守職」、「止謗」、「盟鷗」等篇，書寫慕凡正直勤懇，堅執「棄虛務實」信念，奉獻教育的歷程。

故事主角慕凡心性善良，行事穩健務實，「慕凡」其名，音同「模範」，除寓其行事為人楷模外，又寄以平凡踏實、肯綮中庸之意。慕凡最終覓得良緣，與夫婿攜手共創教育樹人的志業。故事見證了慕凡看似平淡卻不平凡的一生，是極具啟發意義的教育類小說。

2. 《最近二十年目覩之社會怪現狀》

上、下集共二冊，胡寄塵編，白話章回體小說，1921 年 6 月上海新華書局鉛印本。筆者未見原書，2009 年 6 月，張澤賢出版《中國現代文學小說版本聞見錄（1909～1933）》，著錄有「初編上集」之封面及版權頁書影。〔註16〕

全書共十回，上集寫第 1 至第 5 回，下集寫第 6 至第 10 回，如第一回寫「說楔子自敘生涯，託稗官略寓諷刺」，終於第十回「做小說硬盡義務，入酒家忽遇狂士」。〔註17〕傅瑛《民國皖人文學書目》著錄本書內容為「描寫民初學校內知識分子生活」。〔註18〕

3. 《十年舊夢》

胡寄塵著，初於《儉德儲蓄會月刊》1923 年第 3 卷第 4 期起連載，胡道靜〈先君寄塵著述目〉著錄「二冊」，1929 年上海商務印書館出版，收為《小說世界叢刊》之一，筆者未見原書。胡道靜在〈我的父親胡懷琛與商務印書館〉文中記云：「這是一部反映辛亥革命初年上海文壇活動的章回小說，主要是寫南社的遺聞逸事。」〔註19〕

〔註16〕《最近二十年目覩之社會怪現狀》書影及版權頁，見張澤賢著：《中國現代文學小說版本聞見錄（1909～1933）》（上海：上海遠東出版社，2009 年 6 月），頁 17～18。

〔註17〕張澤賢著：《中國現代文學小說版本聞見錄（1909～1933）》（上海：上海遠東出版社，2009 年 6 月），頁 17～18。

〔註18〕傅瑛著：《民國皖人文學書目》（北京：中國社會科學出版社，2016 年 4 月），頁 108。

〔註19〕胡道靜：〈我的父親胡懷琛與商務印書館〉，收在虞信棠、金良年編：《胡道靜文集》（上海：上海人民出版社，2011 年 12 月），卷七《序跋題記・學事雜憶》，頁 181。

　　除此，胡懷琛尚有數部小說被以單本形式輯入其他叢書者，其收錄及出版狀況記述如下：

　　1. 《苦丫頭》、《三遷》、《懶人日記》、《瘋人自述》

　　《民國皖人文學書目》著錄「1924 年上海商務印書館鉛印本」，中華職業教育社編纂，輯入《平民小叢書》「文藝類」。

　　2. 《奪產奇談》、《快樂人》、《三兄弟》、《無形的家產》

　　《民國皖人文學書目》著錄「1925 年上海商務印書館鉛印本」，中華職業教育社編纂，輯入《平民職業小叢書》「小說類」。

　　3. 《陳珠兒》

　　《中國現代文學總書目》著錄「1937 年上海商務印書館初版」，標記「短篇小說」，輯入《民眾基本叢書》「小說類」。〔註20〕

　　《平民小叢書》、《平民職業小叢書》及《民眾基本叢書》等系列叢書，乃上海商務印書館專為普及民眾識字教育目的所編印，書冊輕巧短薄，使用淺顯易懂的白話文及附加注音和標點，乃叢書之特色。

　　以上寫實的社會小說，有書 12 種，文 77 篇。

二、理想的虛幻小說

　　相較於以嘲弄、批判、抨擊等直揭態度，貶抑社會紛亂的寫實小說，胡懷琛所作的迂迴虛構、別離現實的寓言及虛幻類小說，在主體意識上顯現出了更為強烈的批判意義與諷刺精神。胡懷琛以為寓言類小說「重在理想，不問事實」，談虛幻小說，謂「陷虛者，能引人入於未來之世界」，使生「遺世獨立之思想」，具「改造社會之功」。〔註21〕鑒於對腐敗政局與醜偽社會的失望與憂心，胡懷琛將理想憧寄於小說中的未來國度，「藉外言之」，描繪一個能夠超脫現實的烏托邦理想世界，透過這些誇張荒謬的想像，騁其摘揭世態、諷刺人事、勸諭人生等啟發社會的目的。最具特色的是在這些天馬行空的虛幻小說中，胡懷琛刻意滲入許多他所重視的科學知識，雖然就今日新進科技

〔註20〕以上諸書，見傅瑛著：《民國皖人文學書目》（北京：中國社會科學出版社，2016 年 4 月）「1925 年」，頁 138、143、144、159、162、165、167；賈植芳、俞元桂主編：《中國現代文學總書目》（福州：福建教育出版社，1993 年 12 月），「小說（1935）」，頁 481。

〔註21〕以上見胡懷琛：〈中國小說考源〉所述，收在《小說世界》1923 年 3 月 16 日第 1 卷第 11 期；〈小說管見〉及續記，見胡懷琛《十年筆記》。

觀之，當時代的科學概念略顯簡單幼稚，但他為普及科技新知的嘗試與創新精神仍使人感佩。

（一）短篇小說

胡懷琛所涉寫新奇冒險、神怪虛幻，探討科學真理為題材的短篇小說，包括〈三十年後之上海〉、〈二百歲之少年〉、〈夢話〉、〈冰炭議和〉、〈蛙蟆之聲〉、〈蒼蠅之聲〉、〈閻王之秘史〉、〈新世界〉、〈鬼之痛語〉、〈閻王的新思潮〉、〈兩個哲學家的談話〉、〈生育問題中的閻王〉、〈新的神怪小說〉、〈殘夢〉、〈面之模型〉、〈將來的大力士〉、〈神秘的中國〉、〈微生蟲之世界〉、〈未來之自殺的人〉、〈魔鬼〉、〈無中生有之靈學家〉、〈新點金術〉、〈將來的人類〉、〈將來之食衣住〉、〈惡人的懺悔〉、〈木頭人打仗〉……等，計 45 篇。例述如後：

1.〈算學家〉

胡寄塵撰，發表於《婦女雜誌》1917 年 3 月 5 日第 3 卷第 3 號。作者自稱「魔鬼」，專與算學家為敵。魔鬼先化身為老農，干擾算學家小數分析牛隻遺產的荒謬；繼又化身小學童，駁辯算學家將製衣工時精減至分秒的謬誤。蓋算學本為科學真理，然科學亦須符合人性常理，如故事中算學家堅持是非真理的追求，不容絲毫假設的作法，雖曰科學，於日常亦有不通之處。故事中談科學觀念，兼結合算學公式，乃民初啟發民智小說常見之例。

2.〈新的神怪小說〉

胡寄塵撰，發表於《游戲世界》1922 年第 19 期。故事以第一人稱，寫「我」應邀至太陽宮，參加希臘愛的女神與埃及藝術男神結婚典禮的奇特遊歷。故事匯集證婚人中國月老；牛頭鹿角蛇尾、魚鱗比臉盆大的青龍；能言語的青鳥；殼長五尺噴煙霧的大龜；更有成熟後變成未來世界的黃金藤西瓜。女神們踢的球由大變小，最後成為一顆紅豆，「我」因為好奇吞下肚，輾轉天際一百二十年方回到地球。故事有豐富的想像力，極盡幻化冒險，引人入勝，饒富趣味。

3.〈這個世界裏的遊記〉

胡寄塵撰，發表於《家庭》半月刊 1922 年第 1 期。作者幻身為不受時空與物質束縛的外星球人，拜訪地球六七十年所作的旅行遊記。外星人起初化為嬰兒，由自稱雙親者照護；外星人雖視恩惠為束縛，然逐漸被同化，順從地經歷地球人類生老病死等過程。故事內容雖為作者奇想，然如〈編者小識〉

所云：「胡寄塵先生理想之中，他有一個不苦痛、不束縛而極自然的世界，在一個子虛烏有之鄉。」

4. 〈未來之大家庭〉

胡寄塵撰，發表於《家庭》半月刊 1922 年第 3 期。作者藉「小家庭制度宣傳者」X 博士，宣導建構「世界一家」，即「視全世界為一個大家庭，個人獨立各為一個單位，寄宿公共宿舍，未成年兒童由國家教養，男女除生育外沒有家庭關係，大家庭的人一律平等」理想。故事雖違離現實，然或如〈編者小識〉所云：「胡寄塵先生近來的思想，已經從現在時代，過渡到未來時代了。我以為到將來，一定有若干事件實現於未來的時代呢。」

5. 〈將來猴子的家庭〉

胡寄塵撰，發表於《家庭》半月刊 1922 年第 10 期。開篇「引子」，介紹主角為「現在的人類，已經進化為未來一種名叫『人』的物種」、及「現在的猴子，還在進化初期，尚未變成人類時，一種稱為『天』的物種」。故事即「人類」研究員對「天」類家庭所進行的兩例訪視調查研究。觀察對象例一，探訪一個擁有廿四妾的多妻家庭「封猴（侯）村」；例二探訪「一個岳母專制的家庭」。

民初社會尚未完全根革多納妻妾與母命為大的弊俗，〈編者小識〉便言明作者欲藉故事「諷刺人類的多妻制，與服從妻黨」之意。

6. 〈禽獸衣冠〉

胡寄塵撰，發表於《游戲世界》1923 年第 22 期，標為「寓言小說」。猶如人類社會有「衣冠禽獸」，作者創想動物世界也有「禽獸衣冠」，前言云：「禽獸隊裏正有道德高尚，超過人類之處，也有特別的技能，也非人類所能企及，名為禽獸，實則等於著衣冠的人類。」急於學習新知的雄雞，因聽信留學生鸚鵡倡言「外國月亮比中國圓」言論，放棄晨鳴本務，為改換身分執意追求洋衣裝；向來勤懇務實的牛二先生，也一知半解地接受資本家剝削勞動理論，堅持罷工抵制生產。故事藉動物主角學習真理的自述，諷刺中國人在學習外國事物上，一切以外國標準為依歸，不得精髓、徒識皮毛的偏差，寓託旨趣明確，深具啟發意義。

（二）長篇小說

1. 《今鏡花緣》

章回小說上、下冊，胡寄塵編著，上海商務印書館 1928 年 10 月初版，收

在《小說世界叢刊》。全文於 1927 年 1 月起至 12 月於《小說世界》連載。〔註22〕書前有序，說明《今鏡花緣》為「民國十六年一月至十二月間，偶然有所感觸」而作，並以「書名雖襲舊，當以故事思想新穎有趣自勉創作。」〔註23〕

該書書名乃襲自明代李汝珍《鏡花緣》，藉故事主人翁多九公、唐敖、林之洋三人再次出遊海外的奇特經歷，串構而成續書二十回。三人經歷兒童國、無曆國、四面國、戲裝國、劣偶國、階級國、伉儷國、大鼠國、玻璃國、蒲蘆國、螟蛉國、長眠國、訟師國、唐風國、美髯國、詩人國、聾公國、數學國等十八國。各國民情風俗本多瞠奇古怪事物，又沿途之聞見殊異，所歷離奇曲折，因之故事新穎極引人入勝。故事除藝術興味外，作者寓藉遊覽以開民智、以諷時世，故筆調雖輕鬆，然探索人生真理之意圖甚明。

2.〈閩風漫談〉

胡寄塵撰，1933 年起於《青鶴》雜誌上連載〔註24〕，乃藉由虛構情節與現實景物結合，以介紹閩中人情風土為主的遊記小說。胡懷琛藉主角「春夢生」與友人「拙山人」對談，由「拙山人」口述其遊歷閩中的奇特見聞。故事記寫福建特產，如武彝茶、漆器，與漳州圓山的水仙花、大榕樹，地理景觀如長腰島、長門砲台、媽祖澳、江東橋等，又寫廈門華氏頤園與鼓浪嶼林氏菽莊；而東洋女子的「髮髻章」裝扮與東洋裝，實原學自閩南。故事末以 1915 年 12 月「肇和艦」起義之砲聲作結。故事雖是虛構，然其中對閩中風情的考述則詳盡可貴。

以上理想的虛幻小說，有書 2 種，文 47 篇。

三、娛樂的通俗小說

清末民初，伴隨維新前後啟蒙主義高潮，在倡議「救國」、「啟蒙」的「小說界革命」呼聲中，小說一躍成為文學主流，開始發揮它在近代文壇的影響力。民國建立後，小說「新國」、「醒民」的任務隨著政治熱潮退卸，文人的審美趣味開始趨向市民的娛樂文學認同，大量言情、偵探、武俠、歷史、滑稽等

〔註22〕《今鏡花緣》小說各章回，自 1927 年元月 1 日起至 12 月 16 日止於《小說世界》連載，見第 15 卷第 1～4、6、11～12、17～18、22 期；第 16 卷第 1～2、6、9、19、22～25 期。

〔註23〕胡懷琛〈今鏡花緣序〉，發表於《小說世界》1928 年 3 月第 17 卷第 1 期「補白」欄。

〔註24〕〈閩風漫談〉，連續刊載於《青鶴》半月刊 1933 年第一卷第 19、20、21 期。

類小說乃回應新興市民的閱讀需求而起，創造了民初通俗小說的極盛流行。

胡懷琛與當時南社小說同好，也積極以文藝報刊為載體，透過小說反映生活時事與人情百態。其中又以表現男女情愛、探討封建婚姻的言情小說、懸疑離奇、推理鬥智的偵探小說、與愚昧荒唐、癡騃妄想的滑稽小說篇幅最多，包括：〈一碗麵〉、〈寶石項圈〉、〈移花接木〉、〈何干雙絕〉、〈辟塵珠〉、〈情閥〉、〈片面之愛情〉、〈外行偵探〉、〈蟹子偷鞋案〉、〈鴿子案〉、〈俠少年〉、〈低足〉、〈親愛的朋友〉、〈大合串〉、〈三個美人〉、〈愛？憎？〉、〈苦？樂？〉、〈魔術師〉、〈愛之循環〉、〈庸人自擾〉、〈哭〉、〈驕傲者〉、〈黑眼鏡會〉、〈情禪〉、〈熱度〉……等，計111篇。例述如後：

（一）短篇小說

1. 〈後悔〉

胡寄塵撰，發表於《禮拜六》1914年7月第5期、又《白相朋友》1914年第4期。文言短篇，標「哀情小說」，記述少女秋芹的愛情悲劇故事。十七歲少年楊行素早婚，恐同學訕笑，遂隱其與秋芹已婚事實，二人假稱兄妹。行素同窗好友徐唯性不明隱情愛上秋芹，「以簡為媒」欲表白，然情書為楊行素所悉，秋芹為明志而自盡，唯性因痛失秋芹亦隨之殉情，楊行素喪妻失友，悔之晚矣。小說突顯民初時代困執於新舊禮教下男女戀情的矛盾，既稱「早婚為害」，又恥於「自由戀愛」，一份難以逾越禮教的愛情，結局最終三人盡毀。

2. 〈兩封誤寄的信〉

胡寄塵撰，發表於《游戲世界》1922年第19期。一對戀愛中又互不專情的男女想要偷情，誤寫地址，將原本要寄給情人的信，陰錯陽差地投到彼此手中的故事。

3. 〈上下〉

胡寄塵撰，發表於《小說世界》1923年第1卷第3期。故事敘寫新進科員因不熟悉官場文化的笑話。蓋官場潛規則，下屬上呈文件，無論辦公樓層之高低，都言「送上去」，反之，上級發派公文，一律稱「發下來」。故事中新進科員因辦公樓層較主管高，混淆「上」、「下」說法，最終以「上下分不清」遭解職。作者拋出看似簡單的「上下」概念，卻精確地傳達出複雜的職場生態。

4. 〈滑稽的土〉

胡寄塵撰，發表於《滑稽》雜誌 1923 年第 2 期。寫荒謬滑稽的拆字故事。滑稽大師外號「滑稽之王」，因為報刊主筆擅自更動其「之」字為「的」，校對先生又誤以其「王」字為「土」，從此「滑稽之王」變成「滑稽的土」。滑稽大師尋求拆字師析解「滑稽的土」含意，拆字師釋「土」義以國土、輕賤的糞土、種鴉片的煙土；又解「土」字為「無頭之王」、「穩坐之士」、「出頭之工」、「倒懸之干」、「有根之十」。滑稽大師介懷「土」字不雅，設計登報宣告「滑稽的土已死」，使重新恢復其「滑稽之王」本號。中國文字含意精妙，無論正讀逆讀，每經析解後，常可獲見意外之意，因而諧趣有味，本故事中正隱含作者推美中國文字的用心。

5. 〈一件頂簡單的偵探案〉

胡寄塵撰，發表於《偵探世界》1923 年第 1 期。小富翁張敏軒，某日突遭夙仇李二以豬頭偽充人頭上門勒索，幸得夫人敏銳觀察，終得識破並化解危機。故事稱為偵探案，實無偵探介入，反而在亂中冷靜不慌的夫人機智實巧如偵探。故事的趣味建構在突如其來的虛驚所引起的喧擾上，旨為使讀者達到如作者所謂的「西洋鏡被拆穿的感受」〔註 25〕。

6. 〈俠探〉

胡寄塵撰，發表於《偵探世界》1924 年第 18 期。自詡聰明的偵探妄以財獵艷，反遭女老千將計就計，致人財兩空，被譏稱為「施財義濟弱女」的「俠探」。胡懷琛本其對人性的慎微觀察，設計了讓人驚駭錯愕、直呼離奇的「計中計」故事，用意在反諷不良偵探「聰明反被聰明誤」的無行與無知。

（二）長篇小說

1. 《弱女飄零記》

一冊，文言小說，胡寄塵著，1914 年 1 月上海廣益書局初版，至 1929 年 3 月已發行至第七版。〔註 26〕

小說敘述少女方小翠為繼母遺棄，流落偏僻海隅，偶遇被海盜所擄的少女阿紅，彼此相依為命，後二人相愛同一甘姓少年，嫌隙漸生。幾經周折苦

〔註 25〕胡懷琛：〈我之偵探小說談〉，收在《偵探世界》（上海），1923 年第 14 期。

〔註 26〕楊玉峰《南社著譯敘錄》錄有 1929 年 3 月七版的彩圖封面與小說本事。（香港：中華書局，2012 年 12 月），頁 126。

盡甘來，小翠與甘郎、阿紅與甘郎之弟共偕連理，小翠父女又得重聚，小說以大團圓收場。書前附有南社友人高吹萬（燮）的倚聲題詞〈奉題弱女飄零記調寄嘉團員〉一首：「飄零斷梗，偶然相聚，生死恩情。鶼鶼鰈鰈，嬌嬌怯怯，假假真真；兩般憎愛，萬端疑信，一樣無憑。紅紅翠翠，兄兄弟弟，我我卿卿。」

胡懷琛在《弱女飄零記》序中，記述該書由稿成至出版所歷曲折：謂小說書稿初應某報約作，胡懷琛歷三晝夜速成，不料該報竟因故止刊。復得鄧孟碩（家彥 1883～1966）所賞，邀連載於《中華民報》「淞濱漫載」欄，詎料是報又遭停刊。歷經一波三折，書稿最終獲得廣益書局刻印出版。書成之時，好友鄧孟碩尚伏獄中，作者自己也境遇蕭條，慨歎現實境遇與故事命運都「曲折離奇」，猶封面所標之「奇情小說」，今攬序懷友亦自傷也。〔註 27〕

2. 《春水沉冤記》

一冊，安吳胡寄塵編，標「哀情小說」，1915 年 11 月上海文明書局初版。故事敷寫辛亥革命動盪時期，少女李嬌紅與杜萬青、錢淡人、徐芙生三男子間情愛糾葛的悲劇。書前〈提要〉云：「是書為胡寄塵著，敘一女子、三男子為情顛倒事。其中夾敘辛亥革命癸丑內亂。序中所謂『金戈鐵馬，風雲登吐氣之場；泣粉啼朱，兒女度傷心之日』者是也。三男子性情品格截然不同，而際遇收場亦各自異。最慘者則鴛鴦同命，葬身愛河，此書之所以命名也。」又故事「離奇曲折，沈鬱悲涼，為言情之絕作。弔豔一章，結構尤奇，是胎息於桃花扇而能青出於藍者。」

全書 22 章，始於「晚泊」，終於「弔豔」，文中多嵌韻詩。王西神（蘊章）曾撰文記該書：「托體言情，而兼記辛亥革命癸丑內訌事，不無危苦之詞，惟以悲哀為主。蓋傷心人別有懷抱，不知者謂為金荃豔體，知者謂為香草哀音者也。結構之佳，堪與云亭山人把臂。」並贊末章之「弔豔」曲，「尤極哀感頑豔之致」。〔註 28〕

3. 《藕絲記》

一冊，安吳胡寄塵著，1915 年 11 月上海文明書局出版。有多次再版，今

〔註 27〕胡懷琛〈弱女飄零記自序〉，作於 1913 年 11 月，收在《南社叢刻・文錄》第 9 集，見林慶彰主編：《民國文集叢刊》（台中：文听閣圖書有限公司，2008 年 12 月），第 146 冊，頁 512。

〔註 28〕摘文見《婦女雜誌（上海）》1915 年第一卷第 10 號「西神客話」欄。

可見 1916 年 4 月三版及 1930 年 8 月四版，復旦大學圖書館有 1915 年版館藏。亦收入 2010 年 5 月文听閣圖書出版《民國小說叢刊》中。〔註29〕

　　書前標「言情小說」，敘寫男女情若藕絲，陰錯陽差的因緣。男子嚮往自由戀愛，卻應從媒妁母命，然不忘前戀女子，後與元配仳離，俟所愛女子病歿，偶遇元配，悅其才貌，則前緣已矣。全書共十八章，始於「聽雨」，終於「自悔」，小說開頭擬話本形式，以一闋「浣溪紗」詞啟講，謂該詞是故事的「縮本」，故事乃該詞的「放大」。作者自評「情節至為曲折，通體多從男子著筆，即敘兩女子處全用反筆、襯筆，無一直率之筆」，是小說故事佳處。

　　4.《蟟首蛇心錄》（《劍腹佳人》）

　　一冊，胡寄塵著，初發表於 1916 年 3 月 4 日《春聲》雜誌，1920 年 4 月 18 日至 5 月 5 日又連載於《先施日報》〔註30〕「演說壇」專欄，標「社會小說」；1921 年 11 月，新華書局更書名為《劍腹佳人》出版，標為「奇情小說」。

　　書前有「墨餘贅語」記云：「寫情小說，大半柔情綺語，令人盪氣迴腸，殊不知蟟首蛾眉之列，正不少蛇心蠍腹之倫也，爰述此書，為投身情網者當頭棒喝。」故事題材取自日本小說加以改編，全書共四節 14 章，故事中女子秦梅生，因嫌夫貧焚屋棄家，易名後依附富家為女，又覬覦富家財產，為謀財加害正室及富家兄妹，惡行敗露後羞愧自縊，眾人始識毒婦之蛇心。

　　5.《瀟湘雁影》（附《冰天鴻影》、《蕙娘小傳》）

　　一冊，春夢生、胡寄塵著，合刊本，共有兩種版本：

　　（1）《蕙娘小傳》（附《冰天鴻影》），1914 年 4 月上海廣益書局出版。〔註31〕

<hr />

〔註29〕《藕絲記》一書，收在吳福助主編：《民國小說叢刊》（台中：文听閣圖書有限公司，2010 年 5 月），第一編第八冊。

〔註30〕《先施樂園日報》，1918 年 8 月 19 日創刊，乃上海先施公司為宣傳其屋頂樂園所創辦刊物，創刊一週後即更名為《上海先施日報》。報刊除宣傳商品與樂園戲曲演出訊息外，亦設置文化與新聞欄目，如「演說壇」、「雜貨攤」、「茶話室」等。其主要撰稿人包括周瘦鵑、劉半農、包天笑、徐卓呆、陳蝶衣、李涵秋與胡懷琛等知名作家，後於 1927 年 5 月 18 日停刊。

〔註31〕胡懷琛：〈蕙娘小傳序〉云：「因（春夢生《蕙娘小傳》）卷帙過少，乃以拙作《冰天鴻影》附焉。」《冰天鴻影》因係翻譯之作，其內容介紹歸見本章「譯作小說」一節。

（2）《瀟湘雁影》（附《冰天鴻影》、《蕙娘小傳》），1934 年 10 月上海新民書局出版。後有 1935 年 3 月及 11 月再版。

《瀟湘雁影》，1916 年發表於《春聲》雜誌第一期；1920 年復連載於《先施日報》「演說壇」專欄。1934 年 10 月上海新民書局輯與《蕙娘小傳》、《冰天鴻影》合刊出版。後有 1935 年 3 月及 11 月再版。

全書共十章，始於「異簡」，終於「敗露」。青年收到一女誤投信簡，初時好奇，逐漸傾心女子才情，因亟思退毀原聘婚約，乃設計稱病，殊不知該信實為未來岳父與姻配女子諸蘋花欲測君心忠貞之計。青年一心追求自由愛戀不惜悔婚，待遭婚退後，始知錯失姻緣。書末有姚鵷雛附識，贊曰：「寄塵為文簡潔明淨，亦特孤峭，蓋如其人也。此篇一以平實出之，篇尾一筆結出蘋花詭計，全局生動，有畫龍點睛之妙，則平實中有至奇存焉，可深玩也。」

《蕙娘小傳》書標「哀情小說」，春夢生、胡寄塵著。蕙娘自負才情，與媒妁夫君貌合神離，因嚮新學，入女校與男教師相知，終以不見容於世俗鬱抑終生。胡懷琛序云：「吾友春夢生著《蕙娘小傳》畢，命余序之。……其事實得之蕙娘自述，為之刪節潤色而成。」全篇故事假主角蕙娘自述方式寫作，「筆似平淡而婉曲，寫出女兒情態」。作者於故事之前云：「語曰：造物忌才，又曰紅顏薄命，夫天既生才與色，而又嫉之忌之，百方摧磨，不使稍展其意，必令困頓憔悴而後已。……吾作蕙娘小傳，吾不知造物之忌蕙娘也，抑蕙娘之性，故與世違也。」書末以「春夢生曰」：「此傳不獨為蕙娘悲，不獨為蕙娘惜也」一語作結。

6. 《銀樓局騙案》

一冊，偵探小說，胡懷琛與胡蕙（惠）生〔註32〕合著，1918 年上海文明書局出版，有 1926 年 7 月再版，上海圖書館有館藏。書前〈提要〉云：「情節離奇，不可思議」。故事敍述清末京師騾馬市大街一銀樓，遭騙拐又引出命案的情節始末。

以上娛樂的通俗小說，有書 6 種，文 49 篇。

〔註32〕胡道吉（1894～1958 左右），字惠生，胡懷琛長兄胡伯春之長子，其生平簡介參本書第二章《家世》一節。

第二節　胡懷琛的小說集與編纂

一、胡懷琛創作的短篇小說集

胡懷琛善寫短篇小說，作品除頻見各大文藝報刊與雜誌外，其短篇創作的小說結集成書，也在 1914 年以後，陸續由商務印書館、廣益、文明、大東、世界等書局印行出版。

（一）《黛痕劍影錄》

一冊，署名「安吳胡寄塵」著，文言筆記小說集，1914 年 3 月上海廣益書局鉛印本。2006 年 9 月，張澤賢《中國現代文學小說版本聞見錄（1909～1933）》著錄有該書之書影及版權頁。〔註 33〕

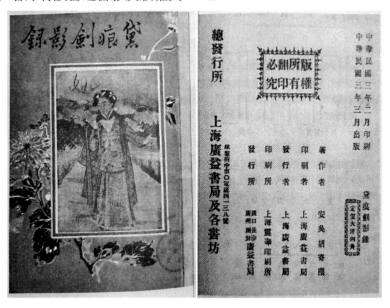

該書前頁有「郭公」題簽，另有「自序」及「題詞」。胡懷琛於序中自言難脫古今「書必有序」通例而為之序，然「其惟無序庶乎可」，遂「以無序者為之序」，呼應其書名「曰黛曰劍，物也；曰痕曰影，物之痕之影也。物之痕之影似有而無也，即吾之書似有而無也，似有而無雖謂之無可也，吾書謂之無可也，吾序謂之無亦可也，則此序也者。」此序既不揭著作意旨，

〔註 33〕以上《黛痕劍影錄》書影及版權頁，摘見張澤賢著：《中國現代文學小說版本聞見錄（1909～1933）》（上海：上海遠東出版社，2009 年 6 月），頁 6～7。

亦無陳創作經過，卻謂「似序非序」之作，可見先生不羈常例、不諱俗嘩之真性情也。〔註34〕

　　是書輯錄 95 篇文言短篇，多寫鄉野鬼怪、隱俠奇士、魑魅仙魔與傳說等，如〈蜀山神仙〉、〈海太子〉、〈蜈蚣〉、〈虎老人〉、〈夢異〉、〈髯仙〉、〈龍卵〉、〈蛇〉、〈縊女蟲〉等；又雜言瑣語、時聞異事，如〈黃鬍子〉、〈冷光先生〉、〈俠尼〉、〈錢生〉、〈太監艷史〉、〈女解元〉、〈桃潭漁父〉等；另有〈蛻老遺事〉、〈我佛山人遺事〉、〈春航集〉三篇，記文老陳蛻盦、吳趼人之逸事，另評寫演員馮春航新劇的時文，亦一併收錄。

（二）《寄塵短篇小說》

　　共二集，胡寄塵著，1914 年 6 月上海廣益書局出版第一集，至 1922 年已第七版；第二集於 1915 年 2 月出版。

　　此二集所收為胡懷琛最早期的 10 篇文言短篇小說，書前有署名「廣益書局主人」之〈序〉。第一集收〈女丈夫〉、〈黃山義盜〉、〈藝苑叢談〉、〈江湖異人傳〉及〈希臘英雄傳〉等小說 5 篇，其中，〈希臘英雄傳〉為翻譯小說。；第二集收〈電話姻緣〉、〈洞庭女子〉、〈萬里哀鴻〉、〈羅霄女俠傳〉、〈華胥國遊記〉等 5 篇。〔註35〕今台灣大學圖書館僅見第二集館藏。

　　第二集收言情、俠情、冒險與理想等小說 5 篇。如標為「言情小說」的〈電話姻緣〉，寫錯接電話的少年，因錯就錯冒名狹戲名妓的故事；標為「俠情小說」的〈洞庭女子〉，描寫無名俠女援救遭遇盜劫的洞庭少女阿琴的義行；〈羅霄女俠傳〉，寫易服為男子的羅霄女俠「珠兒」，憑藉智慧膽識，解救同父異母妹妹青兒的俠義故事；〔註36〕〈萬里哀鴻〉記錄七個中國難民，橫越

〔註34〕胡懷琛〈《黛痕劍影錄》自序〉，收入《南社叢刻・文錄》第 12 集，見林慶彰主編：《民國文集叢刊》（台中：文听閣圖書有限公司，2008 年 12 月），第 146 冊，頁 814～815。亦見收入胡寄塵主編《怪話》（上海：新民書局，1936 年 4 月），第三卷〈說部敘言（八），頁 96。其題詞中之〈示善之〉詩一首，見《胡懷琛詩歌叢稿・秋雪詩》。

〔註35〕以上《寄塵短篇小說》各篇，第一集〈女丈夫〉，曾發表於《新劇雜誌》1914 年 5 月第 1 期；〈江湖異人傳〉，連續刊載於《七襄》1914 年第 3、5、7 等期，後亦收入胡懷琛《江村雜俎》。第二集各篇，〈華胥國遊記〉初發表於《神州日報》1912 年 4 月 12 日；〈洞庭女子〉初表於 1914 年《禮拜三》第 2 期。

〔註36〕〈羅霄女俠傳〉小說情節曲折，後胡懷琛取其故事另作《羅霄女俠》彈詞小說，1918 年上海廣益書局併《血淚碑》一書，合為《血淚碑・羅霄女俠彈詞》一冊行世。

中央亞細亞西徙俄羅斯，輾轉流離匈牙利與奧地利的真實冒險事蹟；〈華胥國遊記〉之〈例言〉記是篇乃「本列子之說而加以點綴」之作，又云「全篇託於一夢，乃中國小說家慣例」，以明該文標為「理想小說」之必然。全篇擬寫主人翁「烏有」先生夢遊理想世界「華胥國」之聞識，其夢中之國人生而平等受教，無貧富鬥爭，生活全憑機器代勞，以汽球與飛船代步，生活富饒平和且心境甘淡自足。胡耐安評此篇為「胎襲陶淵明的〈桃花源記〉類的寓言小說」，是胡懷琛小說的「處女作」，稱其「文筆亦至秀麗」；又以文中恬靜境界，對比民初烽火靡亂時空，曰：「在他那情感洋溢的文字裏，似乎比『仙人島』、『烏托邦』之類的外國寓言，格外顯得親切感人」，而興「『斯人景慕』的嚮往與懷念」之喟。〔註37〕

（三）《小說革命軍》

五四運動之初，胡懷琛響應「小說救國」呼籲，自費出版了文白語言相混的短篇小說集《小說革命軍》，共出二期〔註38〕。第一期為 1917 年 2 月上海波羅奢館鉛印本，第二期出版日不詳。國家圖書館收有第一期 2009 年影印本。

胡懷琛於編輯宣言中，說明其以「改革浮泛之文辭，改革穢褻之思想」的辦刊宗旨，與志在「實行社會教育，提倡優美文學」、「為小說界放一光明，為少年人作一益友」的創作理想。書刊之發行址為其自宅，故署「波羅奢館發行」。原擬每年不定期出版六刊以上，後因囿於經費，僅發行兩期即告停刊。

《小說革命軍》並無外稿，猶胡懷琛個人之作品集。第一期收小說〈我兒之小史〉、〈狐〉、〈古瓶案〉、〈峋山神馬〉、〈少年之妻〉、〈小說家〉、〈老妓〉等 7 篇；第二期收〈旅客夜話〉、〈富翁〉、〈熱與冷〉、〈試情表〉、〈一分鐘之

〔註37〕〈華胥國遊記〉成作時間極早，胡懷琛記於「光緒 34 年（1908）著識」，刊載於《神州日報》1912 年 4 月 12 日。胡耐安稱其作云：「胡寄塵的處女作，是叫〈華胥夢〉的一篇不過兩三萬字的小說，胎襲陶淵明的〈桃花源記〉類的寓言小說。」胡耐安著：《六十年來人物識小錄》（台灣商務印書館，1977 年 4 月），頁 168。胡耐安：〈煮字療飢胡寄塵〉，見《六十年來人物識小錄》（台北：台灣商務印書館，1977 年 4 月），頁 166。

〔註38〕據鄭逸梅〈民國舊派文藝期刊叢話〉，曾錄《小說革命軍》有「三期」，由於未加說明，筆者亦無法詢見第三期相關內容，其說待查。鄭逸梅著：《鄭逸梅選集》（哈爾濱：黑龍江人民出版社，2001 年 1 月），第六卷〈民國舊派文藝期刊叢話〉「雜誌」篇《小說革命軍》，頁 438。

旅行記〉、〈賊史〉、〈紙世界〉等 7 篇。每篇皆標有分類，如〈旅客夜話〉上標「風俗小說」、〈熱與冷〉上標「滑稽小說」、〈一分鐘之旅行記〉、〈紙世界〉上標「理想小說」、〈賊史〉上標「社會小說」。

如標寫「家庭小說」的〈我兒之小史〉，乃胡懷琛傳寫其子胡道靜兒時生活之作；〈狐〉與〈峴山神馬〉是「科學小說」，一記電狐，一記隱形神馬，二奇都以科學方法窮理印證而真相大白，顯見作者意藉小說以闢邪說、除迷信的用心；〈古瓶案〉寫張子久抽絲剝繭偵破失竊古瓶的偵查過程；「愛國小說」〈少年之妻〉記述了愛國青年以國為妻、革命殉國的悲壯情懷；「社會小說」〈老妓〉，則以細筆刻劃遲暮老妓傷對青春流逝的悲涼與無奈。

（四）《最短之短篇小說》

一冊，涇縣胡寄塵著，白話短篇小說集，1923 年 5 月上海曉星編譯社出版，復旦大學圖書館有館藏；台灣大學圖書館有 1923 年 7 月再版。

書封面有「西神」（王蓴農）題字，書前頁有作者自序。全書共收胡懷琛 24 篇白話短篇小說，包括：〈他的積蓄〉、〈可憐的同胞〉、〈艾克斯眼鏡〉、〈上帝的教訓〉、〈死后的奮鬥〉、〈一個軍人〉、〈愛國先生〉、〈無國之民〉、〈教育家之回顧〉、〈錢的面孔〉、〈富家帳簿之一頁〉、〈鏡子的吸力〉、〈衣食住〉、〈跑馬〉、〈錢〉、〈鬼之痛語〉、〈滑稽之千里眼〉、〈律師歟瘋人歟〉、〈近視眼與手表〉、〈不得已之愛情〉、〈文化運動〉、〈汽車〉、〈電燈的神祕〉、〈自殺〉等〔註39〕。該書所收多為對話式日記體小說。

（五）《家庭小說集》

一冊，胡寄塵著，1925 年 3 月上海廣益書局出版。2009 年 6 月，張澤賢《中國現代文學小說版本聞見錄（1909～1933）》著錄有書影及版權頁。〔註40〕全書共收胡懷琛 19 篇白話短篇小說，包括〈先生的車夫〉、〈可憐的家產〉、〈兩對無家之人〉、〈債主〉、〈三眼人〉、〈封建式的家庭〉、〈女僕與教

〔註39〕以上《最短之短篇小說》，有 12 篇曾先發表於其他報章刊物上，如〈衣食住〉，刊載於《時事新報》1919 年 8 月 31 日；〈愛國先生〉、〈無國之民〉、〈富家帳簿之一頁〉、〈跑馬〉、〈錢〉、〈律師歟瘋人歟〉、〈近視眼與手表〉、〈汽車〉、〈不得已之愛情〉、〈鬼之痛語〉、〈文化運動〉、〈電燈的神祕〉等 12 篇，刊載於《晶報》1919 年 5 月、7 月、11 月；1920 年 8 月；1921 年 1～3 月、及 1922 年 8 月。

〔註40〕《家庭小說集》書影及版權頁，見張澤賢著：《中國現代文學小說版本聞見錄（1909～1933）》（上海：上海遠東出版社，2009 年 6 月），頁 34～35。

師〉、〈熱心〉、〈第三次痛哭〉、〈不屑的態度〉、〈忙與閑〉、〈心病〉、〈快樂家庭〉、〈交際家〉、〈末路公子〉、〈四角式的戀愛〉、〈單獨結婚〉、〈我兒之小史〉與〈朝雲小史〉等，小說以探討家庭生活、教育、婚姻與倫理等觀念，呈現社會百相為主要內容。

（六）《胡寄塵說集》

一冊，胡寄塵著，1927 年 5 月上海大東書局出版，輯為大東書局《名家說集》系列之一。2009 年 6 月，張澤賢《中國現代文學小說版本聞見錄（1909～1933）》，著錄有該書之書影及版權頁。〔註41〕2010 年 3 月，北京知識產權出版社出版《中國文學史資料全編（現代卷）：中國現代文學總書目‧小說卷》，收於「1927 年」卷〔註42〕；又 2018 年 9 月河南人民出版社輯入其《中國近代文學文獻叢刊》之第 50～59 卷「小說卷」〔註43〕。

該套《說集》共出十六種，乃大東書局彙集包括（包）天笑、（江）紅蕉、（沈）禹鐘、（周）瘦鵑、（何）海鳴、（范）煙橋、（胡）寄塵、（袁）寒雲、

〔註41〕以上《胡寄塵說集》書影及版權頁，摘見張澤賢著：《中國現代文學小說版本聞見錄（1909～1933）》（上海：上海遠東出版社，2009 年 6 月），頁 101、102。

〔註42〕甘振虎主編：《中國文學史資料全編（現代卷）：中國現代文學總書目‧小說卷》（北京：知識產權出版社，2010 年 3 月）。

〔註43〕陳平原主編：《中國近代文學文獻叢刊——小說卷》（鄭州：河南人民出版社，2019 年 6 月）。

（許）指嚴、（徐）卓呆、（畢）倚虹、（張）舍我、（趙）苕狂、（嚴）芙孫、
（張）枕綠、（張）碧梧等十六位「鴛鴦蝴蝶派」小說名家，曾發表於《紫羅
蘭》半月刊中的短篇小說，人各一輯，如《包天笑說集》、《范煙橋說集》、《胡
寄塵說集》、《何海鳴說集》、《徐卓呆說集》、《趙苕狂說集》等。各書編輯版本
樣式皆同，最別出心裁的是將作者肖像置於小圓圈內的封面設計，取代了向
來慣用繪畫或風景作書封的傳統。

　　《胡寄塵說集》中收有〈心血與糞土〉、〈不得了〉、〈平而不等〉、〈一冊
詩稿〉、〈村嫗的政見〉、〈飄泊〉、〈不了解〉、〈過渡時代的痛苦〉、〈歌者〉、〈閑
人〉、〈美之宇宙〉、〈死后〉、〈字紙簏中的呼吁聲〉、〈不可思議之日記〉等 14
篇內容反映社會情狀的短篇小說。〈心血與糞土〉，寫落魄作家慨折為生活而
創作的艱辛；〈不得了〉一篇，描繪教師忙於教學、姑娘忙於牌局、富紳忙於
應酬、佛學家忙於講經等社會現實眾生百相；〈飄泊〉則以寫實的手法，敘述
一位單純的女子在婚姻上所受到的挫折。

（七）《胡寄塵近作小說》

　　一冊，胡寄塵著，1928 年上海會文堂新記書局鉛印本，著錄於《民國皖
人文學書目》，湖南省圖書館館藏。收錄有〈催眠術大家〉、〈茶博士之見聞
錄〉、〈未來的學術界〉、〈這是更確的消息〉等共 22 篇白話短篇小說。筆者
未見。

（八）《短篇小說叢存》

　　一冊，胡寄塵著，1930 年 5 月上海廣益書局鉛印本，台灣大學及復旦
大學圖書館有館藏。該書收錄包括〈臨別〉、〈閩風小記〉、〈弟弟的貓〉、〈慈
母與砲彈〉、〈在電車上的感想〉、〈黃太太的兒子〉、〈錢癖〉、〈蠟美人與瘋
子〉、〈情彈〉、〈伊人之一生〉、〈被逼迫者〉、〈魚樂園〉、〈最後的情書〉、〈孤
寡〉、〈不幸的洋囡囡〉、〈文學家〉、〈兒子的將來〉、〈奇怪的家產〉、〈貧富階
級〉、〈賊〉、〈情人的日記〉、〈零碎的夢〉、〈四種結婚式〉、〈鴿子籠中的游
記〉、〈儲蓄〉、〈湖濱生活〉、〈赴會歸來〉等 31 篇短篇小說和雜記。如〈弟
弟的貓〉以弟弟的貓形喻比弟弟小妾的心性；〈魚樂園〉透過觀魚的優游，
藉寫作者心儀的自在不爭的理想世界；〈鴿子籠中的游記〉諷歎上海人困居
於鴿籠般房子的無奈；〈賊〉控訴無情的現實社會，迫使良民淪落為賊的悲

涼心境。〔註 44〕

（九）《快樂家庭》

一冊，胡寄塵著，1939 年 8 月上海廣益書局鉛印本。本書乃廣益書局繼 1925 年 3 月出版《家庭小說集》後，重新增篇並更名之再版小說集。共收胡懷琛 25 篇短篇小說，其中 19 篇同原《家庭小說集》〔註 45〕，另增輯〈女教育家之子與僕〉、〈貧與富〉、〈洋樓〉、〈名譽〉、〈三個世界〉、〈富翁〉等 6 篇。〔註 46〕

（十）《女子技擊大觀》（附錄《黛痕劍影續錄》）

《女子技擊大觀》（附錄《黛痕劍影續錄》），乃二書合輯的武俠短篇小說集，1940 年 4 月上海廣益書局印行出版。1987 年 10 月台北廣文書局於出版《中國近代小說史料續編》，輯入第 19 冊。

書前有 1915 年 5 月天睨生所撰之序，明撰編之旨曰：「顧（武術一技）皆偏重於男子，而女子甚略。……男女賦形，雖各不同，而進乎技者，要無不同也。吾聞技擊家之受技於女子，挫敗於女子者多矣，烏可以不記也。乃刺往籍，徵舊聞，網羅散失，……得三十餘則，裒然成集，名曰《女子技擊錄》。」

全書 33 篇，記〈霍韻娘〉、〈吳四娘〉、〈紀大姑〉、〈孫臧姑〉、〈呂二娘〉、〈濮氏婦〉、〈沈雲英〉、〈淄川農婦〉等女子俠心義行，如孝女〈汪翠娥〉護母屈折為人妾，單騎救夫報恩故事；如〈女道士〉寫妙齡女道士力推大柱懲退劫匪事；如落難少女隻身擊嚇強權之〈難女〉故事；也寫綠林女盜如〈盜媼〉、

〔註 44〕《短篇小說叢存》中，有 9 篇小說最初曾先發表於報章期刊者，如：〈臨別〉，初發表於 1923 年 9 月胡懷琛所編《詩與小說》第 1 期，上海曉星書局出版，又見《小說世界》1926 年第 14 卷第 16 期；〈閩風小記〉，刊在《小說海》月刊 1916 年 2 月第 2 卷 2 號。〈弟弟的貓〉，初刊於《新月》1925 年第 1 卷第 2 期，又見 1931 年 8 月出版的《近代名家小說集》；〈慈母與砲彈〉，刊在《新聲》雜誌 1921 年第 2 期；〈在電車上的感想〉，刊在《新聲》1922 年第 9 期；〈賊〉一篇，刊載《南洋‧南洋中學校友會會刊》1928 年第 1 期；〈貧富階級〉初刊於《最小報》1923 年第 4 卷第 116 期，後收入《短篇小說概說》；〈零碎的夢〉，刊在《新聲》1922 年第 10 期；〈四種結婚式〉，刊在《遊戲世界》1922 年第 13 期。

〔註 45〕賈植芳、俞元桂主編：《中國現代文學總書目》（福州：福建教育出版社，1993 年 12 月），「小說（1925）」、「小說（1939）」，頁 481。

〔註 46〕以上〈女教育家之子與僕〉初發表於《家庭》半月刊 1923 年 3 月 11 日；〈三個世界〉初見《最小報》1923 年第 1 卷第 13 期；〈富翁〉一篇，亦收錄於《小說革命軍》。

〈綠林女郎〉、〈夏氏女盜〉等特異行跡。該書所錄是如前序所言，凡「女子而有欲強其身，衛其家者乎，盡讀此書。」

《黛痕劍影續錄》乃廣益書局繼 1914 年《黛痕劍影錄》後之續編，共收 38 篇短篇文言筆記小說，附錄於《女子技擊大觀》一書出版。其內容不脫鄉野傳說、奇人異術，如〈飛將軍〉、〈鸎哥〉、〈孝盜〉、〈風動石〉、〈種樹老人〉、〈劉驥〉、〈小青墓題名〉、〈洪永〉、〈愚老人〉、〈媒棋〉、〈巧工〉、〈水上飛〉、〈濟南妓〉、〈姜雪英〉等。其中部分短篇，如〈無塵先生〉、〈落花塚〉、〈獨足樵者〉、〈孫生〉、〈神虎〉、〈花神〉、〈盲妓桃紅〉⋯⋯等，曾發表於《春聲》月刊，及《先施日報》輯入「浪游短筆」專欄。〔註47〕

此外，據關志昌《民國人物小傳・胡寄塵》及鄭逸梅《南社叢談・南社社有著述存目表》著錄，胡懷琛尚有《女子奇俠大觀》1 種，另胡道靜〈先君寄塵著述目〉著錄有《寄塵小說賸稿》、《寄塵小說新集》等 2 種，筆者未見，並錄於此。

以上胡懷琛創作的短篇小說集，有書 13 種。

二、胡懷琛編纂的短篇小說集

（一）《虞初近志》

一冊，胡懷琛所編輯的傳記體文言短篇小說集，至少有三個版本：

1. 版編於宣統二年（庚戌年）十二月（1911 年 1 月），由上海舊學社刻印，上海千頃堂、著易堂發行（稱「庚戌本」），一冊兩卷，共收文 23 篇。版權頁有「卷三以下續出」字樣；書中但凡「皇、後、上、孝欽」等稱謂前皆空格，示表尊重，顯見其舊時代痕跡。編者署名「涇川農夫」，卷首有胡樸安〈虞初近志敘〉〔註48〕及編者自序。書前例言稱：「先輯如（若）干卷，後當陸續

〔註47〕《黛痕劍影續錄》中〈無塵先生〉、〈落花塚〉、〈獨足樵者〉、〈孫生〉、〈神虎〉、〈花神〉、〈盲妓桃紅〉、〈碧溪生〉、〈紅柳〉、〈忠馬〉、〈山月〉、〈蟒珠〉等 12 篇，曾發表於 1916 年《春聲》月刊；後又增入〈紅葉女士〉、〈馬賊〉、〈說狐〉、〈梅妃〉、〈南香老儒〉、〈離魂〉、〈七姑娘〉、〈碧霞歌客〉、〈談鬼〉、〈妖塔〉、〈孕蛇〉、〈大魚〉等 12 篇，合為 24 篇，署名「寄塵」，先後連載於《先施日報》1920 年 8 月 30～31 日、9 月 1～2、4～8、10～11 日之「浪游短筆」欄。

〔註48〕胡韞玉（樸安）撰：〈虞初近志敘〉，收《南社叢刻・文錄》第 4 集，林慶彰主編：《民國文集叢刊》（台中：文听閣圖書有限公司，2008 年 12 月），頁 103～104。

編輯」，是胡懷琛編撰虞初體小說集的初始嘗試。

2. 二版一冊，為 1913 年 8 月上海廣益書局出版的新式標點鉛印本，共有六卷 69 篇文。是版無胡樸安序，自序內容略同庚戌本，並稍作了更誤，如其前本稱張潮為「張來山」，後本則更為「張山來」。例言比前版多記一條：「前清末世以至民國開國之初，革命志士傳記多不勝收，是有專書，此編一概不采。」是故原第一版中的兩篇秋瑾傳記都未收至第二版中。書末有後記，敍記此書緣由。〔註49〕

3. 1932 年 9 月，上海廣益書局增訂重編再出第三版，署名「安吳胡寄塵編訂，時希聖標點校讀」，共十二卷，分上、下兩冊印行，收文 121 篇，作者 74 人。同年 11 月，大達圖書供應社也出版《虞初近志》新式編點鉛印兩冊，其版式、紙型皆同與廣益版，惟插圖有不同。其凡例中也刪去第二版加記的「前清末世以至民國開國之初，革命志士傳記多不勝收，是有專書，此編一概不采」一條，其餘均同。書前有編者序，書末無後記。此後所見《虞初近志》多版，概據 1932 年廣益本排印。上海啟智書局有 1934 年版；1970年 12 月臺北廣文書局收入其《筆記三編》；1986 年上海書店收入其《虞初志合集》〔註50〕；1997 年北京人民日報收入其《說海》系列〔註51〕。各大圖書館可見館藏。

胡懷琛在書前「例言」中，說明此書是「繼張山來、鄭醒愚《虞初新志》、《續志》而作，搜輯近數十年來名人之文，故曰『近志』。……是編以編輯先後為次序，一如《新》、《續志》例。」全編遵循虞初體例，除承繼傳統特點外，又顯現出順應時代新變的特色：

（1）借篇末批語以闡發揄揚。張山來編《新志》時，篇末多記有「張山來曰」，或抒闡感慨、宣發思想，或諷挪時事、張揚人性；鄭醒愚之《續志》中，篇末也有「陸士雲曰」、「汪琬曰」、「侯方域曰」、「歸莊曰」、「退士曰」諸批語；胡懷琛《近志》篇末，自然也見如「曰」、「論曰」、「餘云」等評點語。

<hr>

〔註49〕以上兩版內容，參黃湘金撰：〈「虞初體」小說集的絕響——《虞初近志》〉，《樂山師範學院學報》第 20 卷第 4 期，2005 年 4 月，頁 18。

〔註50〕1986 年 6 月，上海書店《虞初近志合集》全套叢書，輯《虞初志》、《虞初新志》、《虞初續志》、《虞初支志》、《虞初廣志（上、下）》及《虞初近志》等全六種七冊，其中胡懷琛編《虞初近志》收入合集之五。

〔註51〕1997 年 3 月，北京人民日報出版社《說海》叢書全八冊，輯《虞初志》等選本共十種，將《虞初近志》收列其《說海5》及《說海6》。

（2）取下層人物織眾生群像。虞初體小說以人物傳記為主，所載王公侍臣、後妃婢奴、俠客志士、販夫卒盜、能工百徒，從官府大堂到花街柳巷皆有所涉。胡懷琛增記人物至 121 篇，其中市井之編約占三分之二，有作者對敬業求精者的讚許，如〈四巧工傳〉（黃質）、〈巧工偶記〉（袁克文）；對特立獨行者的賞識，如〈記霍元甲逸事〉（丕文）、〈紀大刀王五事〉（李岳瑞）；對純情至性者的謳歌，如〈書義庸陸慶事〉（熊其英）、〈孟孝子傳〉（林紓）、〈馬貞女傳〉（薛福成）、〈二烈婦合傳〉（李慈銘）；也有對窮愁潦民的憐恤，如〈深州流寓記〉（吳汝綸）、〈書義丐〉（王煥鑣）等。

（3）文多時賢、事多近代。《虞初近志》收文人傳記 25 篇，傳主皆當代名家，如〈李伯元傳〉（吳沃堯）、〈戴東原先生軼事〉（戴琴泉）、〈我佛山人傳〉（李葭榮）、〈黃公度先生小傳〉（古直）、〈楊守敬傳〉（陳衍）、〈蘇玄瑛傳〉（柳棄疾）、〈蘇玄瑛新傳〉（柳棄疾）等。為藉助名人作家的社會影響力與期盼商品效應，該書打破虞初小說「不著作者姓名」傳統，除七篇文章作者「闕如」外，特臚列出梁啟超、俞樾、陳去病、柳亞子、于右任、胡樸安、馬敘倫、袁克文、章炳麟、林紓、潘飛聲、錢基博等作家群。卷中收錄 11 篇革命者的傳記，如〈鄒容傳〉（章炳麟）、〈鑑湖女俠秋瑾傳〉（陳去病）、及梁啟超為戊戌六君子康廣仁、楊深秀、楊銳、林旭、劉光第、譚嗣同所撰之傳，意以激揚愛國革命志節；又收遺聞軼奇，如寫異國賢妃的〈義大利國賢妃傳〉（辜湯生）、寫日本俠客的〈記東俠〉（梁啟超），記連體嬰奇事的〈劉氏兩童記〉（俞樾）；又有開拓視野的記遊之作，如〈鴨蛋島記〉（田北湖）、〈明州遊記〉（胡韞玉）、〈峨眉遊記〉（樓黎然）、〈羅浮游記〉（潘飛聲）；考察之作如〈二百十二古墓考查記〉（于右任）等。

（4）收女性作家與女性題材作品。該書重要的創新之舉，是收錄女性作家的作品，包括徐自華〈鑑湖女俠墓表〉、〈蘭湘姊傳〉（徐自華）、朱蘇華〈沈君紀常傳〉、呂碧城〈北戴河遊記〉、張默君〈哀陳擷芬君〉、楊令茀〈大觀園模型記〉，又收錄多篇敘寫女性題材的作品，如〈路娟傳〉（張采田）、〈書楊氏婢〉（梅曾亮）、〈棠隱女士小傳〉（周實）、〈李淑貞傳〉（張宗瑛）、〈潘錦芳傳〉（施補華）、〈粟娘夫人傳〉（冒廣生）、與歷遊中國的西方女性〈記江西康女士〉（梁啟超）等。《虞初近志》所錄，益見胡懷琛寬闊的視野與時代新思想。

（二）《小說名畫大觀》

胡寄塵選輯的文言小說集，全 24 冊，1916 年 10 月上海文明書局出版，

全書以精楷書寫，竹紙石印線裝本。書前有《提要》、編者序、包天笑及周瘦鵑等序，彙集小說共 300 篇，復旦大學及北京大學圖書館有館藏。1991 年，台北天一出版社收入其《中國古典小說研究資料彙編》；1996 年 7 月，北京書目文獻出版社輯全套 270 卷合刊為上、中、下三冊，編入《北京圖書館藏珍本小說叢刊》複印出版，乃現今之通行版，台灣大學、復旦大學圖書館、國家圖書館與中研院近史館皆有館藏。

該書內頁題有「胡寄塵精選」及「天台山農」署名字樣。特選胡懷琛、及包天笑、劉半農、周瘦鵑、徐枕亞、程小青、林紓、嚴獨鶴、程瞻廬等名家創作，涵蓋教育、倫理、道德、家庭、政治、歷史、愛國、外交、軍事、科學、冒險、偵探、言情、哀情、俠情、奇情、社會、警世、滑稽、神怪等主題小說共廿類，每類十餘篇，每篇各附名畫為其特色。胡懷琛於〈序言〉中言：「小說始自虞初，唐宋名家代有纂錄、單文、小品，美不勝收，此舊小說所以膾炙人口也，邇者國粹，光揚歐風輸入，魁士有消遣問情之作。」

《小說名畫大觀》所收錄的西方小說洋洋大觀，顯現了民初小說家融彙中西方小說的主題意識，與對外國小說的熱愛。小說家透過小說所傳播的新知識和新文化，對於破除迷信與開啟民智有積極的作用，自作品中也可見出作家借鑒與模仿西方文學作品的手法運用，不僅豐富了中國小說的表現技巧，也充分體現了作家們改革中國傳統小說的用心。

（三）《明史演義》（《明史通俗演義》）

一冊，胡寄塵著，一名《明史通俗演義》，1919 年 12 月上海廣益書局線裝石印本，有 1920 年再版，1924 年 5 月已六版，上海圖書館、復旦大學圖書館有 1920 年版館藏。1935 年 5 月大達圖書供應社有重印版，另有香港廣智書局版，未註出版年月。國家圖書館可見 1948 年廣益書局之再版。

《明史演義》為演繹明史的長篇章回小說，全書共 22 章回，書封標有「歷史長篇說部」。書前有傅熊湘、葉楚傖、胡樸安所撰序文三篇。〔註52〕葉楚傖序評是書：「敘事詳而該（賅），能得其大要，舉凡一朝興亡得失之跡，與夫政教風俗，批此而瞭如指掌，可以觀矣」。書前「凡例」記云：「是書取材於明史、通鑑、輯覽記事本末三書，間及野史，而以小說體裁出之」。胡懷琛強調

〔註52〕傅熊湘所作之序，題名為〈胡寄塵明史演義序〉，收《南社叢刻・文錄》第 21 集，見林慶彰主編：《民國文集叢刊》（台中：文听閣圖書有限公司，2008 年 12 月），第 146 冊，頁 1918～1919。

所取事實「皆有所本」，極慎重史料之擇選，除為顧及小說閱讀興味而稍作剪
裁緣飾外，力邀「以正史為經，務求確鑿；以軼聞為緯，不尚虛誣」的著史原
則，凡涉「祥瑞災異及忠君敬天諸說，盡行刪除」，因使此一「取正史、集稗
說以成演義」之小說能俾助讀者觀之有益。

（四）《客窗消閑錄》

一冊，署名「瀨江濁物」編輯，文言筆記小說集，內頁標「札記小說」。
1915 年曾刊載《小說新報》，1922 年上海廣益書局出版，今所見多為 1930 年
3 月廣益書局再版。

全書四卷，共收志怪傳奇小說〈祕密社會〉、〈遇仙記〉、〈劉海頭〉、〈丫
奴〉、〈西湖豔遇〉、〈劉軍門〉、〈蛟精〉等 63 篇。書前編者「例言」云：「本書
或采之筆錄，或得諸耳聞，積久裒集，成為斯編，故篇幅不拘長短，惟以趣味
濃厚為主。」「本書立說無方，不限體裁，凡社會、歷史、偵探、言情、寓言、
記事，諸體皆備。」其實不出志怪傳奇小說的題材範圍。〔註 53〕

以上胡懷琛編纂的短篇小說集，有書 4 種。

第三節　編譯小說

中國近代的西學翻譯活動，與小說創作的勃興，同樣都是「基於中日甲
午戰爭之後文人的反省和自覺，一部分有識者提倡和實踐的結果」〔註 54〕。
甲午戰爭失敗後到五四運動，是中國接受外國文學最為旺盛的時期。隨著
中國對外開放與「師夷長技以制夷」的理想，大量自然科學及軍工類的實用
書籍，有目的的被引入中國，其後包括歷史、法律、政治、教育、科學、哲
學等社會科學類與文藝類書籍，也在維新文人為宣傳政治運動的動機下陸
續傳入。其中，西方的文學與小說作品，以其趣味性為吸引條件，在「開民
智」的啟蒙背景下，很快便凌駕其他學科，迅速地掀起了近代翻譯通俗小說
的流行潮。

〔註 53〕以上《客窗消閑錄》內容筆者所見未全，轉引自張振國撰：〈民國中後期志怪
　　　　傳奇小說集 10 種敍錄〉，《黃山學院學報》（2009 年 4 月）第 11 卷第 2 期，
　　　　頁 83。
〔註 54〕〔日〕澤田瑞穗作，謝碧霞譯：〈晚清小說概觀〉，見林明德編：《晚清小說研
　　　　究》（台北：聯經出版公司，1988 年 3 月），頁 54。

　　這些域外輸入的小說中，純粹舶來的「偵探」小說、與透澈人性百態的「言情」小說，最受中國作家與讀者青睞，包括林紓、劉半農、周瘦鵑、孫了紅與程小青等人的翻譯「譯述」或「重演」〔註55〕作品，啟領著民初小說譯壇。當時代的名家先驅，憑藉藝術良心和個人興趣為本位的翻譯態度，決定了清末民初西方文學作品「通俗小說化」與「中國化」的命運。

　　初期翻譯小說是中西小說的混合體，過渡性濃厚。無視原創的藝術性與文學性，作家翻寫小說的模式，幾乎都透過借鑒、摹仿與改寫，繩之以中國風俗民情，並添加自己的構思創作後，在「此文材料大半從西籍得來，刪節添補，與原文絕不相同」〔註56〕的聲明後，很快以創作之姿成就了一部「不同於原作」的作品。作家雖標榜該作品係經翻譯或改編所得，然原作經過重譯、意譯、節譯或刪譯後，實際僅存原作梗概情節，即小說形式雖是西方的，然作品中表現的世俗人情卻是純粹中國化的。此種「以我文傳我意」〔註57〕的方式，正是民國初期小說文壇的創作常態，就今日看來，譯作小說內容與寫作方式容或不盡成熟，但卻展現了民初作家們探索西方文學的熱情。

　　在民智初開的年代，胡懷琛於 1915 年起，也開始嘗試翻作西方小說。胡懷琛以為，直譯小說雖忠實卻生硬，翻譯者須理解中西差異，酌以國情風俗而譯之，因此他的作品中，也不免顯現這種介乎創作與改編的特性。在其標註有「原著者」或「同譯者」的翻譯作品中，可見包含「偵探、奇情、冒險、俠情、冒險、家庭」等多樣主題，其中文言與白話皆有。

一、短篇翻譯小說

　　胡懷琛翻譯的短篇小說，有〈黃金〉〔註58〕、〈小鐵箱〉、〈古銅鼎〉、〈密約〉、〈小拿破崙〉、〈聖水奇談〉、〈太平洋遇險記〉、〈神怪之愛情〉、〈一百塊

〔註55〕王燕：〈近代中國原創偵探小說〉，《齊魯學刊》2003 年第 2 期，頁 116。

〔註56〕胡懷琛：《贋婿》前言，刊在《春聲》雜誌 1916 年第 5 期。

〔註57〕胡懷琛：《贋婿》前言，刊在《春聲》雜誌 1916 年第 5 期。

〔註58〕胡懷琛早年作有〈黃金〉一篇，收入 1917 年《南社小說集》。是以演說方式鋪設故事結構的短篇小說，故事一開始就引用英國哲人名言「如要世界太平，須使黃金無用」為開場白，企圖通過反向思考吸引觀眾注意。文中的演講者不斷以故事為「黃金無用」設喻，最後不僅扭轉台下觀眾的金錢觀，還「齊聲說道黃金無用，黃金無用，我們都知道黃金無用，世界從此可望太平」。故事背景雖為英國，然因未註明是否為翻譯小說，仍暫列此節待查。

錢〉、〈誰之過歟〉、〈夜戰〉等 11 篇。〔註 59〕例述如後：

（一）〈密約〉

署「寄塵譯意」的偵探小說，刊載於《春聲》雜誌 1916 年 5 月。丟失重要公務機密文件的拍西求助私家偵探雪洛克，雪洛克憑其敏銳的偵查經驗，經過抽絲剝繭後，順利揪出文件的偷盜者拍西之妻弟約瑟。故事依失約、勘驗、旅行、破案四個情節曲折展開，經雪洛克抽絲剝繭後順利結案。

（二）〈一百塊錢〉

由梁鋆立、萬良濬同譯，胡懷琛潤詞，刊載於《婦女雜誌》1920 年第 6 卷第 7 號，編譯自美國 Ebrlich I.L.原著，通篇是以劇本對話形式呈現。描寫一位妻子為自己爭取就業權與經濟支配權，努力擺脫「家庭附屬品」的故事。妻子向丈夫索借「一百元」，遭丈夫譏以「不能幫助窘迫以獎勵浪費」為由拒絕，妻子憤而離家，設計姐姐巧扮鐘點女傭至宅勞務，藉以點醒丈夫感念妻子長期為家無薪付出的辛勞。本篇故事對父權傳統下男尊女卑觀念的批判，可視為作者對民初婦女職業解放主題的積極回應。

（三）〈誰之過歟〉

署「胡寄塵、趙吟秋同著」，刊載於《儉德儲蓄會會刊》1923 年第 4 卷第 4 期。敘寫苦命的官家女娟娜，父母雙亡後，為父親好友假意收留而淪為賤傭，生活備嘗辛酸與磨難，最後跳河自殺，結束短暫乖舛的一生。造化弄人，善良非一定有善終，故事主角娟娜忍辱苟生，最終仍擺脫不了貧病困頓的命運，悲慘的故事結局讓人噓嘆。

（四）〈夜戰〉

署「胡寄塵、趙吟秋同著」，刊載於《儉德儲蓄會會刊》1923 年第 4 卷第 4 期。故事敘寫砲擊夜，三位青年避躲山上公園，作者藉三人對話，表達對戰爭與人性的看法。青年一名為「濁清」，一名喚「哲明」，二人透過觀魚以喻人

〔註 59〕以上〈小鐵箱〉（標偵探小說）、〈古銅鼎〉（標偵探小說），分別刊載於《小說新報》1915 年 3 月 1 卷 1 期、1915 年 4 月 1 卷 2 期，作者署名「瀨江濁物」。〈小拿破侖〉（標勇武小說）一篇，於《神州日報》1918 年 9 月 22～24 日連載。〈聖水奇談〉（標神怪小說）、〈太平洋遇險記〉（標冒險小說），載見《民國日報》1918 年 9 月 24 日、1918 年 10 月 30 日。〈神怪之愛情〉（標名家寫情小說），刊登於《申報》1919 年 2 月 13～19 日。

性。「濁清」以為，人如池魚，只知爭搶池中少量食物，然人雖恥為魚，又甘心為魚，只因隱遁水中可隔水觀火換求短暫平安；「哲明」反論，池中魚尚有不甘終鬱於平淡柔靜水中，而願求死於絢爛火花者。又以現場探照燈為喻，感嘆探照燈能為人類帶來光明，卻也有其無法照亮人心與感知人心痛苦的侷限。胡懷琛設寫主角以「濁清」與「哲明」為名，其取「眾濁獨清」、「明哲保身」之意甚明；文中又巧妙地融入「濠梁觀魚」典故，藉觀魚以思辨世人求苟安與冀壯烈兩種心志，是一篇充滿哲理與省思的作品。

二、長篇翻譯小說

（一）《贋婿》

胡寄塵撰，長篇偵探小說，發表於《春聲》雜誌 1916 年 6 月 1 日第 5 期，未見單行本。故事共十二章，寫私家偵探雪洛克受女子託尋婚前突告失蹤的夫婿。雪洛克憑其敏銳的觀察力，循線自倫敦追查到蘇格蘭，當其偵察過程，意外牽扯出一樁叔殺侄謀財害命的兇案，案情因此陷入膠著，然雪洛克鍥而不捨，兩度易妝化身，抽絲剝繭明查暗訪，最終案情大白，揭開了妙齡女子的繼父為奪家產而「以父冒婿」的離奇真相。胡懷琛於篇前聲明曰：「此文材料，大半從西籍得來，刪節添補，與原文絕不相同，要之以我文傳我意而已。篇中關鍵，若以吾國風俗繩之，則出於情理之外，然西俗故如是也，閱者幸勿以無理見誚。」民初偵探小說原係翻譯西國而得，中國小說作家初嘗創作時，多慣取其題材，再重新加以組裝改造，如《贋婿》這種題材譎奇新穎、敘事精采靈現、內容契合本土人性的「意譯」故事，極受市場歡迎。

（二）《冰天鴻影》

一冊，為合刊本，共兩種：

1. 與《蕙娘小傳》合刊。1914 年 4 月上海廣益書局出版春夢生著《蕙娘小傳》，後附《冰天鴻影》，署名「寄塵」。胡懷琛有序記云：「因（春夢生《蕙娘小傳》）卷帙過少，乃以拙作《冰天鴻影》附焉。」〔註60〕

2. 與《瀟湘雁影》、《蕙娘小傳》合刊。1934 年 10 月上海新民書局輯《瀟湘雁影》，附《蕙娘小傳》、《冰天鴻影》等三冊合刊出版，後有 1935 年 3 月

〔註60〕《蕙娘小傳序》，收入《南社叢刻・文錄》第 12 集，林慶彰主編：《民國文集叢刊》（台中：文听閣圖書有限公司，2008 年 12 月），頁 815～816。

及 11 月再版。

故事背景從英國到北極，寫女主角小蘭赴北極萬里尋母的艱險歷程。小蘭與女友寒巒途中遭盜匪綁架，經歷險惡人心與嚴酷冰雪，終與父母團聚。

（三）《孤雛劫》

一冊，瘦腰郎、安吳胡懷琛編譯，文言翻譯小說，封面標「奇情小說」，1915年 11 月上海進步書局印行出版；1919 年 11 月、1927 年 9 月有文明書局與中華書局再版。復旦大學、台灣大學圖書館有館藏，國家圖書館有 2007 年影印本。

全書共八章，首章「賣兒私逃」至末章「經商見母」，敘述法國孤兒「蘭綿」被繼父拋棄後，艱難輾轉，最終與親生母親團聚的感人故事。書封上冠有「奇情小說」，作者於「弁言」云：「此書本係某君自西文譯出。原書描寫孤兒之淒涼，奸人之陰險，頗能動人。顧結構雖佳，而篇幅甚短，粗枝大葉，未能委曲描摹。余因真意演為八章，得三萬字。又以己意妄為增損，較原譯更為曲折詳盡。」胡懷琛善為改寫，譯者「瘦腰郎」於「提要」記云：「故事中母子相逢不相識處，尤能摹繪入神。他如詼諧處，令人失笑，淒惻處，令人酸心，亦小說中之所拔萃者。」

（四）《黃金劫》

一冊，安吳胡寄塵編譯，未載原作者，文言翻譯小說，封面標「奇情小說」，有 1915 年 12 月上海文明書局初版，及 1922 年 1 月上海文明書局三版。楊玉峰《南社著譯敘錄》〔註61〕錄有該書故事提要，記美國有一律師之養女「旦白珠」，於律師身後得遺產百萬磅，律師之書記萊門，與情婦寶鈴覬覦財產，幾番設險欲致白珠死地，幸律師之子哈蘭隨側救護，終破歹人奸計，而與白珠有情人成眷屬。胡懷琛於第一章「緒言」中交代了譯述此書之由，曰：「這一部書共含著三個意思，一個是『黃金為毒物』，一個是『人心最險』，一個是『情無敵』。然而千災萬難皆由黃金作祟……。」明其以此書揭櫫金錢為萬惡淵藪，警示人心叵測之意。

（五）《血巾案》

一冊，1915 年上海文明書局出版（文明書局、中華書局共同發行），1922年 1 月再版。書頁標「奇情小說」，乃胡懷琛與宋紫瑚編譯自德國原作的文言

〔註61〕楊玉峰：《南社著譯敘錄》（香港：中華書局，2012 年 12 月），頁 266～267。

偵探小說。

全書共廿章，故事情節逐一「血帕」推展，敘述某公司書記於殺死德國富豪後，嫁禍一蘇姓男子，然作案時不慎遺留血帕，事為一無賴得知後以此為要挾，書記僕人因此計殺無賴，又反要脅書記而獲得巨財，並改姓遠走。多年後，蘇姓男子之妻女淪為乞丐，求傭於該僕人家，僕人覬淫蘇女之美艷，反遭蘇女手刃而亡。蘇女終取得血帕為證，為父洗冤，兩案並朗。曲折離奇的故事情節在胡懷琛簡練明晰的譯筆下，更增添了故事的可讀性。

（六）《雙復仇》

一冊，1924 年 7 月上海文明書局文出版。原書標「俠情小說」，寫女為父報仇的故事。女學生王珍林得知殺父仇家乃同學秋蘭之舅父尤克民。後珍林化名蔣蘊珠，與秋蘭同往英國留學，王珍林有同學張振華，其父昔日也曾為尤克民所害。振華故佈局借秋蘭之手除掉仇家，完成復仇大計，而王珍林也尋得親生父親王廉夫，一家人得以在英倫團聚。故事主旨符應傳統對於公道正義的冀求，主角心懷「俠情」，必然獲得「懲惡揚善、因果報應」的善終回報。小說中周密的推演與布局，迂迴撲朔的復仇情節等，如出偵探小說之轍，此亦民初小說特色。

（七）《陷坑》（第三部）

一冊，長篇翻譯小說，俄國作家庫布林原著，胡寄塵、秦文瀠譯，上海華東師範大學圖書館有 1948 年上海中興出版社版本館藏，國家圖書館、台灣大學圖書館有超星數字電子書。小說揭露掙扎生存於俄國社會底層，備受欺凌與壓榨的街妓們，無止盡墮入黑暗深淵的悲慘故事。

民國時期除追求翻譯小說以求新求變外，中國文學作品也屢被譯成外文流通，胡懷琛便於〈泰戈爾作品之初次介紹至中國〉、〈《史記》之法文譯本〉兩文中，記述了《紅樓夢》、《聊齋》有西譯本、《離騷》有法譯本、《元曲選》中之多種亦有法譯本，見證民初中西文化之交流。〔註62〕

胡懷琛另有短篇小說〈到底從哪裡說起〉、〈光明〉二篇，亦有中／西文對照之譯本，可對照參考。如〈到底從哪裏說起〉，刊於《紅雜誌》1922 年 1

〔註62〕〈太戈爾作品之初次介紹至中國〉、〈《史記》之法文譯本〉兩篇，刊於《小說世界》1926 年 8 月 13 日第 14 卷第 7 期「文壇秘錄」（四）、及 1926 年 11 月 5 日第 14 卷第 19 期「文壇秘錄」（十）。

卷 12 期、1924 年《南洋中學季刊》。主角是心志於學的少女，以遺書沉痛拒絕「媒妁婚姻」與「安分守己」的束縛，也回應對其人生「無從說起」的委屈與絕望，故事以悲劇揭示傳統禮教對於婦女意識的踐踏和漠視。

〈光明〉一篇，刊載於《會報》1929 年第 49 期，寫蚊子、燈蛾、蒼蠅等昆蟲追求光明的故事。

以上胡懷琛編譯小說有短篇 11 篇、書 7 種。

第四節　小說叢論與小說研究

1897 年，嚴復和夏曾佑的〈本館附印說部緣起〉，具體地探討了小說運用技巧，與談論中國傳統通俗小說啟蒙百姓的實用價值，被視為近代第一篇用新觀點專論小說意義與價值的文章，此後，闡述小說的新見解逐漸出現於報章。1902 年，梁啟超推動「小說界革命」，正式開啟以單篇論文發表小說理論的形式。1906 年，梁啟超並在《新小說》雜誌特闢「小說叢話」欄，為近代小說的批評理論創造定期而公開討論的空間。這些小說理論專篇的發表，不僅取代了中國古代慣見的序跋、評點、批注和筆記形式，也改變了中國傳統合「評論、理論和創作」於一體的文論批評架構。〔註63〕

五四以後，知識分子的文藝觀念更趨成熟，小說理論相關闡述極多，涵蓋了現代小說創作方法、創作原則、藝術特徵與藝術價值等，範圍廣泛。胡懷琛的小說創作呈現了民初文人在舊傳統與新文化之間的過渡，他的小說論述，同樣也顯現出對傳統理念的繼承與對近代藝術探索的特質。

一、小說叢論

胡懷琛曾云：「小說是一種文藝，詩有話，文有談，小說亦不妨有論。」〔註64〕其有關小說的重要見解共有 21 篇，多作於五四之後，其所討論內容與範圍，主要涵蓋小說概念與作法討論、小說之功能、小說家修養、小說之分類、讀法等，林林總總，殊無系統，故特立「小說叢論」一類，以與「小說研究」區分之。

〔註63〕以上內容整理自任訪秋主編：《中國近代文學史》（開封：河南大學出版社，1988 年 11 月），頁 204～205，246。
〔註64〕胡懷琛：〈小說管見續記〉，初刊於《新儉德》民國十六年（1927）第 1 卷第 3 期，後收入《十年筆記》。

（一）〈小說管見〉及續記

胡寄塵撰，初發表於《新聲雜誌》1921 年第 1 期、《新儉德》1927 年第 1 卷第 3 期，後收入《十年筆記》。所談數則，如：（一）談小說翻譯問題，胡懷琛特別強調「一國有一國之人情風俗，斷不可強取他人之良法美意，以為用之於我而無不宜也。」他以冒險小說為例，西方冒險故事旨為開闢新地與推廣商務，所述多航海與商事，而中國處陸重農，向無涉海事與商務，且中西宗教信仰不同，因建議翻譯者當顧量國情屬性與宗教信仰之根本差異，小說方能達冒險教育功能；又強調翻譯小說以能彰顯原著「精神」為佳。（二）談虛幻小說，謂「陷虛者，能引人入於未來之世界」，使生「遺世獨立之思想」是也。（三）勉小說家當體人情世故，謂「小說不可迎合社會心理」以謀利；又「小說不可不深知社會心理」有益於潛移默化。（四）談小說長篇與短篇之別。胡懷琛所定義的「短篇」，一為「長篇之縮本」，乃簡括長篇之文所得；一為「長篇之節本」，即節取長篇小說中精采之一段加以發揮。節本以文短事少，易於描寫入微為佳。

（二）〈小說拉雜談〉

胡寄塵撰，原文發表於《游戲世界》1922 年第 13、14 期。談新小說的發展，胡懷琛以為「白話文無論做得好不好，只要能夠表明自己的意思，在實用一方面，已有存在的價值。」鼓勵作家必須突破傳統侷限，尋求新創作，也建議培養學生領會古文小說的藝術價值。

（三）〈垃圾小說〉

胡寄塵撰，原文發表於《游戲世界》1922 年第 14、15 兩期，胡懷琛輯其17 篇日常聞見與感觸而未完成之小說稿，因係零碎紛雜未能成篇，故自嘲為「垃圾小說」。有關小說材料的取捨與運用，胡懷琛認為「材料是小說的實質」，生活中處處皆有絕妙可取之材資，雖然斷續零碎，只要留心擷取，並加以系統整理，垃圾亦可變成極佳的小說材料，此乃「選材」之要。〔註65〕

（四）〈消遣？〉

胡寄塵撰，發表於《最小》雜誌 1922 年第 1 卷第 3 期「關於小說之文」欄。胡懷琛論小說，肯定小說寓趣味於文字間，可藉以安慰他人苦惱，故「消

遣」便是小說最大的功能，且「除消遣之外，毫無他意存乎其間」。

（五）〈小說雜誌的封面〉

胡寄塵撰，發表於《最小報》1922年第1卷第4期「關於小說之文」欄。探討小說雜誌封面使用圖案之議。

（六）〈小說家的修養〉

署名「寄塵」，胡懷琛發表於《小說世界》1923年1月10日第1卷第1期「補白」欄。胡懷琛認為小說家的見識要多廣，「讀萬卷書」與「行萬里路」兩事縱不能完全做到，亦須做到十分之五六，文筆是否優美反而次要。

（七）〈小說短論〉

署名「寄塵」，發表於《晶報》1923年1月21日。民初時期對於小說究否「文學」多有論辯，胡懷琛以為，昔曾被視作「誨淫」小說的石印本《紅樓夢》與《水滸》，經標點刊印成為新本後，今被奉為「文學」佳作，該小說內容未曾改變，改變的卻是閱者的賞讀年齡、心境與品味，可證作家創作態度本存乎一心，無所謂外界贊毀評斷。文中並對自己小說被當時文壇編派為某類型及某派別之事，表達深不以為然之意。

（八）〈小說談話〉

胡寄塵撰，初發表於《小說世界》1923年2月23日第1卷第8期，收入《文藝叢說》第一集（1928年6月上海商務印書館）。文中列述有關小說的幾則討論：（一）寫小說家施耐庵藉觀貓描虎，與蒲松齡擺攤採資之軼事；（二）籲小說界關注劣版小說魚目混珠的問題；（三）勉同好力革專在小說上做小說的短見，共創好小說的背影（景）；（四）言今人專務體例改革，實捨本求末作為，無助小說進步；（五）釋「演義」之意；（六）贊張山來《虞初新志》，從「文學」中尋列出〈方山子傳〉、〈馬伶傳〉、〈柳敬亭傳〉、〈賣酒者傳〉等「小說」之新見；（七）論小說家取材，當以多讀萬卷書、親身經歷為佳；（八）評林紓文言譯本《魯賓遜漂流記》，胡懷琛以為，通俗小說翻譯之要，一以白話文流通為佳，二須注意內容必合乎國情。

（九）〈一封曾被拒絕發表的信〉

胡寄塵撰，發表於《最小報》1923年第1卷第8期「關於小說之文」欄。是文討論「中國現代的小說」的書函，曾遭《學燈》（上海《時事新報》副刊）

編輯柯一岑退稿，後重刊於《最小報》，故篇名為〈一封曾被拒絕發表的信〉。就當時小說文壇對「新」與「舊」小說家與作品之間的矛盾對立與紛爭，胡懷琛提出建設性的忠告，以為小說作品之好壞本無關乎新舊，新小說家應當培養自我建設能力，以優良的作品自然取代舊小說；而舊小說家也應追求作品的改良與進步，自無慮會被時代淘汰。

（十）〈論小說盛衰之理〉

胡寄塵撰，發表於《最小報》1923 年第 1 卷第 12 期。胡懷琛論小說，以為小說盛衰，實應讀者「見久則生厭，重逢又歡迎」心態而變，但凡「極盛必衰，衰而復盛」，乃文學代迭之常勢，然唯有「真好的作品，無論經什麼風潮，總不會消滅。」以此勉勵小說家優良創作。

（十一）〈三個世界〉

胡寄塵撰，發表於《最小報》1923 年第 1 卷第 13 期、《星光》雜誌 1923 年第一期，後收入《家庭小說集》（1925 年廣益書局）。民初新學家曾提倡人類有「兒童、成人、女子」三個世界，因而創生了一般文學與兒童文學，獨缺女子文學，重視男女平權的胡懷琛，於本文中創議當出版「女子小說」，以為女子世界發聲。

（十二）〈長篇小說不能發展的原因〉

胡寄塵撰，發表於《最小報》1923 年第 1 卷第 20 期「關於小說之文」欄。民初短篇小說極盛，胡懷琛觀察分析了長篇小說不能發展的兩個原因，涉乎作者與讀者。就作者立場言，長篇大論思作長遠，常須經歷時作時輟，無法一鼓作氣的滯稿之苦，難匹短篇小說之文短速成與利於投稿的出版優勢。就讀者而言，冗篇連載難以敷應忙碌生活之閱讀需求。然就出版社立場言，長篇短篇之讀者本各有所好，是雖長篇不如短篇小說受歡迎，仍亦有其並存條件。

（十三）〈研究與創作〉

胡寄塵撰，發表於《小說世界》1923 年第 2 卷第 7 期。探討小說之創作與研究問題。胡懷琛以為，文學藝術的創作與研究是兩個不同的專業領域，能創作的人不必一定要懂得研究，反之亦然。「研究是屬於智識的創造，是屬於技能的」，研究的結果，是得到智識，而創作的一部分，是靠技能。如最初創作《水滸》、《紅樓夢》，作家並未先有研究智識，反之對小說有統緒研究的評論家，不一定能創作出好小說。藉此釐釋小說研究與創作概念。

（十四）〈宇宙〉

胡寄塵撰，發表於《最小報》1923 年第 2 卷第 50 期「短篇小說」欄。民國時期小說家對於小說創作多有新嘗試，如張枕綠曾作「宇宙」一篇，全文僅一個疑問號「？」，意為「何謂宇宙」、「宇宙將若何」；今胡懷琛亦以一個驚嘆號「！」，戲作一篇〈宇宙〉小說以呼應之，意謂「宇宙不過『付之一歎』而已」。

（十五）〈論廣告小說〉

胡寄塵撰，發表於《最小報》1923 年第 2 卷第 54 期「關於小說之文」欄。胡懷琛針對文人輕易「用小說替人作廣告」的「廣告小說」流風，提出深切的憂慮，慨歎此舉乃「輕侮」小說行為，不足為取。

（十六）〈我之偵探小說談〉

胡寄塵撰，發表於《偵探世界》1923 年第 14 期。胡懷琛談偵探小說，以為偵探小說最重「布局」，布局之安排要能合乎情理的離奇曲折，則閱讀偵探小說便猶拆「西洋鏡」，層層抽絲剝繭的情節，能使性情粗躁的人讀了易改心思變為縝密，是其長處。

（十七）〈演義之解釋〉

胡寄塵著，發表於《小說世界》1923 年 4 月第 2 卷第 2 期〔註66〕。胡懷琛考釋「演義」之本源與意義。「演義」一詞源自宋仁宗時，為日講故事的形式。所謂「演」，「演說」也，「義」，「講義」也，即說書者之手稿，主重在說演而不在稿文，故稱「演」；又因「演」與「衍」義相通，如解經之文亦稱「衍義」。今之「演義」乃小說專名，所指為只寫不演，只看不聽的白話小說體裁，已非演義之本意。

（十八）〈談社會小說〉

共有 2 篇，分別刊載於《小說世界》1923 年 12 月 14 日第 4 卷第 11 期（署名「寄塵」）、及 1926 年 5 月 7 日、5 月 14 日及 6 月 4 日（署名「秋山」），收入《文藝叢說》第二集（1931 年 4 月上海商務印書館）。

胡懷琛認為，社會小說描寫特殊社會的情形，猶野史、社會史，以記實

〔註66〕〈演義之解釋〉一篇，發表於《小說世界》1923 年 4 月第 2 卷第 2 期，內容多同於〈短篇小說概說〉第六章「何謂演義」所闡述，可對照。

為貴，忌向壁虛造，其寫作要旨為：

1. 必有善觀察之眼與勤寫生之筆，重視作者親身力行的經歷。
2. 社會小說如何反映社會利害，取決於作者之心理與品格。
3. 呈現事實為作者的社會責任，亦社會小說之價值。

（十九）〈評章行嚴選《名家小說》〉

署名「寄塵」，發表於《小說世界》1924 年 3 月 28 日第 5 卷 13 期。胡懷琛就章行嚴選編的《名家小說》共十一種進行評論。胡懷琛總結其論，謂全書諸篇思想與結構，皆「中國舊小說的神氣」，總「不脫唐人小說範圍之外」。

（二十）〈小說的讀法〉

胡寄塵撰，發表於《小說世界》1925 年 7 月 31 日第 11 卷第 5 期。胡懷琛提出小說閱讀的四個方法，即「欣賞文藝」、「研究文藝」、「考察人情風俗」與「考察思潮」。胡懷琛認為，小說作品除了提供讀者純粹欣賞的藝術趣味外，小說中擁有的豐富素材，如人情風俗與思想等，實具相當的研究價值，值得研究者擷用參考，此為「有目的」的閱讀方法，俾可提高小說閱讀興趣與評論參考。

（廿一）〈我之短篇小說經驗談〉

胡寄塵撰，發表於《小說世界》1925 年 11 月 20 日第 12 卷第 8 期。胡懷琛論其創寫短篇小說的重要經驗。一是著意描寫重要之點，忌散漫；二是文宜含蓄，忌宣洩無餘，小說之筆要能「言有盡而意無窮」，使讀者領會「言外之意」；三是避免曲折過多致失焦，亦忌平鋪直敘毫無結構；四是取材重視實際觀察，亦不可毫無理想。只重實務描寫失之呆板，單評理想過於空泛，只有兩者融合，才能創造有藝術興味的作品，才能打動人心；最後條件是作家全神貫注的寫作精神，如此才可獲得讀者認同。

（廿二）〈小說與社會〉

胡懷琛撰，發表於《文心》雜誌 1940 年第 2 卷第 3 期，收入《後十年筆記》（卷一）。針對「小說為社會教育之工具」論，胡懷琛回應以「利器尤在乎善用，苟不善用，則器愈利，而其為禍也愈烈」的觀點。胡懷琛以為，小說影響人心深遠，雖有潛移默化之功，亦須慎防隱遠未知之害。例如《三國演義》、《水滸傳》，作者痛胡蠻侵擾，故託小說家言，描寫草澤英雄以振作漢族精神。後世明太祖朱元璋因效之，一舉驅逐元人恢復漢土，此小說潛移默化之功也；

然《三國》、《水滸》精神流傳,亦支配近代庚子拳匪心理,卒釀為禍。故謂小說影響社會人心之利弊未知,乃藉此文以示小說作家,創寫小說時須顧及隱害與遺害,「勿趁一時之意氣,收一時之近效,而遺禍以無窮」。

以上小說叢論共有文 22 篇。

二、中國小說研究

(一)小說史料輯佚與考證

1. 〈幾則小說史料〉

胡寄塵撰,共有 5 篇,乃胡懷琛輯軼與考證小說史料之作,刊載《小說世界》1929 年 9 月第 18 卷第 3 期,其內容為:

(1)〈《警世通言》失傳之年代及失傳之故〉。《警世通言》平話在中國失傳久矣,胡懷琛按王漁洋《香祖筆記》中「拗相公」一則,考該書失傳年代及原因,當在清康熙四十八年與五十三年前後,或因被禁而佚。

(2)〈「貍貓換太子」之小考證〉。「貍貓換太子」故事由傳說演為雜劇,明清時再演為小說及京戲,在民間一直廣為流傳,胡懷琛考據得其本原於印度阿育王宮以豬易子故事附會而成。

(3)〈《今古奇觀》中之國際貿易情形〉。胡懷琛以為,欲考中國古代社會狀況,必求諸稗史、小說或筆記。今就《今古奇觀》為例,正可考見明朝江浙地區交往海外與商貨繁盛實況。

(4)〈「老虎外婆」傳說之小考證〉。久遠流傳於中國南方的民間傳說「老虎外婆」,初以為本原自中國,經胡懷琛求證陳眉公〈虎薈〉(卷三)所錄之「占成國有黑虎」一則,占成即今之安南西貢,因疑故事當自安南流入廣西而漸行於南方各省。

(5)〈《百家》書鉤沉〉。《百家》一書早絕藝林,胡懷琛今自《藝文類聚》引《風俗通義》佚文內轉引《百家》一書,輯存而得「公輸般見水上蟲」與「宋城門失火」珍貴文獻 2 條。

2. 〈中國古代小說之外國資料〉

胡寄塵撰,發表於《逸經》1936 年 4 月 20 日第 1 卷第 4 期。中國古代民間傳說及文人所作小說,常取材自佛經中故事,或其他外國傳說。本篇 7 則故事即胡懷琛考證源自印度故事轉變成為中國故事之例。

其一、印度《雜譬喻經》「見溺痕以辨牝象懷子與婦人懷女」故事,為宋

人吳曾《能改齋漫錄》變寫成為袁天綱故事。

其二、印度智力故事「老虎渡河」本為虛構，至宋人周密《癸辛雜識》而演為真有其事。

其三、「黃粱夢」故事原脫胎自「遊仙枕」，遊仙枕乃龜茲國珍物，即「黃粱夢」之思想本來自外國。

其四、《續齊諧記》「陽羨書生」一則，採自印度《雜譬喻經》原文。

其五、流傳日本之「老鼠嫁女」故事，原為印度童話。

其六、宋人鄧椿《畫謎》有「質畫分半」故事，實印度佛經《百喻經》寓言。

其七、家喻戶曉的「天方夜談」故事，於明末周亮工之《因樹屋書影》中假託變為常遇春故事。

以上小說史料輯佚與考證共有文 2 篇。

（二）小說理論研究

胡懷琛探述中國小說的理論研究，包括〈中國小說考源〉、〈中國的古小說〉、〈（僑（喬）裝的中國小說〉3 篇，及研究專著〈短篇小說概說〉、《中國小說研究》、《中國寓言研究》、《中國小說的起源及其演進》、《中國小說概論》等專書 5 種。

1. 單篇論述

（1）〈中國小說考源〉

胡寄塵撰，刊載《小說世界》1923 年 3 月 16 第 1 卷第 11 期。考論中國小說源流，依小說實質上之演變，將小說分為「野史」、「寓言」與「神話」三派，形式上也分為「記載體」、「演義體」與「詩歌體」三類。其內容同《短篇小說概說》第一章。

（2）〈中國的古小說〉

胡寄塵撰，刊載於《新月》雜誌 1925 年第 1 卷第 3 期「小說談話會」專欄。節要記述中國古代始於周秦以降至於明清小說之源流衍變。

（3）〈（僑（喬）裝的中國小說〉

署名「寄塵」，發表於《小說世界》1927 年 11 月 11 日第 16 卷第 20 期「文壇秘錄」欄。中國小說經譯為西文，每不能忠於原著而任由增損改易者，胡懷琛謂之「僑（喬）裝的中國小說」。

2. 研究專書

（1）〈短篇小說概說〉

胡懷琛編撰，〈短篇小說概說〉全篇共十四章，自 1923 至 1924 年起陸續於《最小報》上連載，未見單行本。〔註67〕

本文為胡懷琛對中國短篇小說與現代短篇小說的比較論述。分兩部分，首章至第八章，探考中國小說本源、及「實質」與「形式」上的演變。第八章至十四章介紹「現代小說」。

第一章論中國小說源出稗史，可依實質分為「稗史」、「寓言」、「神話」三類，又依形式演變分為「記載體」、「演義體」〔註68〕與「詩歌體」三類。第二章起至第七章，分章敘述古代小說在實質與形式的源起、內涵與演變規律。第八章「何謂短篇小說」，胡懷琛以為，若「鄭人買履」類寓言、《荊楚歲時記》、《西京雜記》等記述風俗與宮中瑣事的稗史，或神話「劉仙傳」等，雖皆具有小說意趣，然充其量只是小說大意，是可以衍述為小說的材料，而其格局卻不足稱是短篇小說，因照錄「孔子過泰山側」一節與〈捕蛇者說〉文為例，比較分別「單純敘述」的材料與有「情節描寫」小說之不同。

第九章談「現代的短篇小說」。小說實質與形式隨時代轉變，胡懷琛以為，現代小說已不易接受述異怪奇的神話，然如藉言託事的寓言式小說，與述寫人生斷片的稗史筆法，仍能應合現代小說的寫作特性。他以〈淑媛感遇記〉、〈桐陰綺語〉、〈淚〉等小說為例，說明現代小說中隱寓筆法的運用和表現。

第十、十一章，談現代小說中「小說與作者的個性」與「敘述與描寫」等特點。現代作家重視「表現個性」，透過對己或對他人人生斷片的主觀描寫，可體現自己的人生觀，反之，不帶主觀議論的敘述，只是寫實，非小說作法。他以〈富家帳簿之一頁〉及〈熱心的校長〉為例，〈富家帳簿之一頁〉全篇中無對話與情節，僅從灰燼中拾起的帳簿殘頁上簡短的十一行收支帳目，便可一可瞭然王姓富翁苛薄勢利的性格；〈熱心的校長〉中，有衣冠行止規矩有禮

〔註67〕〈短篇小說概說〉各篇，連載於《最小報》1923 年第 3 卷第 81～89 期、第 4 卷第 91～102、106、114、116～120 期、第 5 卷第 121～126、130、133～134、147～149 期，1924 年第 6 卷第 150～158 期。筆者雖未見單行本，然其篇章架構與理論內容可視為其後出版之《中國小說研究》的前編，故在此亦將之列為「專書」。

〔註68〕有關「演義體」，胡懷琛另有〈演義之解釋〉一篇，發表於 1923 年 4 月《小說世界》，可參考對照。

的校長與教員，有言談顢頇粗鄙的老者與婦人，就其言語行為的描繪，便已清楚標識小說人物的性格。以此說明「描寫」於小說中之價值。

第十二章與十三章，談小說寫作實務之「取材」與「選材」。胡懷琛以為，小說有自社會事件取材之例，如〈貧富階級〉描寫昔為傭僕，因彩票翻身的老婦，與昔為苛薄雇主，今失勢淪貧的女主，風水輪流轉的炎涼世態；有取自書本詩文，融會貫通化成小說思想之例，如〈秋燈蟲語〉，寫待嫁女蓄養秋蟲，藉述性情懷抱故事，乃引歐陽修〈畫眉鳥〉一詩之感觸而成。取材之後的「選材」同等重要，善選材者，能將看似零散的材料經過劃裁布置後發展成一篇小說。如〈可憐的同胞〉一篇，便是作者將電車與賣票人、賣票人與洋人、人力車伕與乘客、警察等原本不相關的人物事件相互貫串，按發生時序彙整而成的小說；又如〈兵艦〉，乃作者於觀察兩小兄弟爭搶玩具兵艦過程，觸動聯想外國兵艦侵略中國的事實所寫成的小說。

第十四章辨「長篇與短篇」。小說通常以字數論長短，胡懷琛以為短篇小說有兩種，一是長篇的節本，即節取長篇小說中精采之一段加以發揮，如〈老殘遊記〉，各篇截一皆可獨立；一是長篇的縮本，乃是將長篇內容如提要般縮短之縮本。胡懷琛以為，縮本無法充分描寫，節本易於描寫入微，現代作家當思多做節本短篇小說為最佳。本文乃胡懷琛對於現代小說較為系統性的一篇論述。

（2）《中國小說研究》

一冊，胡懷琛著，《中國小說研究》各章，自 1927 年 9 月 23 日起至 12 月 16 止，於《小說世界》第 16 卷 13～15、17、21～25 等多期上連載。1929 年 10 月由上海商務印書館結集出版，收入王雲五主編的《萬有文庫》第一集《百科小叢書》及《國學小叢書》內，有 1933、1934 年再版，及 2006 年 9 月中國書籍出版社《國學名家選粹》版。2014 年 1 月，天津南開大學出版社據上海商務印書館 1929 年 10 月版影印，收入其《民國中國小說史著集成》第四卷。〔註69〕

全書共四章，著重中國小說類型特徵與發展演變的研究。第一章緒論，分三節探討「何謂小說」、「中國小說二字之來歷及其解釋」、及「中國小說的分類法及研究法」。第二章至第四章，分就中國小說「實質上」、「形式上」及

〔註69〕2014 年 1 月，天津南開大學出版社出版陳洪等主編《民國中國小說史著集成》叢書一套共十卷，其第四卷收錄胡懷琛小說史著《中國小說研究》、《中國小說的起源及其演變》、《中國小說概論》三種。

「時代上」進行分類與研究。胡懷琛以為，「中國神話和傳說，發現得最早，為後來小說的根源，也成為後來小說的一部分，這一點是中外相同的。」故而從實質上分，中國小說可包括「神話」、「寓言」與「稗史」三類；從形式上可分為「記載體」、「演義體」、「描寫體」與「詩歌體」；若從時代上分，所見有「周秦小說」、「晉唐小說」、「宋元小說」、「清小說」及最近小說。書中並引諸多古籍例佐證上述觀點。其內容同〈短篇小說概說〉所論。

中國小說有「質」的演變，如「神話」，是「荒唐、無稽、怪誕」之談，可分為「莊子的齊諧派」，凡說怪題材皆歸屬此派；「鄒衍的談天派」，後衍為各種神話；「陰陽家及道家的神仙派」，衍出後世各種修道成仙的故事；「巫覡派的神話」，巫覡以歌舞降神所編造的神話，以《楚辭》與《搜神記》中為多。如「寓言」，乃文人口頭或筆下憑空捏造的故事，以思想為主，目的在「說明一種真理」，後世小說多託源此類。如「稗史」，包括民間傳說、野史、異人傳、名人逸事、社會狀況與自傳等類，所記述都具有小說的意趣，可當作小說閱讀與研究。

關於中國小說在「形」的演變，胡懷琛以較為科學的文體形式，根據中國小說文體由「記—說—寫」的發展脈絡，分類為「記載體」、「演義體」、「詩歌體」與「描寫體」。各體式之特性不同，如「記載體」小說是「畫輪廓」，即「粗陳梗概，片言隻語」，根據事實，「述而不作」；「演義體」小說如說書，是「說的時候，帶著唱句」，以助唱者神氣，引聽者興味；「詩歌體」是能唱的小說，如記事詩、彈詞、戲曲等；「描寫體」小說則是「寫生」，著重細膩描繪。

胡懷琛對於中國小說體式的分類，學者盧永和評論指出：「實際上是綜合小說題材、語言風格、創作主體等各種要素而提煉的一種小說文體史概述」。〔註70〕

（3）《中國寓言研究》

一冊，胡懷琛著，1930年11月上海商務印書館初版，台灣大學與復旦大學圖書館有藏。近有北京智慧財產權出版社2013年2月出版《中國寓言與神話》，為《中國寓言研究》與《中國神話》兩種之合刊本。

全書八章，包括「何謂寓言」、「寓言的效用如何」、「全世界寓言的產生地——印度、希臘、中國」、「中國寓言產生的時代」、「戰國前後寓言的傳播」、「漢魏以後寓言的變遷」、「漢魏以來的韻文的寓言」及「近二十年來寓言的

〔註70〕盧永和：〈小說學與「長時段」：論胡懷琛的中國小說史學〉，《齊魯學刊》2015年第4期，頁133。

復活」等。

首章「何謂寓言」。胡懷琛提出寓言文體的概念、實質和形式，認為寓言是「用文學的方式，演繹一個蘊含真理、或有道德信條目的的故事」，「寓言的形式是文學的；寓言的實質是哲學的或倫理學的。」又謂寓言「是從修辭學中的『比喻』滋長發展而為一個故事」，故「寓言與比喻本來同源，寓言是用故事以作為喻體，因而有情節」，明確指出寓言具備的兩個要素：「故事情節」和「比喻寄託」。又因寓言多將萬物人格化，導致與神話混淆不清，胡懷琛則以「寓言有目的（即真理、或道德訓條），神話無目的」為二者劃別界線。

第三章「全世界寓言的產生地——印度、希臘、中國」。胡懷琛探考寓言之源，指出印度寓言始於釋迦牟尼之前的「因明」之學，印度稱寓言為「喻」、「譬喻」，實際包含修辭中的「比喻」和「寓言」。印度寓言輸入中國雖有千年歷史，直至近代譯本始見流傳，如《百喻經》、《印度寓言》，及胡懷琛自《百喻經》改編的《百喻經淺說》、選編佛經寓言而成的《佛學寓言》、《托爾斯泰與佛經》等。清末由林紓翻譯的希臘寓言《伊索寓言》引發閱讀熱潮，至今日仍普遍流行。

中國寓言的重大變化始於漢魏以後，在「漢魏以後寓言的變遷」一章中，胡懷琛論舉陶淵明〈桃花源記〉，謂其突破周秦樸質的寓言風格，以倩麗的詞采成為寓言的變格。唐代如柳宗元的〈種樹郭橐駝傳〉、〈捕蛇者說〉、〈三戒〉、〈臨江之麋〉等，宋代陳傅良的〈怒蛙說〉、蘇軾的〈日喻〉、姚鎔的〈三說〉，明人薛宣的〈貓說〉、劉基的〈賣柑者言〉、方孝孺的〈蚊對〉、宋濂的〈鑽燧說〉，都是極好的寓言。第七章「漢魏以來的韻文的寓言」，則列舉蘇軾〈黠鼠賦〉、白居易〈杏園中棗樹〉，說明用韻文寫的「賦的寓言」和「詩的寓言」，即寓言變格中的變革之例。

《中國寓言研究》以中國寓言為主，就寓言文體概念、源流、功用及發展演變等進行系統性整理，兼與印度、希臘的寓言作了比較探析，是中國現代第一部寓言文學研究專著，具有重要的學術史意義。

（4）《中國小說的起源及其演變》

一冊，胡懷琛著，前五章初發表於《珊瑚》雜誌 1933 年第 2 卷第 1～12 期；1934 年 8 月，南京正中書局另增輯「第六章」結集出版。2014 年 1 月，天津南開大學出版社據南京正中書局 1934 年 8 月版影印，收入其《民國中國小說史著集成》第四卷。

　　本書為胡懷琛繼《中國小說研究》後，對中國小說本體與形式演變規律的衍伸探討。全書六章。第一章「本書所說到的範圍」，明確本書書旨，第二章探討「中國小說的起源，並小說二字在中國文學上涵義之變遷」。胡懷琛指出，小說之根源，有來自民間之「傳說」、「神話」、「史話」與「時事」，有來自文人口頭或筆下有思想的「寓言」，然這些來源在未經剪裁與系統地整理前，僅具有可衍為小說的價值，宜取作為小說材料，而不可謂之為小說。小說發展歷經漢唐至宋元等時代演變，自西洋小說輸入後，譯文與現代小說、短篇小說成為流行，小說二字之涵義自然隨之而變。第三至四章，探討「中國小說的演變」。胡懷琛提出中國小說在「形」和「質」上的演變。論「白話和文言」、「短篇和長篇」、「說和寫」，以觀中國小說在形式上的演變；第四章由「民眾化與文人化的演變」，「因襲原有的材料與吸取外來的材料」等演變，可見中國小說揉合不同階層、不同種族文化產生質性的變化。

　　第五章談「現代小說」，五四以後受西洋小說影響，胡懷琛以為現代小說符合小說發展的實際走向，因而歸納現代小說的八點特質：「以現代語所寫」、「無說書痕跡」、「平民化的」、「非神化和寓言的」、「結構可平淡不離奇」、「結構要縝密」、「能反映現實生活、人情與風俗」、「注重人物與環境的描寫與配置」，提供作為中國小說邁進現代小說的標準。

　　第六章提列「研究中國小說參考書目」之專書與單篇論文，又附錄「今人搜集民間故事的專書目錄」，俾供研究中國小說參考。

　　（5）《中國小說概論》（《中國小說論》）

　　一冊，胡懷琛著，一名《中國小說論》，1934 年 11 月上海世界書局出版，輯入劉麟生主編《中國文學叢書》〔註71〕八冊系列之一（不詳其初版，該套叢書其後有 1944 年 4 月新一版；1936 年世界書局有《中國文學八論》版，以《中國小說概論》為名，後有 1936 年香港南國出版社、1971 年台北泰順書局，及 1975 年文馨出版社等多種版本。1971 年 11 月，台北清流出版社據 1934 年叢書版影印，以《中國文學八論》為新叢集名，輯入其系列中之「小說論」，今可見 1975 年 4 月及 1976 年 12 月等再版。又 2014 年 1

〔註71〕劉麟生主編《中國文學叢書》，所輯八冊單行本為：劉麟生著《中國文學概論》、《中國詩詞概論》、方孝岳著《中國散文概論》、《中國文學批評》、瞿兌之著《中國駢文概論》、胡懷琛《中國小說概論》、盧冀野《中國戲劇概論》、及蔡正華著《中國文藝思潮》。

月，天津南開大學出版社據上海世界書局 1934 年版影印，收入其《民國中國小說史著集成》第四卷。

　　本書為胡懷琛有關中國小說史學的研究專論之一，主要介紹中國各朝代小說發展概況。全書共十章。第一章「緒論」中，以中國小說與現代小說體例上的「同名異實」問題，明揭本書為中國小說「釋名」的旨要。第二章「中國古代對於小說二字的解釋」，析論中國於周、秦之前，但凡「一切不重要、不莊重、供人娛樂、給人消遣的話，故事的或非故事的珍聞、奇聞」等，要皆謂為小說所產生的「同名異實」觀念的混淆。第三章「古代所謂小說」，據引自周、秦至隋時期，中國輯錄的小說專著《說苑》、《新序》、《列女傳》、《山海經》、《穆天子傳》與《西京雜記》等，以證中國古代所謂小說，若叢談、奇談、筆記等零碎作品，實多紀事之文，不可稱名小說原因。第四章至第八章，系統性地介紹包括漢代神仙故事、魏晉南北朝的述異志怪、唐人的傳奇、宋人的平話、明代的四大奇書等中國各朝小說的內容與發展概況。

　　第九章「清人傳奇平話以外的創作」，就《紅樓夢》與《儒林外史》為考察，胡懷琛以為，在西洋小說未輸入之前的清代，中國小說歷來只有因襲而無創作，《紅樓夢》與《儒林外史》的出現，實際標榜了中國小說脫離「說話人」獨立創作的濫觴，雖然其中難免因襲「平話」中「話說、卻說、且說」或「欲知後事如何，且待下回分解」等說話人常用語，其「名」已「實」符現代小說的創作型態。

　　第十章「西洋小說輸入後的中國小說」，探討西洋小說對中國小說的影響。有四個進程變化：一是「假扮的時代」：即冒充自撰的方式，將西洋小說以中文寫出，其所涉人名地名風土人情等，概更從中國。二是「意譯的時代」：註明採自翻譯、與原作者姓名、國籍等，然只翻譯原書大意，書中人物風情、文字筆法等，實已經撰者重新改作。三是「直譯的時代」：根據原書忠實翻譯，注重保存原著的文法結構與創作精神。四是「受了西洋小說影響而創作的時代」：五四以後，直譯小說廣泛盛行，胡懷琛以為，直譯小說雖忠實卻生硬，須酌以國情為宜；總結五四以後，中國小說始臻於成熟發展，真正名實相符了小說之稱。

　　以上小說理論研究共有書 5 種，文 3 篇。

第五節　胡懷琛小說創作與理論著述的特色

　　胡懷琛的小說創作、編譯與研究著述豐富，今統計其著述數量，包括小說創作有書 20 種，文 233 篇；創作的短篇小說集有書 13 種，編纂的短篇小說集也有書 4 種；編譯小說有書 7 種，短篇翻譯小說 11 篇；其小說叢論共有文 22 篇；小說史料輯佚與考證有文 2 篇；小說理論研究也有書 5 種，文 3 篇。經刪除已被收錄或複重者，總計胡懷琛的小說創作、編譯及研究著述，有專著 49 種，文 267 篇。

　　身處複雜多變的轉型時代，胡懷琛的創作思惟與隨時代而新變，五四新文化運動分嶺了中國小說的新舊壁壘，無論創作或翻譯，胡懷琛的小說，也在語言、體裁、主題內容和敘事手法上，顯現出由傳統過渡到現代的諸多特色：

一、由文言到白話

　　清末民初，中國小說衍承古典文學傳統，小說語言以文言為盛；小說界革命之後，倡導「言文一致」、白話俗語的《新小說》引領寫作風尚。為開通民智需求，小說文壇也開始朝向「雅」、「俗」與「文」、「白」的思考與嘗試。胡懷琛浸受傳統文學與南社社團薰陶影響，其創作初期自以文言為多，如《虞初近志》（1911）、《弱女飄零記》（1914）、文言筆記小說集《黛痕劍影錄》（1914）、文言短篇小說集《寄塵短篇小說》（1914）、《藕絲記》（1915）、翻譯小說《孤雛劫》（1915）、《血巾案》（1915），及數十篇刊登於《禮拜六》、《小說新報》、《申報》等刊物上的文言短篇小說。五四時期，新文化運動掀起白話文浪潮，胡懷琛順應時需，小說語言開始轉向白話書寫，1923 年出版的《最短之短篇小說》，所輯 24 篇皆為白話短篇，此為其最早的白話小說集，此後，他的白話小說創作愈多，為其奠基走向職業小說家之途。

　　在文白語言轉換的過渡時期，胡懷琛對於小說語言的使用亦有深刻領會，曾云：「作小說之法，文言之中，不妨雜入白話；京話之中，不妨雜入方言；中國話之中，不妨雜入外國話，惟在用之于得當而已，得當則能增精神，不得當則令人莫明其妙，掩卷不欲觀矣。」〔註72〕以為小說傳神之筆，乃在語言的運用「精妙得當」，因其作品中常可見文白俗相混的情形，顯現時代的痕跡，也增加了小說語言的書寫趣味。

〔註72〕胡懷琛：〈小說管見續記〉，刊於《新儉德》1927 年第 1 卷第 3 期，收見胡懷琛《十年筆記》稿本。

二、由長篇變短篇

　　中國傳統小說的篇幅，初由神話、寓言等筆記式短篇，自然演為話本、章回體等長篇，至清末民初，受西洋小說影響，現代短篇小說成為市場主流。小說刊物大量接受外稿提倡短篇小說，短篇小說市場呈現強烈競爭。胡懷琛分析這種轉變，係因長篇小說「難以敷應忙碌生活之閱讀需求」，而短篇小說卻有文短速成、利於投稿出版的優勢所致。〔註73〕如其早期作品《弱女飄零記》（1914）、《春水沉冤記》（1915）、《藕絲記》（1915）、〈慕凡女兒傳〉（1916）、《蠶首蛇心錄》（1916）等，多為長篇編制，至1914年以後開始嘗試撰寫現代短篇小說，即是呼應市場趨勢而為。

三、由實用到娛樂

　　民初啟蒙思潮以後，小說興民啟智的時代任務退卸，市場轉趨重視娛樂休閒與趣味性小說。胡懷琛也本其「能安慰他人的苦惱，蘊含趣味而不呆版的文字就是近於消遣」觀點，定義小說「專供他人消遣，除消遣之外，毫無他意存乎其間」之旨，致力於創作「含有興趣的小說」。〔註74〕

　　娛樂興味之外，藉小說以呈現眾生百相，是胡懷琛小說中的深刻思考。或實錄其對當代時局的憂慮、或直陳對社會黑暗現實的厭惡、腐敗風氣的批判、對僵化封建制度的諷刺、與對桎梏人心的解放和鼓舞、或反映婦女問題、凸顯家庭倫理、道德教育與因果迷信等諸多社會議題。如〈看不懂〉（《遊戲世界》／1923）諷諭軍閥的無知誤國；〈恐慌〉（《小說世界》／1923）記寫民初銀行倒閉風潮引發的金融恐慌；〈輸捐〉（《小說世界》／1924）悲憫離亂失所的難民；〈大同胞〉（《小說世界》／1924）寓想世界大同之世；〈後悔〉（《禮拜六》／1914）嗟歎媒妁婚姻悲劇；〈秋燈蟲語〉（《小說月報》／1923）暢議婚姻自主；〈紅兒〉（《婦女雜誌》／1917）力籲戒廢婢奴等。

　　不過度嚴苛，不輕忽敷衍，是胡懷琛對待小說的態度，也是他作為時代文人有所為的堅執與操守。現代小說題材的多樣性，豐富了胡懷琛小說的內容，在胡懷琛嬉弄嘲諷的文章中，都可見其寓教於樂的觀察與用心。

〔註73〕胡懷琛：〈長篇小說不能發展的原因〉，刊於《最小報》1923年第1卷第20期「關於小說之文」欄。

〔註74〕胡懷琛：〈關於小說之文〉，《最小》報1922年第三號。

四、由全面到片段

　　現代短篇小說就嚴格意義上來說，並不專指小說篇幅的長短，它還包括小說形式上的突破。胡適曾為現代短篇小說下了新的定義云：「短篇小說是用最經濟的文學手段，描寫事實中最精彩的一段或一方面，而能使人充分滿意的文章。」〔註75〕中國傳統章回、筆記體小說，其敘事結構和方式，向來都按事件發生之先後與時空順序，以順敘、第三人稱的全知觀點、白描的手法，推演一個首尾完整的故事；民初小說受西方小說影響，尤其是偵探翻譯小說的啟迪，作家開始競相仿傚西方小說如倒敘法、第一人稱、聚焦式的情節描繪、與細緻刻畫心理活動等敘事手法。

　　胡懷琛也體現了他對西方小說的學習熱情，1923 年以後的作品，明顯呈現這種掌握片段精要的小說書寫方式，如〈富家賬簿之一頁〉（《晶報》／1922），全篇無對話與情節，僅自半毀的帳簿殘頁上簡短的十一行收支帳目記錄，即可一瞭王姓富翁苟薄勢利的性格；〈熱心的校長〉（〈短篇小說概說〉／1923）篇中，有衣冠行止規矩有禮的校長與教員，有言談顢頇粗鄙的老者與婦人，透過言語神態的描繪，人物性格已昭然若揭。〈夢話〉（《晶報》／1919），敘寫姨太太與老爺互相猜忌對方夢中私會情人的一段夢話，結果發現夢中情人竟是彼此。

　　胡懷琛便是以這種取材精確的短篇小說，為自己在民初小說家中別開出一片創作天地。

五、由嘗試到開創

　　胡懷琛作品中運用現代小說體式，如寓言體、日記體、書信體等寫作技法，也展現了胡懷琛嘗試與探索新小說的開放態度。

　　其以寓言形式寫成的寓言體小說，如〈蛙蟆之聲〉（《晶報》／1919），眾蛙蟆閣閣喧鬧要「入閣」，互控對方為陰謀家和官僚，無視已然成籃中蛙，故事展現了詼諧諷喻的趣味；〈微生物的世界〉（《小說世界》／1923），微生物自述所生存的垃圾鄉世界裏，亦有無盡的爭權奪利與欺善怕惡的黑幕醜聞。〈小英雄傳〉（《紅雜誌》／1924），乃虛為垃圾國微生蟲所作之傳。

　　以記述內心世界形式所寫成的日記體小說，如其《最短之短篇小說》所

〔註75〕胡適：〈論短篇小說〉，原載《新青年》第 4 卷第 5 號，收入《胡適文存》（台北：遠東圖書公司，1980 年 4 月），第一集（卷一），頁 129。

收諸篇；又可見其單篇小說，如〈可憐相愛不相識〉(《禮拜六》／1921)，故事串寫兩則同名為「可憐相愛不相識」的日記，同名而結局不同，一則記自由單戀卻無緣的愛情，一則記媒妁新婚初萌的愛情。〈癩蛤蟆之日記〉(《小說世界》／1923)，嚮往與金魚自由愛戀的癩蛤蟆，卻難脫與蝌蚪的媒妁因緣；〈伊的日記〉(《小說世界》／1925)，以少女視角，嘆寫婚姻不自主，終究勉強婚嫁後，人生命運便如同遺失的日記一樣，輕易被遺棄。

以書信形式寫成的書信體小說，如〈二老者〉(《紅雜誌》／1924)，藉父與子、子與妻兩封信，敘寫男子夾處於「二老者」，即專制的「老子」與癡刁的「老婆」之間的可憐處境。

六、由創作到研究

小說創作是胡懷琛小說理論的具體實踐。身為小說的創作者與傳播者，胡懷琛於創作之餘，亦努力從傳統的文化軌跡和長期的寫作經驗中，嘗試借鑑西方小說理論，建構改造中國小說的指導基礎。盧永和總結胡懷琛的理論研究云：「他以寫人敘事的西方小說基礎觀念為參照，展現其研究中國小說的現代視野；另一方面，他打破中國古文獻的分類標準，從經史子集的『古文』中重新發現中國的『小說』，並以中國小說的名義，重建各種歷史文本與文類的關聯性、有序性，由此豐富對中國小說史的認知。」〔註76〕學者黃霖也曾以「識見新，理路清」，贊揚胡懷琛在小說文體所含民族特性的挖掘、小說史著編纂體例的創新上所作的努力，其謂曰：「在整個20世紀中，能這樣真正站在小說史家的立場上勇於探索一些史的發展規律的，實在是屈指可數。」〔註77〕正面評價了胡懷琛於小說史著的學術貢獻。

〔註76〕盧永和：〈小說學與「長時段」：論胡懷琛的中國小說史學〉，《齊魯學刊》2015年第4期，頁132。

〔註77〕黃霖：〈20世紀的「中國小說史」編纂〉，《東岳論叢》，2004年5月，第25卷第3期，頁89。

第六章　胡懷琛民間文學著述敘錄

　　長期以來，相較於文士正統的「雅」文學，流行於中國民間的「俗」文學一直被視為粗鄙的庶民文化而遠離廟堂，然因廣獲人民喜愛，得以口耳相誦、綿遠流傳。五四時期受西方學術經驗啟發，學者的研究視野與範圍逐漸擴大，開始關注民間文學史料的價值。1918 年起，為落實白話新文學建設，由北京大學劉復、周作人、顧頡剛等學者成立「歌謠徵集處」，發起廣採民歌謠諺運動，開啟知識分子研究與保存中國民間文學的重大工程。自 1919 年起至 1930年，由於學者不斷持續的文化探溯熱忱，這場具有重大意義的民間文學運動得獲充足發展。1912 年起，胡懷琛即偶有鼓詞、彈詞之作，1920 年以後更呼應知識分子保存民族文化的熱情，積極於探源考察與創作研究活動，其蒐羅廣泛，除歌曲俚謠外，還紀錄考述了包括俗諺語、方言、神話、傳說、寓言、民間故事等，成果豐碩。

　　本章擬對胡懷琛作品進行研究論述，首先面臨的便是名稱、定義、範圍與分類難題。根植於群眾又廣泛流傳於民間的文學，其所涵蓋內容與體裁極為繁雜，歷來學者在名稱、定義、範圍與分類等問題上多有紛論。曾永義《俗文學概論》特輯理諸家之言以辨。如鄭振鐸《中國俗文學史》云：

> 所謂俗文學，就是通俗的文學，就是民間的文學，也就是大眾的文學。……所謂俗文學就是不登大雅之堂，不為學士大夫所重視，而流行於民間成為大眾所嗜好，所喜悅的東西。〔註1〕

─────────────

〔註 1〕鄭振鐸：〈何謂俗文學〉，《中國俗文學史》（台北：台灣商務印書館，1999 年4 月），（上），第一章，頁 1。

鄭氏認為「俗文學」與「通俗文學」、「民間文學」、「大眾文學」等概念是相通的。然段寶林在其〈俗文學的概念與特徵〉文中則表達了不同的觀點：

> 俗文學，顧名思義就是通俗的文學。……但通俗易懂的文學作品並不一定都是俗文學。……民間文學是廣大人民群眾的集體口頭創作，他是無名氏的創作，創作者往往是不署名的，……而俗文學除了集體創作的民間文學之外，還包括個人的創作，它是可以個人署名的，甚至文人的個人創作。〔註2〕

段氏以為「民間文學」只是俗文學中之一環。北京「中國俗文學會」也在所出版的《俗文學論》〈前言〉中發表了類似的看法：

> 所謂俗文學，或叫俗行文學，……凡在民眾中流傳的神話故事、歌謠、諺語、俗行小說、民間戲曲、說唱文學等等，均被認為俗民所喜習的文學，也均可稱為俗文學。……俗文學與通俗文學、民間文學、曲藝和民間戲曲之間，有著密切聯繫，但這些概念又不能彼此互相代替或混同。〔註3〕

李福清教授更明確指出，中國有「俗文學」名詞至少要到宋代以後才產生，繼之而起的是「通俗文學」，如使用「通俗」二字的《京本通俗小說》、《三國志通俗演義》等著。因此認為：

> 民間文學是口傳的，俗文學是書寫的，但是後者是在民間文學的基礎上，模仿民間文學，再照一般平民的口吻而寫成，所以口傳者是民間文學。

以此為民間文學的第一個特點，並總言之：

> 俗文學是在高雅文學和民間文學的中間，特別在中國，俗文學非常發達，後來由通俗文學取而代之，所以我認為民間文學和俗文學是不一樣的，二者關係密切，卻不相同。〔註4〕

以上眾說因定義不同雖未達成共識，曾永義乃於考察徐蔚南、周作人、鄭振

〔註2〕段寶林：〈俗文學的概念與特徵〉，收入中國俗文學學會編：《俗文學論》（哈爾濱：黑龍江人民出版社，1987年9月），頁46、47。

〔註3〕中國俗文學學會編：《俗文學論》（哈爾濱：黑龍江人民出版社，1987年9月），〈前言〉，頁1、3。

〔註4〕李福清語，摘錄「俗文學教學與研究座談會」（1997年6月7日台北市中華民俗藝術基金會主辦）之發言內容，轉引自曾永義：《俗文學概論》（台北：三民書局，2003年6月），頁13、14。

鐸、鍾敬文、段寶林、王國良等三十四位學者專家意見後，亦就名稱爭議，總結出：

> 在中國語言命義的前提之下，所謂「民間文學」、「通俗文學」、「俗
> 文學」，事實上是「三位一體」，不過在不同的角度說同一件事而已，
> 它們之間根本沒有什麼不同。〔註5〕

曾永義認為各名稱彼此之間本可互相換用，並無嚴格定義，乃以《俗文學概論》為其書名定調。其書中分析了諸家對民間文學範圍和分類的界定，總集大成，標舉包括俗語、謎語、對聯、遊戲文字、寓言、笑話、神話傳說、童話、故事、歌謠雜曲、說唱、地方戲曲及少數民族俗文學等十四種類目，為民間文學指引具體而明確的研究方向。

　　曾永義所統理的「民間文學」範疇至為中肯周延，本編乃據之引為胡懷琛作品論述分類之主要參考，依篇幅體制由短而長、由簡至繁、先散後韻的編目方式，分歸為「短語綴屬」、「故事」、「韻文學」，及「其他雜考」等四大類，詳加敘錄。唯有關本章名稱，經筆者審觀胡懷琛作品中每多慣用「民間文學」一詞，故乃依循其稱。期透過本文敘錄整理，得以保存胡懷琛遺留的大批珍貴史料，俾供後學者研究民間文學所需。

第一節　短語綴屬著述

　　本節「短語綴屬」名稱，係根據曾永義《俗文學概論》一書所定，短語所涵括之內容、定義與分類標準等，亦同時參用胡懷琛〈遊戲文體考源〉，包括俗語、諺語、慣用語、歇後語等長期流傳於民間，由群眾創作的口頭成語，及遊戲文體，如回文詩、謎語、詩鐘、集句、酒令、對聯、拆字、打油詩等，悉歸於此類。〔註6〕

一、口頭成語

　　包括俗語、諺語等形式短小，言語簡潔精煉，寓意深刻的短語或方言，是融匯民眾生活經驗與智慧的自然表達。

〔註5〕曾永義：《俗文學概論》（台北：三民書局，2003 年 6 月），頁 23。
〔註6〕曾永義：《俗文學概論》（台北：三民書局，2003 年 6 月），〈首編：短語綴屬〉，
　　　頁 38～46。

（一）俗語與方言

1. 〈中國地方文學的一斑〉（〈中國之地方文學〉）

胡懷琛撰，初載於《小說世界》1923 年 4 月 20 日第 2 卷第 3 期，後更名〈中國之地方文學〉，收入《中國文學史略》（1924 年 3 月上海梁溪圖書館）。地方文學的侷限性，常因語言文字的隔閡只能通行於地方，如胡懷琛所云：「他省人讀之，則不啻英國人之讀法文矣。」他引三種方言為例論說：一是以上海土話譯《聖經》篇章：「百合花，是帕勒斯汀（案帕勒斯汀地名）頂好看個一種花。拉夏天，更加茂盛。耶穌拏第個花做比方，勿是話花有啥個信仰……。」上述文字若非上海人自然不知所云，故必加以注釋而後可解，如：「個，的也。拉，在也。第個，這個也。勿是，不是也。話，說也。有啥個，有什麼也。」又舉江浙傳統曲藝「蘇白灘簧」為例曰：「俺徐亨，只為家業凋零，養娘勿活，故此在衛輝營中吃仔一分戰糧。……囉裏曉得四川洞蠻作亂，……兵部大老爺調齊衛輝營人馬，要搭洞蠻打個死仗。……辭別阿瑪娘搭兄弟，……。」其中之敘事唱句，如「俺，我也。仔，了也。囉裏曉得，即哪裏知道。搭，和也。阿瑪娘，即母親也。」皆須經過解釋。又如廣東方言，非經註解亦難懂，如〈春心事〉〔註7〕云：「春心事，想話訴向春風，……你睇春色幾咁繁華，可惜春恨未送，嗽就辜負半園春景。自己因恨唔鬆。人話春酒半壺，……咳春色有用，春閨愁轉重，……。」句中之「話訴，告訴也。睇，看也。咁，如許也。嗽，此也。唔，不也。人話，猶言人說也。冇，無也。」此外，胡懷琛又摘舉十數個罕見如「仈」、「奀」、「歪」、「妖」、「氹」等字，對照中國各地方語言文字使用之殊異。

2. 〈上海方言零拾〉

胡懷琛撰，發表於《皖聲》雜誌 1936 年第 1 期「雜考」欄。上海開埠後移民大量湧入，移民帶來各地鄉音，語言文字雜薈成為移民交流的特殊現象，胡懷琛於研究上海文學時，對上海方言亦有所考察。本文所考上海方言共有 11 則。如「蘆蕨」，蘆蓆也。「斤九釐」，指能「以目時人」之精慧者。「通事」，「譯者」俗稱。「過街樓」，一稱「跨街樓」，上海房屋有從樓之側面架木抵對面牆上，另建小樓一間，樓下仍為通行之路，稱「過樓街」。「花」，上海簡稱「棉花」。「一文」，「一門」也，記數語，指如「一枚錢」、「一文算題」。「大塊

〔註7〕胡懷琛有考釋〈春心事〉一文，見〈粵謳譯註〉，收入《十年筆記》〈雜記五則〉之一。

頭」，稱體胖之人為「塊」，當「魁」字轉也。「拆鈔」，稱遊民攔路訛詐打劫，「分錢」也，今多寫做「拆梢」。「走投無路」，今多做「走頭無路」，非也。「打棚」，戲謔取樂以爭勝負，如「打諢」。「吃耳光」，「吃」有「接受」之意，「光」，當作「摑」，古戰時割敵左耳以獻上，稱「馘」，後演變為「摑」，「吃耳光」即「受耳摑」。

有關上海之方言與俗語，胡懷琛另有考述之作，收錄於《十年筆記》、《薩坡賽路雜記》等專著中，此亦列述為例：

3. 〈野雞〉與〈竹扛〉

胡寄塵撰，收入《十年筆記》。上海方言「野雞」指稱「妓女」，《春水室野乘》記吳三桂事，指其源本於名妓「陳圓圓」渾名，蓋「圓圓本姓邢，生時有群雉集於屋上，故人呼之為野雞」，然此說未證。

「竹扛」為上海俗語，意指強索詐取，曰「敲竹扛」。然胡懷琛考「竹扛」當為「斨扛」之誤，其舉齊次風〈禽言詩〉列「斨扛」與「布穀」云：「斨扛斨扛，一斨使山禿，再斨使山荒，漫論阿房與建章。」此「斨扛」以喻苛斂橫徵，故當曰「斨扛」是也。

4. 〈一窩蜂〉、〈豸雞〉、〈搭訕、打訕、打棚、打諢〉

胡懷琛撰，收入《薩坡賽路雜記》（1937 年 8 月上海廣益書局出版）。

「一窩蜂」（篇 75）今意指「盲從」，為江浙通行俗語，胡懷琛採陸游〈入蜀記〉得：「大盜張遇，號一窩蜂，擁兵過廟下」，知其原乃宋代強盜張遇之諢號，今人襲用之，蓋與原意差異頗大。

「豸雞」（篇 88）一詞，上海方言稱「蟋蟀」讀如「才基」，蓋中國古有鬥雞之戲，兒童以蟋蟀相鬥，亦如鬥雞，因稱蟋蟀為雞，「豸」亦蟲類，轉音為「才」，胡懷琛以為，或因而稱鬥蟋蟀為「鬥才基」。

「搭訕」、「打訕」、「打棚」、「打諢」（篇 96）等四詞。「搭訕」或作「打訕」，「打」者有比賽、競爭之意，如「打牌」、「打官司」，「訕」有譏諷之意，彼此譏諷取樂，故曰「打訕」。「打棚」亦「打訕」之意，但「棚」為別字，當作「諢」。宋人筆記中有「說諢話」或「打諢」，是賣藝者取笑於觀眾，既非「搭訕」、亦非「打棚」。此四語雖同，胡懷琛以為仍須知辨而用。

5. 〈近幾年來上海新辭彙之一部分〉

胡懷琛撰，收入《薩坡賽路雜記》（1937 年 8 月上海廣益書局出版）。廿

世紀 30 年代，上海各方面發展突飛猛進，上海語言因應時代轉變，胡懷琛摘記其所觀察上海近十年間快速變化而衍生流行的新詞彙與通用俗語，如商業化、不景氣、影星、流線型、嗎啡針、摩登、大傾銷、狂賤、馬路政客、文剪公、作風、京派、海派、畢業即失業等 56 句，見證上海社會觀念與風氣流行亦隨時代變化。

（二）諺語

《說文》：「諺，傳言也，謂傳世常言也。」包括俚諺、俚謠、俗諺、俗話等富哲理性、經驗性的俗語。

1. 〈老漁歌謠〉

胡懷琛撰，發表於《儉德儲蓄會會刊》1923 年第 4 卷第 2 期〈波羅奢館筆記〉。番禺張維屏所撰的《老漁歌謠》，辭簡意深，有古歌謠韻趣，胡懷琛乃節錄該卷中二十首以觀，包括〈太平歌〉、〈勸善歌〉、〈懲惡謠〉、〈醒勢歌〉、〈戒矜歌〉、〈奢儉歌〉、〈警獨歌〉、〈耳目歌〉、〈順逆歌〉、〈長短歌〉、〈眾寡歌〉、〈百一歌〉、〈去日行〉、〈大路行〉、〈鵜鰈言〉、〈睡起謠〉、〈心交行〉、〈知己歌〉、〈草草謠〉、〈歲歲歌〉等。如〈戒矜歌〉云「自謂予智，必生諸弊；自謂我能，必招眾憎」；〈奢儉歌〉云「處己當戒奢，濟人莫言儉。儉與吝不同，美惡要分辨」；〈百一歌〉云「百碗湯不如一碗粥，百藝生不如一藝熟」；〈心交行〉云「同姓不知心，知心在異性；恆哉恆哉，古之人得一心交如性命」。諺謠中多智慧之語，發人深省。

2. 《田家諺》

一冊，農諺集，胡寄塵編纂，1924 年上海商務印書館鉛印本，收為《平民小叢書》之一；1935 年 9 月又收入《民眾基本叢書》第一集「歌謠諺語類」。〔註8〕書前有編纂者引言云：「諺語，有時也像歌謠；很有點文學的意思，所以又名『謠諺』。現在所采取的，都是關於田家的諺語，種田的朋友們得著，一面可以當歌唱唱，一面也可以得到些農家的知識。」全書輯錄簡易上口農諺共 40 則，如「風吹上元燈，雨打寒食墳」、「雨打墳頭錢，一年好種田」；正文都標有注音，間以文中夾註方式如「三月三，薺音濟菜花兒賽牡丹花名，

〔註 8〕見傅瑛：《民國皖人文學書目》（北京：中國社會科學出版社，2016 年 4 月，頁 150），及沈文沖：《民國書刊鑒藏錄》（上海：上海遠東出版社，2007 年 7 月，頁 491～493），所著錄有 1935 年 9 月《民眾基本叢書》版之封面、內頁與版權頁書影，可參考。

牡音母」，或加有尾註，俾於推廣啟蒙閱讀。

3. 《諺語選》

一冊，民間諺語集，胡寄塵編纂，1924 年上海商務印書館鉛印本，收為《平民小叢書》之一。該書著錄於《民國皖人文學書目》〔註 9〕，筆者未見。

4. 〈諺語訛句之可笑〉

署名「螺屋主人」，初發表於《小說世界》1926 年 1 月第 13 卷第 4 期「螺屋雜記」（四），後收入《後十年筆記》。胡懷琛考諺語之流傳，以為諺語通行於庶民群眾之口，傳之既久，訛誤遂多，如民歌中之「禾場」經訛念為「和尚」、「豆和穀」變為「豆腐鼓」等例，訛句經傳久遠後便難知原意，故須詳加考證。

5. 〈諺語與文人詩〉

胡懷琛撰，收入《薩坡賽路雜記》（1937 年 8 月廣益書局）。古詩本多諺語，如唐詩有「今朝有酒今朝醉」、「易求無價寶，難得有情郎」等句；黃山谷詩句「情人眼裡出西施」幾乎已成為俗諺；《詩經》「桃之夭夭」句，已為今人「借」句「改」用為「逃之遙遙（夭夭）」了，可證諺語入詩乃當時風氣，與文人詩關係密切。

以上俗語與方言有文 8 篇；諺語有書 2 種、文 3 篇。

二、遊戲文體

遊戲文體包括各種回文詩、禽言詩、蟲言詩、謎語、詩鐘、集句、酒令、牙牌、對聯、打油詩等，其形制與功能各有不同，是文人騷客怡情遣興的詩文益智游戲，也是百姓生活樂於參與的娛樂活動。在散載於報章刊物的許多篇章、及〈遊戲文體考源〉一文中，都可見到胡懷琛對於各種詩文遊戲的精詳考辨。

（一）雜體詩文類

1. 回文詩

胡懷琛作〈解頤談〉1 篇，刊載於《小說月報》1910 年 1 卷第 5 期，談回文詩之妙趣。所謂回文詩，即按詩詞文字之序，全句之前後皆可顛倒誦讀、

〔註 9〕傅瑛著：《民國皖人文學書目》（北京：中國社會科學出版社，2016 年 4 月），頁 155。

又自成意義的詩對遊戲稱之，其趣味在於巧妙地展現詩句文字的排列技巧。

以上回文詩有 1 篇。

2. 禽言詩與蟲言詩

指以禽、蟲之語諧人言，象聲取義，記物以寓意的一種雜詩體。其以鳥聲附為人語，如杜鵑啼諧「不如歸去」，鷓鴣聲近「行不得也哥哥」，竹雞叫諧「泥滑滑」。以蟲言附人語，如蟬聲是「知了」。

胡懷琛在《重編大江集》中，擬禽言詩之作有 9 首，包括〈割麥插禾〉（杜鵑）、〈得過且過〉（杜鵑）、〈姑惡〉（竹雞）、〈行不得也哥哥〉（鷓鴣）、〈不如歸去〉（杜鵑）、〈提壺盧〉、〈婆餅焦〉（褐色鳥）、〈脫卻破褲〉（杜鵑）、〈稽古〉（竹雞）；擬蟲言詩有 3 首，〈促織〉、〈知了〉（蟬）、〈叫哥哥〉（蟋蟀）。

〈婆餅焦〉寫「婆餅焦，媳婦喚婆婆來瞧。婆罵媳婦，媳婦心焦。我吃慣牛肉與麵包，山東大餅不會烤。」表現出婆媳在生活習慣上不同喜好的趣味。〈脫卻破褲〉寫「脫卻破褲，拿上當鋪；一家米糧，希望這條褲。怎奈當鋪主人，搖頭不顧。」體現窮民悲苦的生活情狀。〈叫哥哥〉寫「叫哥哥！叫哥哥！哥哥說我親愛，嫂嫂嫌我話多；爺爺說我不是，媽媽又說我不錯，一團閒氣，到底爭些甚麼？大家庭制度，不如一拳打破！」透過大家庭紛爭，宣揚破除舊封建家庭制度。〈稽古〉寫「稽古稽古，堯舜禹湯周文武，陳之又陳舊八股。可憐撐破秀才肚，忽然遇見羅與杜，你試看他氣鼓鼓。」「羅與杜」即羅素與杜威，詩文結合五四文化解放八股束縛的思想主題，契合新時代精神。

以上禽言詩與蟲言詩有 12 首。

3. 打油詩

民國時期小報風行，文士閒聊自娛，喜藉小報發表嘻笑怒罵的短篇詩文，或憤時疾、或抒境遇、或附風雅，間錄一些社會百相、花叢軼聞、歌場月旦等。胡懷琛收在《怪話》、《晶報》、《紅雜誌》等刊物共有 31 首結合俚俗方言，內容簡單應俗，極盡揶揄調侃、諷娛效果十足的打油詩類的白話「新體小詩」。

（1）收在《怪話》（1919 年 3 月廣益書局出版）有〈丙辰上海打油詩〉10 首。

（2）刊載於《晶報》，有〈擬新體詩〉、〈阿彌陀佛〉、〈密司打〉、〈戲贈賣文者詩〉、〈答打油詩人〉、〈待旦歌〉、〈改唐詩〉、〈改唐詩 2〉、〈詠西瓜〉、〈十

載交情半首詩〉、〈空費了心機〉、〈祝晶報〉、〈題不知所云集〉、〈贈天笑先生〉、〈不是詩〉、〈五克詩〉、〈有些像詩〉、〈簡天笑〉、〈寄天笑先生〉等打油詩。

如〈擬新體詩〉：「我家一隻老雄雞，喔喔喔向我啼，我問雄雞為什麼喔喔喔向我啼，雄雞說你老不懂鳥語，這便是我吟詩」；〈戲贈賣文者詩〉為自嘲語云：「聞道文堪賣，何妨便賣文。經營因五斗，難掘到三墳。好歹憑人說，高低把價分，青山無血本，臣朔莫憂貧。」〈五克詩〉集詩中五個「克」字，成詩云：「手中斯的克，鼻上托力克。消遣是樸克，應對是聖克。夫子曰克己，這卻不可克。」等 19 首。〔註 10〕

（3）刊載於《紅雜誌》1923 年 12 月第 2 卷 5 期有〈夏蟲小贊〉1 首，署名「春夢」，以諷筆寫「蚊子」、「蒼蠅」、「螢」、「燈蛾」、「蛇」、「蜘蛛」、「臭蟲」等八種夏季惱人小蟲，如寫「蚊子」，稱「手段如流氓，心如貪官，秋風不起，死不完。」

（4）刊載於《紅玫瑰》1925 年 7 月第 1 卷 50 期，有〈鏡詩〉1 首，署名「寄塵」，寫與「鏡」有關的打油詩。民國時期各種進口鏡類繁多，如顯微鏡、望遠鏡、近視眼鏡、相機鏡等。胡懷琛戲作打油詩一首，奇科技之神妙，如指愛克斯光「形容凹又凸」、「顏色綠還紅」、玻璃片「向日能生火」、「遮窗可避風」，稱「千里鏡」可明雙眸，更贊「萬花筒」鬥巧有奇景。

以上打油詩有 31 首。

〔註 10〕以上打油詩諸篇，分別刊載於《晶報》1919 年 3～4 月、1920 年 7～8 月、1921 年 5 月、1922 年 3 月、1923 年 3～11 月、1926 年 1～3 月。

4. 〈遊戲文體考源〉

一卷，胡寄塵撰，連載於《游戲世界》1922 年第 10～15 期「雜俎」欄。緒言云：「游戲文字，本出於古滑稽之徒，如淳于、優孟之輩，太史公所謂談言微中，亦可以解紛是也。」文分五編，第一編「遊戲詩」類，遊戲詩非詩之正體，乃假文字以為遊戲者耳。介紹各種雜體詩文類型，如集句、禁體詩、廻（回）文詩、疊字詩、雙聲疊韻詩、全平全仄詩、限韻詩、限字詩、拆字詩、折句、虛字為詩、口吃詩、嵌字詩、諧音詩、神智詩、離合藏頭詩、晚眺詩、長短句、五雜俎、兩頭纖纖、寶塔詩、問答詩、禽言詩、蟲言詩等遊戲詩廿三種。第二編「燈謎」類，考燈謎源流、名目與體格，如捲簾格、繫鈴格、解鈴格、移鈴格、梨花格……等 9 種，並考其著述。第三編「詩鐘」類，考詩鐘源流、名目、體格與著述。第四編「聯語」類，該編筆者未見，暫缺。第五編「雜錄」類，介紹巧對、酒令、詩牌、詩寶、績麻、牙牌詩、道情、套文、雜纂、拗口歌等十種。全書蒐錄豐富龐雜，是胡懷琛對各種雜體詩、燈謎、詩鐘、對聯等「文學小樣式」的考據專篇。

5. 集句

集句者，集古人成句而成篇也。胡懷琛《天衣集》中，原輯有〈集史記語成詩五首〉、〈集莊子語為詩三首〉、〈集柳子厚文〉、〈節史記語成詩一首〉、〈節莊子語成詩一首〉等 5 篇，後又擇錄《天衣集》部分內容，撰作〈莊子史記中之詩句〉、〈古書中之詩句〉2 篇，發表於《小說世界》1925 年 10 月第 12 卷第 5 期、1926 年 1 月第 13 卷第 4 期。

以上集句之作有 7 篇。

6. 嵌字詩

胡寄塵撰，發表於 1933 年《新上海》第 1 卷第 2 期。嵌字詩者，以指定之字嵌入句中也，其源流久遠，後來並演為「詩鐘」。嵌字詩首重自然，胡懷琛舉「春水滿四澤，夏雲多奇峰；秋菊有佳色，冬嶺秀孤松」、「一去二三里、烟村四五家；樓台六七座，八九十枝花」，及其於「因社」雅集所作「夏初景物尚清新，況復名園隔俗塵；湖海相逢成此社，杯盤小集亦前因」詩，說明嵌字詩極任自然的詩作標準。

以上嵌字詩有 1 篇。

7. 拆字詩

「拆字」又稱破字、測字或相字，乃透過詩句或文字的離合增減、解釋

字義的文字遊戲。胡懷琛有〈拆字源流〉1 篇，一名〈拆字考〉，初刊載《白相朋友》1914 年第 1 期，又發表於《文心》雜誌 1941 年第 3 卷第 3 期，見《波羅奢館雜記》與《後十年筆記》。

以上拆字詩有 1 篇。

以上雜體遊戲文類，有考據文 1 篇，回文詩 1 篇、禽言詩與蟲言詩 12 首、打油詩 31 首、集句 7 篇、嵌字詩 1 篇、拆字詩 1 篇。

（二）燈謎類

詩謎又稱「文虎」，蓋因其猜射之難如射虎之不易。包括詩謎、燈謎、彝語發表於報章刊物的詩謎文章。

1. 〈佳謎〉1 篇，發表於《小說月報》1910 年第 1 卷第 5 期。

2. 〈謎話〉、〈謎錄〉2 篇，發表於《小說新報》1916 年 2 卷 1 期「謎海」。

3. 1922 年《紅雜誌》之「南面續錄」、「嚼雪續錄」、「餐風續錄」等專欄中，分別發表 3 篇謎作。

4. 〈詩謎考源〉初載《小說世界》1925 年 4 月第 10 卷第 3 期，後收入《後十年筆記》（《文心》雜誌 1940 年第 2 卷第 7 期）。

5. 〈說詩奇談〉、〈曹著的謎語〉，收入《薩坡賽路雜記》（1937 年 8 月上海廣益書局出版）。

6. 〈鬥詩小記〉（署名「胡寄塵」）、〈不是謎語〉（署名「秋山」）2 篇，先後發表於《小說世界》1925 年 7 月第 11 卷第 3 期、1927 年 5 月第 15 卷第 22 期。

7. 《通俗謎語》一書，《民國皖人文學書目》著錄「1931 年上海商務印書館鉛印本」，筆者未見。〔註11〕

以上謎語，有書 1 種，文 11 篇。

（三）詩鐘類

「詩鐘」之記始見於《閩雜記》，又名「百衲琴」、「建除詩」，本文人讌集觴政即席闈題之遊戲，綴錢於縷，縷香寸許，銅盤承之，俟香焚縷斷時，錢落盤鳴，以為納卷之限，故曰「詩鐘」，蓋取其擊缽催詩之意。

1. 〈詩鐘考〉初載《儉德儲蓄會會刊》1923 年第 4 卷第 2 期「雜俎」，

〔註11〕傅瑛著：《民國皖人文學書目》（北京：中國社會科學出版社，2016 年 4 月），頁 288。

後收入〈波羅奢館筆記〉。

2.〈蔡伯浩與詩鐘〉初載《儉德儲蓄會會刊》1925 年第 5 卷第 3 期「雜俎」，後收入《十年筆記・春申懷舊錄》。

3.〈詩鐘盛行之原由〉收入《後十年筆記》（見《文心》雜誌 1940 年第 2 卷第 9 期）。

4.〈詠物詩與詩鐘〉、〈五言詩鐘〉2 篇介紹詩鐘格律，分別收入《薩坡賽路雜記》（1937 年 8 月上海廣益書局出版）。

以上詩鐘類有文 5 篇。

（四）聯語類

1.〈對零聯碎〉1 篇，胡懷琛撰，收入《薩坡賽路雜記》（1937 年 8 月上海廣益書局出版）。

2.〈破句妙對〉1 篇，胡懷琛撰，收入《後十年筆記》（見《文心》雜誌 1940 年第 2 卷第 7 期）。

3.〈嵌字聯〉1 篇，胡懷琛撰，收入《後十年筆記》（見《文心》雜誌 1940 年第 2 卷第 7 期）。

4. 輓聯 4 篇：

（1）為黃懺華夫人葆珠女士所作輓聯 1 篇，署名「寄塵」，收入《紅雜誌》1922 年 1 卷 23 期「嚼雪錄」專欄。

（2）〈輓李涵秋聯〉1 篇，署名「胡寄塵」，刊載於《文學研究社社刊》1923 年第 7 號，收入《後十年筆記》（《文心》雜誌 1940 年第 2 卷第 4 期）。

（3）〈輓陳佩忍先生〉1 篇，署名「胡寄塵」，刊載於《珊瑚》雜誌 1934 年第 4 卷第 1 期。

（4）〈輓引才詩聯〉1 篇，胡懷琛撰，見《南洋・南洋中學校友會會刊》1934 年第 4 卷第 3 期。

5.「婚聯」3 篇：

（1）贈葉楚傖與吳蓉女士新婚聯 2 篇，署名「寄塵」，收入《紅雜誌》1923 年 2 卷 15 期「飲露續錄」欄。

（2）〈白話新婚聯〉1 篇，胡懷琛撰，收入《後十年筆記》（《文心》雜誌 1940 年第 2 卷第 3 期）。

以上聯語類，包括門聯對句、嵌字聯、輓聯、婚聯等共有 10 篇。

（五）雜錄類

1. 酒令

〈酒令考〉、〈酒令〉2 篇，胡懷琛撰，刊載《儉德儲蓄會會刊》1923 年第 4 卷第 2 期「雜俎」欄（收入〈波羅奢館筆記〉）。文人「酒令」形式多端，深寓機趣，極展文人詩詞之能事。胡懷琛考「酒令」遊戲源起於東漢，時擒白波賊如席捲，故於酒席言之以快人心，酒令因而又稱「卷白波」。

2. 積麻

〈押詩韵積麻〉1 篇，乃胡懷琛考「積麻」這種文人常見互補缺字對韻成句的押詩韻遊戲，載於《儉德儲蓄會會刊》1923 年第 4 卷第 2 期「雜俎」欄（收入〈波羅奢館筆記〉）。

3. 巧對

〈巧對錄〉1 篇，署名「秋山」，刊載於《小說世界》1926 年 4 月第 13 卷第 17 期。相較於隱語的民眾化，巧對則是文人化之作。中國律詩因兩聯相對，常可見巧對，如「拳石畫臨黃子久，膽瓶花插紫丁香」，「拳石」對「膽瓶」，以「黃子久」人名，巧對「紫丁香」花名，又「黃」對「紫」，「子」對「丁」，甚為巧妙。

4. 牙牌

〈骰子牙牌的來歷〉1 篇，署名「塵夢」，發表於《小說世界》1926 年 1 月第 13 卷第 2 期，後收入《文藝叢說》（一）（1928 年 6 月上海商務印書館出版）。

〈骰子補考〉1 篇，胡寄塵撰，發表於《小說世界》1926 年 5 月第 13 卷第 21 期。乃「骰子」與「骰子牙牌」之來歷與演變探考。「骰子」一作「色子」，博具之一；「牙牌」一稱「骨牌」或「牌九」，係由骰子演變而來。「牙牌令」乃中國古代貴族結合飲酒、賭博與文字遊戲三者為一以助興取樂的遊戲，原為卜具，後演為賭具。有關「牙牌令」著名之文，如《紅樓夢》第四十回寫「史太君兩宴大觀園，金鴛鴦三宣牙牌令」。

5. 道情

〈新道情〉1 首，胡懷琛撰，收入《胡懷琛詩歌叢稿》（1926 年上海商務印書館）。「道情」非詩非文非曲，乃道士所吟的一種通俗韻文，多離塵絕俗之語。胡懷琛仿鄭板橋之〈道情〉而作。道情詩可歌，胡懷琛同時也將之歸入

「韻文學」類中之「民歌」短歌。

以上雜錄類，包括酒令 2 篇、積麻 1 篇、巧對 1 篇、牙牌 2 篇、道情 1 首等共 7 篇。

本節短語綴屬著述，合計收錄有書 3 種、文 44 篇、詩 43 首。

第二節　故事類著述

胡懷琛以散文文體創作的寓言、神話、傳說、故事及笑話等，悉歸此類；另有關地方俚俗傳說之考據研究，亦歸入本節討論。其他《中國神話》、《中國故事》、《中國神仙故事》、《中國寓言》、《中國寓言集》諸編，以其內容同時亦適用兒童課外閱讀，乃隸歸於本書「語文教育類著」一章中，此節故不另贅述。

一、神話、傳說與考據

（一）神話故事與考據

1.〈琉球神話〉

胡寄塵撰，刊載於《小說世界》1923 年 9 月第 3 卷第 10 期，後收入《文藝叢說》（一）（1928 年 6 月上海商務印書館出版）。故事取材自李鼎元所作遊記《使琉球記》，胡懷琛摘取其中三段神話加以改寫成白話故事。〈老僧捉狸〉演述狸魅變美女色誘書生情節，內容近似《聊齋》；〈雷神殺蛟〉寫以人祭河蛟故事；〈仙女嫁農夫〉同中國〈七仙女〉神話。三則神話中的東方色彩濃厚，見證當時琉球地方的人情風俗已然普遍中國化的情形。

2.〈東方神話之一〉、〈東方神話之二〉

高麗與印度神話故事共 2 篇，署名「寄塵」，分別發表於《紅雜誌》1923 年 1 卷 44 期及 2 卷 16 期。〈東方神話之一〉〈豬精〉，敘述迷路兄妹智取豬精的故事；〈東方神話之二〉〈神蛇〉，神蛇回報金子給予供養其牛奶的農人，而農人兒子卻因貪索反遭蛇囓而死，是具警世深意的印度神話。

3.〈識寶回子和江西人〉

胡寄塵撰，發表於《小說世界》1927 年 9 月第 16 卷第 14 期，後收入後收入《文藝叢說》（二）（1931 年 4 月上海商務印書館出版）。本文副標為「阿拉伯化的中國神話」，胡懷琛以為，唐代頻與西域通商，波斯和大食（阿拉伯）文化隨回教傳入，阿拉伯神話開始在中國流傳，其中如〈識寶回子〉和〈江西

人〉，一寫「用法術向地下取寶」，一寫「因貪心永遠被關閉地下」的情節，正與中國民間傳說〈金雞〉、〈江西人〉二則故事雷同。又取流傳西班牙一則近似故事為例，證明大食故事轉化成中國民間傳說的淵源，故稱其為「阿拉伯化的中國神話」。

4.〈神話〉

署名「螺屋主人」，發表於《小說世界》1926 年 1 月第 13 卷第 3 期，後收入《後十年筆記》（見《文心》雜誌 1941 年第 3 卷第 9 期）。有關各國神話的價值，胡懷琛以為，聖經中多猶太神話，佛經中多印度神話，《淮南子》、《列子》也多中國神話，其在文學上之價值，正與希臘神話相等，甚或超乎其上，是故欲治世界文學者，皆須一讀。

5.〈隱語與神話〉

胡寄塵撰，刊載《小說世界》1926 年 2 月第 13 卷第 6 期，後收入《文藝叢說》（一）（1928 年 6 月上海商務印書館出版）。胡懷琛觀察中國詩文中常用的「隱語」也見於神話。如考月神「嫦娥」之名，以其音近觀月儀器「常儀」，故而得名。考「鍾馗」乃「終葵」二字之隱語，蓋「終葵」二字見《周禮・考工記》，即「椎」器也，古人揮椎逐鬼，故以椎名造出吃鬼者「鍾馗」形象。〔註12〕考「魁星」，乃隱「奎星」二字而來，「奎星」為北斗七星之一，「魁」字本有「首領」之意，故以「魁星」為司文章之神，為「文壇首領」。又中國神話之重要人物「西王母」，考「西王母」三字為地名之譯音，因周穆王曾臨「西王母」一地，後人遂而造就出「西王母宴周穆王於瑤池」的神話。

6.〈鍾馗考〉

胡懷琛撰，收入《後十年筆記》（《文心》雜誌 1941 年第 3 卷第 9 期）。本篇乃對鍾馗形象與命名的專篇考證，內容同其〈隱語與神話〉一文所考而又更詳盡。

7.〈龍王考〉（〈中國小說中之龍王〉）

胡懷琛撰，發表於《小說世界》1926 年 4 月第 13 卷第 17 期，一名〈中國小說中之龍王〉，收入《文藝叢說》（一）（1928 年 6 月上海商務印書館出版）。「龍」為中國古代神物，常見於傳說、神話與小說中，《易經》言其「變

〔註12〕胡懷琛另有〈鍾馗考〉一篇，刊載《文心》雜誌 1941 年 3 卷第 9 期，收入《後十年筆記》，對鍾馗之形象與命名有詳盡考釋，可參考。

化無方」，《離騷》有「為余駕飛龍兮」、「麾蛟龍使津梁兮」、「駕八龍之婉婉
兮」等句，與《史記・封禪》「鼎既成，有龍垂胡髯，下迎黃帝，黃帝上騎，
群臣後宮從者七十餘人」，皆視龍為神人騎乘之物。另〈周本紀〉及〈高帝本
紀〉則記龍與人相遇而生人。胡懷琛考中國神話中龍王之來歷，以為其源承
自佛經，蓋佛經傳至中國後，中國始有「龍王」之稱，後世小說亦始有以龍王
為主人翁者，如《柳毅傳》。又考證比較了印度佛經與中國籍載之相異處，如
印度龍王可驅使水族，中國龍則供神人驅使；印度龍王深棲於海，中國龍王
則翔雲在天等，以為提供龍王考據者精詳之研究參考。

以上神話故事與考據，共有文 8 篇。

（二）民間傳說與考據

1. 〈中國民間文學之一斑〉

胡寄塵撰，刊載《小說世界》1923 年 4 月 27 日第 2 卷第 4 期，後收入
《文藝叢說》（一）（1928 年 6 月上海商務印書館）。全篇收 6 則深寓教化的民
間故事：〈老虎娶親〉故事原型乃外國童話，又與中國民間故事「黃山老媼」
同，贊女有勇謀；〈螺螄精〉重為「報恩」；〈蛇龍哥〉乃為「戒妒」；〈野人〉
寫迷途姐妹林中脫困機智；〈麻雀報恩〉旨在「戒貪」；〈苦呵鳥〉用以「教
孝」，諸故事以能啟益心智，並兼有移風易俗之效。

2. 〈關於外國風俗的預言〉

署名「春夢」，刊載於《紅雜誌》1923 年 11 月 2 卷 17 期。清末以來，中
國受「西風東漸」影響，一切風情民俗多借鑒西學，然而胡懷琛觀察民國以
來，西方文化亦開始接受中國色彩薰染，因此預測未來西方至少將有十種文
化會因「華風西漸」而改變。一是牌九麻雀、花會等賭博遊戲；二是中國菜；
三是中國服飾；四是中國黃煙取代雪茄；五是中國醫術；六是中國藝術，包
括中國美術、樂器、雕刻與刺繡等；七是中國傳統歌劇；八是卜算；九是中國
的江湖戲法，可與西方魔術一較長短；十是中國小說可預見將來會西傳遠播。

3. 〈民間傳說的天翻地覆〉

胡寄塵撰，刊載《紅雜誌》1923 年 12 月 2 卷 18 期。有關地震傳說，胡
懷琛以為源出《列子・湯問篇》中之「鰲魚頂地」故事。相傳上古時，天地四
角本有鰲魚頂撐，為免鰲魚翻身導致天地傾覆，天帝乃派仙鶴獨立魚背町守。
古人因未明自然災難，乃稱「鰲魚翻身」導致「地震」，是此傳說產生原因。

4. 〈民間傳說之故事〉

胡懷琛撰，收入《中國文學史略》（1924 年 3 月上海梁溪圖書館）一書之「附錄」。摘錄民間故事共三則：〈石門探寶〉、〈金雞〉與〈熟豆發芽〉。〈石門探寶〉寫浙江民間以冬瓜開啟寶藏山門的故事；〈金雞〉寫以金碗誘金雞故事；〈熟豆發芽〉中，惡毒繼母逼迫前妻之子種熟豆不成，調換豆子的弟弟卻變成子規鳥從此不得歸。其中〈石門探寶〉和〈金雞〉二則，近似前述〈江西人〉和〈識寶回子〉阿拉伯神話，胡懷琛以為此即中國民間傳說與阿拉伯神話相互雜揉影響的結果。

5. 〈乩仙始末〉

署名「胡寄塵」，刊載於《小說世界》1926 年 10 月第 14 卷第 18 期，筆者未見。

6. 〈銀蛙蟆〉

署名「秋山」，刊載於《小說世界》1927 年 4 月第 15 卷第 2 期，筆者未見。

7. 〈十八羅漢〉

署名「秋山」，刊載於《小說世界》1927 年 4 月第 15 卷第 12 期，筆者未見。

8. 〈河伯娶婦志疑〉

胡懷琛撰，刊載於《小說世界》1928 年 3 月第 17 卷第 1 期，後收入《文藝叢說》（二）（1931 年 4 月上海商務印書館）。「河伯娶婦」寫西門豹投巫祝於河，以革河伯娶婦惡習，為流傳久遠的民間故事。

胡懷琛彙考「河伯」之名，周秦時已見《莊子》、《楚辭》，漢初見《淮南子》、《緯書》，晉見之《竹書紀年》、《穆天子傳》、《山海經》等。統觀各書記河伯之名，曰「馮夷、冰夷、無夷、馮遲、馮修、呂公子」者，或男性、或女性，稱人、稱仙、稱死後為神、稱河精者，其身分介乎人、神、河精、鬼怪之間。《華陽國志》有言蜀守李冰治水除江神事，蜀人嘉其勇，呼之「冰兒」，與「馮夷」、「冰夷」之聲近。然因各書所載事蹟尚有諸多出入未能釐清者，胡懷琛故曰「志疑」云爾。

9. 《中國民間傳說》

1931 年上海商務印書館鉛印本，輯入《小說世界叢刊》，香港大學圖書館

有館藏。見於《民國皖人文學書目》著錄﹝註13﹞，筆者未見。

10. 〈研究民間傳說之一得〉

胡懷琛撰，刊載於《華美》雜誌1934年第1卷第5期「非法語齋選文」欄。胡懷琛舉「猜謎怪物吃人」的民間故事，拈出在現實生活中，強者欲凌掠弱者，永遠會為其惡行尋求合理藉口的相關思考。

以上民間傳說與考據有書1種，文9篇。

二、佛學故事

包括印度佛學研究、佛經寓言與佛典故事集等。

（一）《托爾斯泰與佛經》

一冊，胡懷琛編述，1923年上海世界佛教居士林出版。書前有顯蔭法師〈序〉及胡懷琛〈自序〉，書後有〈跋〉。

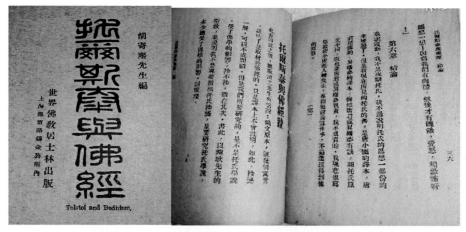

中國初次接觸俄國作家托爾斯泰作品，始於1906年《萬國公報》上轉譯的宗教短篇故事。托爾斯泰早於1871年開始轉向注意東方文學，他自老、莊學說與孔、孟之道中汲取中國古典哲學精華，作品中除了明顯可見融合儒家文化的倫理色彩外，又展現了與佛教思想極為密切的關係。五四以後，留學生翻譯托爾斯泰作品形成熱潮，為托爾斯泰建立了在中國文壇上的宗教家與道德家形象。胡懷琛據唐小圃譯本《托爾斯泰寓言》，曾撰文〈托爾斯泰抄襲佛經〉連載於《時事新報》。後結集出版《托爾斯泰與佛經》一書，節錄書中

﹝註13﹞傅瑛著：《民國皖人文學書目》（北京：中國社會科學出版社，2016年4月），頁294。

托爾斯泰摘自印度佛經的諸篇故事，如〈太子掏海求珠〉、〈牛乳雪冷鵠動〉，與托爾斯泰寓言〈水神和珍珠〉、〈盲人和牛奶〉列證，藉以說明托爾斯泰思想承受東方佛學的姻緣。

全書共六章，分別為「緒言」、「托爾斯泰寓言與佛經之比較」、「並非翻譯」、「不是偶然相同」、「托爾斯泰從佛經中得來的一部份思想」、「結論」。胡懷琛於「自序」中稱「此書內容曾逐日載於《時事新報》，題名」、「結論」與書末「跋」文中，特別強調其編作目的，是要「讓一般的人知道托爾斯泰的思想，有一部份是從佛經中來的」。

（二）《百喻經淺說》

一冊，胡寄塵譯述，印度佛經寓言集，1928 年上海世界佛教居士林出版。台灣大學圖書館有 1932 年 1 月佛學書局重印本館藏。

書前〈百喻經淺說自序〉云：「《藏經》中寓言多稱《喻經》，或一則為一卷，或數十則為一卷，計以喻經名者得二十一種，而以《百喻經》為最佳。此經為蕭齊時天竺三藏求那毗地譯為《一百寓言》，惟始加小序，末加結論，故實得九十八。」〔註14〕胡懷琛以原經梵文之譯語晦澀難懂不易普及，遂取譯重編為淺顯易讀的《百喻經淺說》，包括「愚（痴）人食鹽」、「愚人集牛乳」、「子稱父德」、「愚人受打」、「婦人詐死」、「渴者逐水」、「愚人殺子」、「認人為兄」、「蠻人偷衣」、「子稱父德」、「三層樓」、「巫人殺子」、「易怒與倉促」、「醫師之良藥」、「剜肉補肉」、「愚（痴）人種胡麻」、「斫樹取果」、「水底金影」、「殺驢破甕」、「障月擊狗」、「愚人種田」、「雄鴿殺雌」、「詐言目盲」等共 98 則寓言。

每一喻含故事與教誡，引領讀者進入抽象深奧的佛法義理。如：「愚人食鹽」，愚人謂鹽可入菜使味美，遂空口吃鹽，以喻過猶不及、少欲而知足之理；「入海取沉水香」，人至海裏打撈珍貴沉水香，因價高不及木炭好賣，遂焚沉香成炭，以喻人隨波逐流，急求難成之理。「以錦繡裹破衣」，偷兒偷得錦繡及破衣，以破衣零星攜取不便，遂以錦繡為布包裹之。以喻心盲不識美物，修淺難悟真道。「牧人殺牛」，牧人畜牛二百五十頭，為虎食之一牛，憤而盡

〔註14〕《百喻經》又稱《百句譬喻經》，蕭齊永明十年（492 年）天竺僧人求那毗地由梵文轉譯為中文流傳，合載 98 個寓言故事和含有寓意的緒言、結論共百則，用故事以譬述佛法教義，故稱「百喻」；又名《癡華鬘》，「花鬘」即花環，指美麗的故事串成一束，由於寓言內容多為嘲笑愚人，故又名《癡華鬘》。

殺全牛。以喻敗者恆自怨自艾，一敗盡棄，終難成功。「效祖先急食」，愚人不明所以然，一意效法祖先急吞急食之行，以喻盲從無知，難悟真理。「僕人嘗果」，僕人聽令必先嘗果甜方可買之，至果園遍嚙果子後盡買之。以喻執拗個人體會，盲而不知變通，難得真知。

《百喻經》寓言通篇篇幅短小精簡，少則十數字，多不逾六百字，情節緊湊、焦點集中是為其特色，故事托物寓意，胡懷琛謂云：「猶藥也，其寓言之形式，猶裹藥之樹葉也，病者既塗藥，則棄其葉可矣。倘只知樹葉之美，而視其所裹之藥為無用，則非善讀此書者矣。」說明此書托寄醒世之旨。〔註15〕

（三）《佛學寓言》

一冊，胡懷琛編，1929 年上海世界佛教居士林出版，有 1933 年再版。書前編旨云：「我的意思是要將佛學妙理，拿做普通的文字寫出來，使一般的人都能領會，並不是專門供研究佛學的人看的。」並為便於讀者閱讀，故事中「凡是關於佛學的專有名詞一概不用，又間引周秦諸子中的寓言互相對證」。

全書共 30 則佛經寓言故事，係摘錄自《百譬喻經》、《雜譬喻經》，以《天竺寓言》、《世界寓言》為名，先後連載於《小說世界》1925 年 9 月第 11 卷第 10 期、1926 年 6 月第 13 卷第 24、25 期「天外一欄」專欄，後故事集結為《佛學寓言》出版。包括〈近視的醫生〉、〈不自知的狂人〉、〈癡呆的王子〉、〈農人自尋苦惱〉、〈蛇之自殺〉、〈獵人追鳥〉、〈藥哭神醫〉、〈本來無身〉、〈黃金變毒蛇〉、〈不知艱難〉、〈自古無不死之人〉、〈相隔很遠〉、〈黃金殺人〉、〈歌女乞牛〉、〈癡婦人〉、〈和尚遇鬼〉、〈痴人吃餅〉、〈窮人對鏡〉、〈富人造樓〉、〈縮地之方〉、〈劃波求缽〉、〈少年妙語〉、〈截樹摘果〉、〈痴人學鴨〉、〈自殺導師〉、〈兩鬼相遇〉、〈三個得道的人〉、〈多言的鱉〉、〈國王出家後的快樂〉、〈道

〔註15〕 以上《百喻經》部分故事，曾刊載於《小說世界》者，如〈癡呆的鴿子〉、〈夫婦賭賽不開口〉、〈痴人取兩妻（即〈二婦失明〉）〉，載於 1924 年 8、10 月第 7 卷第 8 期、第 8 卷第 2 期；〈大家不利〉、〈鄉人種甘蔗〉、〈痴人學鴛鴦鳴（即〈痴人偷花學鴛鴦鳴〉）〉、〈水中金影（即〈水底金影〉）〉，載於 1925 年第 1、4、7、9 月第 9 卷第 3 期、第 10 卷第 2 期、第 11 卷第 3 期及第 11 卷第 10 期。又有〈偷衣之賊〉、〈痴人食鹽〉、〈三層樓〉、〈痴人賣炭〉、〈割肉還肉〉、〈痴人種胡麻子〉、〈截樹摘果〉、〈農夫思想王女〉等篇，刊載於《小說世界》附刊《民眾文學》第 7～10 期。

人怕蛇〉等。〔註16〕

以上佛學故事共有書3種。

三、笑話與逸聞

　　「笑話」源於對日常生活、人情世事有意無意的戲謔與嘲弄，其重要功能，是透過簡短的故事情節，以詼諧逗趣、誇張幽默的言語悅人兼寓諷刺，使人們獲得娛樂與啟示。民國時期報刊雜誌充斥大量笑話，作家通過嘲諷詼諧的迂迴之筆描繪眾生百相，消遣洩鬱之餘，更重要的是寄寓其中欲醒世諷俗、振聾發聵的社教意義。胡懷琛透過書簡型、極短篇、寓言式等不同體式書寫了許多笑話，包括名人趣談亦收錄於此。

（一）《捧腹談》（《新解頤語》）

　　一冊，笑話集，署名「涇縣胡寄塵」編，見《民國皖人文學書目》著錄，一名《新解頤語》，1913年上海廣益書局鉛印本。書前有〈編者序〉〔註17〕，記《捧腹》之作：「事非幽怪，體有別乎齊諧。語屬滑稽，意半存乎刺諷」。內錄文言笑話117則，是在民初「腥羶滿地」、有家歸不得的動亂世局中，聊慰「破涕為笑」之旨而編。

（二）極短篇笑話5則

　　署名「寄塵」，刊載於《晶報》1919年3月第二版的極短篇對話型笑話，共見5則，每則笑話之對話精簡不超過十字，言雖極簡而一針見血，笑果十足。

〔註16〕《佛學寓言》諸篇，曾發表於《小說世界》附刊《民眾文學》之「世界寓言」、「天竺寓言」專欄，如1924年8月第7卷第8期至1925年9月第11卷第10期，載有〈癡呆的鴿子〉、〈夫婦賭賽不開口〉、〈痴人取兩妻（即〈二婦失明〉）〉、〈大家不利〉、〈鄉人種甘蔗〉、〈痴人學鴛鴦鳴（即〈痴人偷花學鴛鴦鳴〉）〉、〈水中金影（即〈水底金影〉）〉等；〈惡鬼〉、〈黃金殺人〉、〈歌女乞牛〉、〈癡婦人〉、〈和尚遇鬼〉、〈痴人吃餅〉、〈窮人對鏡〉、〈富人造樓〉、〈縮地之方〉、〈劃波求缽〉、〈少年妙語〉、〈劃波求缽〉、〈少年妙語〉、〈截樹摘果〉、〈痴人學鴨〉、〈截樹摘果〉、〈自殺導師〉、〈兩鬼相遇〉、〈三個得道的人〉、〈多言的鱉〉、〈國王〉共26則；又1926年6月11日第13卷第24期及6月18日第25期，共30則。其中內容多重複《百喻經淺說》書中所錄。

〔註17〕胡懷琛：〈捧腹談序〉，載於《南社叢刻・文錄》第6集，見林慶彰主編：《民國文集叢刊》（台中：文听閣圖書有限公司，2008年12月），第146冊，頁316。

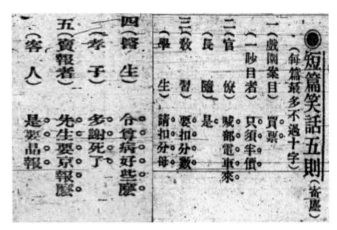

（三）專欄笑話〈呵呵錄〉10則

署名「寄塵」，連載於《紅雜誌》1923年1卷第49、50期〈呵呵錄〉欄，錄有笑話10則：〈兩個寒暑表〉、〈酸與辣〉、〈猴子是人的活祖宗〉、〈兩蛇相吞〉、〈寫白字〉、〈房子漲價〉、〈先生不升級〉、〈家產與性命〉、〈聽戲不出錢〉、〈病人不能立起來〉等。

〈兩個寒暑表〉譏某君使用兩個寒暑表為測寒和測熱之愚。〈酸與辣〉寫兩夫婦爭購青酸梅與辣椒，夫譏妻子性辣，妻諷丈夫嘴酸，嗔笑中見語言之諧謔。〈房子漲價〉，愚兒抗議父母房子由新變舊，舊屋不減價反漲其房租之不合理。〈家產與性命〉，富人吝嗇，堅持救家產必先於救人命之謬理。

（四）寓言笑話〈獨眼人看戲〉等20篇

刊載於《小說世界》1923年4月、1924年5月至1926年2月及1929年附刊《民眾文學》笑話共20篇，包括〈小辯學〉、〈獨眼人看戲〉、〈酒店老闆〉、〈討一文錢〉、〈十四兩的秤〉、〈長壽新法〉、〈雞糞醫懶〉、〈作弊難〉、〈女主人的打算〉、〈滑稽裁縫〉、〈外國票子〉、〈四狗八鱉〉、〈這個我不知道〉、〈處置金錢的妙法〉、〈富人的冬天〉、〈六減二為八〉、〈付之此錄〉、〈兩個人字〉、〈貧富平等〉。

（五）《新笑話》

共二集，胡寄塵編，1924年上海商務印書館鉛印本，輯入《平民小叢書》。第一集錄短篇笑話26篇，第二集32篇。見《民國皖人文學書目》著錄〔註18〕，

〔註18〕傅瑛著：《民國皖人文學書目》（北京：中國社會科學出版社，2016年4月），
頁152～153。

筆者未見。

（六）名人逸聞〈教育外史的妙譬〉等 11 篇

收錄於《後十年筆記》（《文心》雜誌 1939 年第 2 卷第 2 期）。包括〈教育外史之妙譬〉、〈西人學中國語之笑話〉、〈鄧析之滑稽〉、〈千秋一布囊〉、〈百子全書之笑話〉、〈孫子之跑馬法〉、〈某教員之笑話一〉、〈某教員之笑話二〉、〈呂洞賓開銀行〉、〈彩票奇聞〉、〈畫師妙語〉，摘記名人趣聞妙語。

以上笑話與逸聞，共有書 2 種，文 46 篇。

本節故事類著述，合計有書 6 種，文 62 篇。

第三節　韻文學類著述

一、民歌收錄與考據

五四學者對民間歌謠的興趣，源於對《詩經》韻文學的重視。《詩經・國風》各篇具有鮮明的地方色彩和民族特點，可觀社會民情風情，各地歌謠之韻律節奏質樸純淨，吻合五四白話新詩追求的率真自然與口語化特徵。民歌被視為社會的鏡子，可觀各地風俗之厚薄，人情之苦樂，是中國詩歌的源頭，文學藝術的濫觴，胡懷琛所謂，民歌流傳與民間，是平民生活的自然心聲，「一切詩皆發源於民歌」〔註19〕，因此他特別關注民歌俚謠的研究與考證。

新文化運動興起以後，收集民間歌謠成為時尚，胡懷琛很早便關注民歌的蒐集與研究，他也不餘遺力地在作品中，透過借鑒或應用展現其推廣民歌的用心，如《大江集》中的歌謠體創作，〈採茶詞四首〉、〈飼蠶詞四首〉等，便是有意地學習民歌，帶有濃厚民歌的氣息。

（一）《子夜歌》

一冊，由胡懷琛與胡樸安共同選編的民歌選集。有三個版本：

1. 1915 年上海文藝小叢書社出版《文藝小叢書》系列，收入叢書第一輯。

2. 1930 年 5 月，廣益書局收入《民國籍粹》叢書，復旦大學圖書館有藏。

3. 1933 年 3 月，廣益書局再版重印《文藝小叢書》。國家圖書館、復旦大

〔註19〕胡懷琛：《中國民歌研究》，張高評主編：《民國時期文學研究叢書》（台中：文听閣圖書有限公司，2011 年 11 月），第一編第 83 冊，頁 8。

學與台灣大學圖書館皆有收。

　　本書所選錄為唐代之前的民歌作品，包括〈子夜歌〉、〈子夜四時歌〉（春歌二十首、夏歌二十首、秋歌十八首、冬歌十七首）、〈大子夜歌〉、〈子夜警歌〉、〈子夜變歌〉等。扉頁有豐子愷繪彩色插畫。編者於〈寫在子夜之前〉說明子夜歌名，本出自晉代女子「子夜」所創的民間歌曲，初為徒歌，後編入樂府，因產於江南吳地，皆稱「吳歌」或「吳聲」。而〈子夜四時歌〉、〈大子夜歌〉、〈子夜警歌〉、〈子夜變歌〉等，蓋為齊梁等地依擬子夜民歌而作。子夜歌聲短急促，其語言清麗，抒情婉約，特點在歌中的「隱語」，如「藕」隱「我」、「絲」隱「思」、「蓮子」隱「憐子」、「芙蓉」諧「夫容」，展現隱語的含蓄詩情與獨特的雙關趣味。每篇詩歌後並皆附有註文說明。

（二）〈說粵謳〉

　　胡懷琛撰，收入《文學短論》（1924 年 5 月上海梁溪圖書館出版）。「粵謳」原為清代招子庸民歌書名，收集廣東民歌一百二十多首，後逐漸轉變成為一種文體流行。「粵謳」字句自由，主以廣東方言和著琵琶演唱，地方色彩濃厚。代表作〈吊秋喜〉，乃招子庸為記弔歌妓「秋喜」所作，因歌中多廣東俗字，必經註解才能懂得，如歌中有「做乜纏過冬至後，就被雪欺霜。……青山白骨唔知憑誰寄。衰楊殘月，空聽個隻杜鵑啼」句，其中「做乜」即「為甚麼」，「唔」指「不」也，「個隻」即「那隻」。又仿作〈工愁善病〉有言「邊一個知到我個種淒涼」，「邊一個」猶「那一個」，「個種」即「這種」。胡懷琛以為，「粵謳」以工音入詩，別有風味，惜受限土語，非懂粵言者難以領略。

　　胡懷琛收錄「粵謳」曲，除《中國民歌研究》「粵謳」節中引介了招子庸〈吊秋喜〉、〈瀟湘雁〉、〈無情曲〉、〈春果有恨〉等作品，及近人仿詩如〈春頭鳥〉、〈清明柳〉、〈踏青〉、〈東籬菊〉外，在其〈粵謳譯註〉〔註 20〕文中又錄有〈春心事〉一首可供參考。

（三）〈一本原有的平民文學〉

　　胡寄塵撰，刊載於《小說世界》1924 年 10 月第 8 卷第 5 期，後收入《文藝叢說》（一）（1928 年 6 月上海商務印書館出版），主要介紹民歌集《南北採

〔註 20〕胡懷琛〈粵謳譯註〉考釋廣東民歌〈春心事〉一首，收入《十年筆記》〈雜記五則〉之一。

茶》內容。《南北採茶》共收採茶謠 24 首，包括「北採茶」12 首與「南採茶」12 首，北採茶謠多詠古事，每首四句，如第二首詠蘇秦，又有詠蔡伯喈、張君瑞、朱買臣、梁山伯等。南採茶謠實詠採茶之事，如「正月裏，採茶是新年，奴將衣飾典茶園。典得茶園十二畝，當時寫契就交錢。」「六月裏，採茶暖陽陽，茶葉樹下去乘涼。且待來年春三月，多栽楊柳少栽桑。」胡懷琛以為中國歌謠是內蘊豐美的民間文學，值得細心品味。

（四）〈民間歌謠之流傳〉

胡懷琛撰，收於《中國文學史略》（1924 年 3 月上海梁溪圖書館出版）附錄。胡懷琛以為，周秦之前的古謠諺語即中國詩歌之濫觴，後廣傳民間。文中摘介《天籟》與《北京唱歌》二歌謠集，《天籟》多收南方童謠，如「青萍兒」、「一年去」、「月光堂堂」、「螢火」、「楊柳青」等；《北京唱歌》偏錄北方俗歌，「出了門兒」、「我的兒」、「廟門兒對廟門兒」、「沙土地兒跑白馬」等。

（五）〈採訪民間歌謠之管見〉

胡懷琛撰，發表於《國學周刊》1924 年第 53 期。胡懷琛據其蒐採民歌經驗，提醒後學者必須審慎注意的兩個問題：一是「口傳訛誤之難免」。他以自己童稚時朗朗於口的「和尚背了豆腐裏來了」的歌謠，與原意為「禾場背了豆和穀來了」的句子對照，說明歌謠因久傳而失誤的情況。一是「內容真際之難識」。胡懷琛舉廣東民歌〈蜘蛛曲〉二句「天旱蜘蛛結夜網，想晴只在暗中絲」為例，證明唯有識得句中「晴」與「情」、「絲」與「思」之諧隱關係，便難得民歌真義。

（六）《中國民歌研究》

一冊，胡懷琛著，1925 年 9 月上海商務印書館初版，中研院近史所圖書館有 1928 年版館藏。1933 年商務館將之列為《百科小叢書》之一，有 1935 年及 1943 年再版；又收為《萬有文庫》之一。1991 年上海書店輯入其《民國叢書第三編‧文學類 56》，台灣大學、復旦大學圖書館有該版館藏。2011 年 12 月，台中文听閣圖書有限公司據 1925 年 9 月商務館版影印，收錄於《民國時期文學研究叢書》第一編第 83 冊。

書前有作者〈中國民歌研究序〉。全書共八章，第一章總論定義「民歌是什麼」，並分辨民歌和詩的異同。胡懷琛認為「民歌」是「歌詠平民生活」、「流傳在平民口上的詩歌」，是「未經雕琢」的「天籟」之音，是詩的一部

分，即便後來非民歌的詩，亦係自民歌變化而來，故總結「一切詩皆發源於民歌」。

第二章古謠諺，流傳於民間的「謠」與「諺」多以整齊有韻的詩歌形式存在，以便於誦念，早收載於周秦古書中，可謂詩歌的根源。

第三章，古代抒情的短歌及其他短歌，內容極為廣泛，包括國風、吳風、越風、楚風；〈胡笳十八拍〉、〈企喻歌〉、〈瑯琊王歌〉等胡歌；〈子夜歌〉與〈懊儂歌〉、〈讀曲歌〉等吳聲歌曲；荊楚間的西曲民歌有〈月節折楊柳歌〉、〈採茶歌〉等；源於巴渝湘沅，訴情的〈竹枝詞〉、乞兒所唱的〈蓮花落〉、道士唱的〈道情〉等都是。

第四章古代敘事的長歌，有〈孔雀東南飛〉、〈木蘭詩〉等長歌。

第五章敘事長歌遞變為戲劇，介紹衍自敘事長歌變化而成戲劇的柘枝詞、彈詞、元曲、崑曲與京戲等。

第六章近代抒情的短歌及其他短歌，包括北京俗歌、鳳花陽鼓、揚州小曲、蘇州山歌、江浙民歌、粵謳、兩廣山歌、苗傜情歌等。

第七章近代敘事的長歌，包括唱本、鼓兒詞、大鼓書、攤簧、龍舟歌等。

第八章補遺，乃就前面各章未盡之事另加補敘四篇。包括對〈孔雀東南風〉一詩時代的考證、臚列孟姜女、梁山伯、木蘭等人身分考證的參考書籍、並整理已經失傳的古代民間歌謠書目二十種，提供後學者研究參考。末論民歌與非民歌之優劣，以「真情流露、純任自然、不假修飾」為民歌的好處作結。書後另附有民歌研究的參考書目。

（七）〈隱語詩考〉

胡懷琛撰，刊載於《小說世界》1926 年 1 月第 13 卷第 1 期，後收入《文藝叢說》（一）（1928 年 6 月上海商務印書館出版）。「隱語」又名「雙關兩意」，指不直述本意而借他詞暗示，追求諧巧迂迴的韻語對話形式，所謂「取同音之字，雙關兩音也」。此種甚具趣味的詩體表現形式，初現於漢人民歌，盛行於晉南北朝，至唐以後文人詩歌中漸少見，然而在民間歌謠中仍廣為流傳。

隱語是具有諧趣的謎語，中國賦源於隱，中國詩文修辭常使用隱語，即諧音詩，如東坡詩云：「蓮子劈開須見臆，楸枰著盡更無棋」，「薏」諧「臆」，「棋」諧「期」；劉禹錫〈竹枝詞〉云：「東邊日出西邊雨，道是無晴卻有晴」，借「晴」諧「情」；徐夢吉〈西湖竹枝詞〉云：「莫為採蓮忘卻藕，月明風定好迴船」，以「藕」為「我」；〈賣曲歌〉云：「芙蓉腹裏萋，蓮子從心起」，以「蓮」

借「憐」等，可見隱詩之妙。〔註21〕南方民歌中最多雙關隱語，為相悅男女情愫增添了許多含蓄的美感，展現民間文藝本色，如《子夜歌》中隱布匹之「匹」為「匹偶」之意，「絲」解為「思」，「芙蓉」指「夫之容顏」，「梧子」如「吾子」，「黃蘗」代「苦」也。神話故事與小說中也有隱語，如「嫦娥」應自觀月儀器「常儀」得名；「鍾馗」隱語為椎器「終葵」；「西王母」故事是地名演繹而成的神話。

（八）〈四川苗歌〉

署名「螺屋主人」，刊載於《小說世界》1926 年 4 月 30 日第 13 卷第 18 期「螺屋雜記」欄（十）。四川苗族熱情，擅男女相和情歌，本文所錄為四川丹崖山歌，歌云「郎住黃葛極（地名），妾住黃葛樹。月出猴子溝，趙見郎來路」。

（九）〈蓮葉荷田田〉、〈虞山山歌〉

署名「螺屋主人」，刊載於《小說世界》1927 年 5 月 13 日第 15 卷第 20 期〈一葉詩話〉中，後收入《文藝叢說》（二）（1931 年 4 月上海商務印書館出版）。胡懷琛考漢樂府〈江南可採蓮〉，以歌中荷葉「田田」二字為象形用法，蓋其田字形似篆文之「⊕」字，猶「十字街」、「之字路」或「丁字水」意也。〈虞山山歌〉舉山歌「吃吃粥，喝喝湯，看看情哥看看郎。……」句，胡懷琛以該歌之字句佳妙，可改為整齊的七言絕詩，如云「吃吃粥來喝喝湯，看看情哥看看郎。……」又原歌之長短本無一定格局，亦可隨唱者增減字句，增益山歌風情。

（十）〈民歌與文人詩〉

胡懷琛撰，收入《薩坡賽路雜記》（1937 年 8 月上海廣益書局出版）。有關民歌和文人詩的淵源與影響，胡懷琛例舉江浙民歌〈月子彎彎歌〉，考其中之「月子彎彎照九州，幾家歡樂幾家愁」句，與唐代章孝標〈八月詩〉之「長安夜夜家家月，幾處笙歌幾處愁」詩意相近；又舉民歌「做天難做四月天，蠶要溫和麥要寒，種菜哥哥要下雨，採桑娘子要晴乾」，比較宋蘇舜欽《滄浪集》詩之「山邊半夜一犁雨，田父高歌待收穫。雨多瀟瀟蠶簇寒，蠶婦低眉憂繭單」句，及東坡詩句「耕田欲雨刈欲晴，去得順風來者怨」，以

〔註21〕胡懷琛另摘錄有隱語詩〈油菜開花〉、〈荷葉出水〉二首，刊載於《小說世界》1926 年 2 月第 13 卷第 8 期，署名「塵夢」，可參考。

證詩之發源於民歌，而謂「民歌即詩、詩即民歌」，對照民歌對文人詩所產生的深遠影響。

（十一）〈粵東俗歌〉

胡懷琛撰，刊載於《文心》雜誌 1939 年第 2 卷第 2 期，收入《後十年筆記》卷一。本文談民歌中之「隱語」。粵東俗歌有「雨裏蜘蛛還結網，想晴惟有暗中絲」句，其中借「晴」隱「情」，借「絲」隱「思」之意明顯，胡懷琛指出，同時採有此俗歌的《兩般秋雨盦隨筆》及《漁洋詩話》二書，則因忽略借用之字而不識此為情歌之作。

（十二）〈南北採茶歌〉

胡懷琛撰，刊載《文心》雜誌 1940 年第 2 卷第 3 期，收入《後十年筆記》卷一。胡懷琛摘錄《南北採茶歌》所見佳曲數首，如歌云「三月裏採茶如茶心，奴在房中繡手巾。兩頭繡出茶花朵，中間繡出採茶人」，又「六月裏採茶暖陽陽，茶葉樹下去乘涼。且待來年春三月，多栽楊柳少栽桑」等句。因皆不見流傳，特記之。

（十三）〈新山歌〉

胡懷琛撰，刊載於《文心》雜誌 1940 年第 2 卷第 4 期，收入《後十年筆記》卷一。本文二首為胡懷琛仿山歌之作，〈湖船女子歌〉云「一枝櫓，一隻船，湖東邊搖到湖西邊，搖船的姐姐好女子，作船的公子美少年。……」〈賣餅歌〉云「芝麻餅子團團圓，賣餅的人心苦餅子甜，噯噯喲，賣餅的人心苦餅子甜」。

以上民歌收錄與考據，共有書 2 種，文 12 篇。

二、說唱曲藝創作

說唱是深具中國民間色彩的表演藝術，民初說唱曲藝活動蓬勃，流行於北方的大鼓、鼓詞、快書、江浙的灘簧、蘇州的彈詞、杭州的南詞、以及評話、評書、道情、蓮花落等都匯聚上海，為繁華的上海增添絲絃喧鬧之聲。上海人文薈萃，民初文壇新舊觀念雜揉，文人開始參與通俗文學寫作，胡懷琛也在「啟蒙」、「教化」與為傳統文化「續命」的期許下，嘗試彈詞和鼓詞的創作。

（一）彈詞

胡懷琛曾以傳統彈詞形式演述時事作「新體彈詞」〈哀蓮記〉一篇。另有

傳統彈詞小說共四種，包括《綿綿恨》、《血淚碑》、《羅霄女俠》、《鐵血美人》，其中《綿綿恨》曾載《太平洋報》，未載完而稿已散佚。〔註22〕

1. 〈哀蓮記〉

七言敘事彈詞一篇，標寫「新體彈詞」，發表於《晶報》1920年7月。胡懷琛於開篇敘言「時髦題目說蓮英」，並特別強調「我這篇新體彈詞，是創造的，不是因襲的，所記的事體，是寫實的，不是空造的」。故事敘寫1920年6月發生於上海的劫財奇案。惡少閻瑞生因賭博狎妓債台高築，萌劫財心念，以轎車兜風為名，誘騙舞女王蓮英至郊外麥田勒斃，劫得金銀後潛逃外地，後閻瑞生與同夥吳春芳遭捕伏法。此事件經媒體大肆渲染，各種借用真實元素改編的故事競相流傳，包括小說、圖片小冊、廣播、電影、新劇、京劇、地方戲等。胡懷琛結合傳統彈詞演述時事的作法，正如其開篇所云，是「處處有嶄新的精神」的新嘗試。

2. 《血淚碑附羅霄女俠》

一冊，胡寄塵著，封面題《血淚碑附羅霄女俠》，為《血淚碑》和《羅霄

〔註22〕胡懷琛〈血淚碑羅霄女俠彈詞合刊序〉云：「余所作彈詞四種，一為《綿綿恨》，前曾排載《太平洋報》，未完而止，今殘稿亦已散失。一為《血淚碑》，一為《羅霄女俠》，丙辰夏秋間，分載《共和新報》及《申報》，即今所合刊者也。一為《鐵血美人》今方脫稿。」《血淚碑羅霄女俠彈詞合刊》（上海：廣益書局，1933年），見台灣大學圖書館超星數字電子書。

女俠》之合集，1929 年 8 月上海廣益書局出版，有 1933 年 9 月廣益書局再版，台灣大學、復旦大學有 1933 年版館藏。《血淚碑》和《羅霄女俠》，曾分別於《申報》和《共和新報》（1916 年 5 月「自由談」、「新自由談」專欄）連載，今所見皆兩書之合刊本。

《血淚碑》一卷十二回，始於「訂交」，終於「觀劇」，前十一回內容，主要搬演京劇《血淚碑》故事和參考柳亞子《血淚碑本事》而成。講述戀人石如玉、梁如珍飽受奸人所害，如珍幾經磨難，最終吐血身亡，如玉於手刃奸人後，復於如珍墳前以頭撞墓碑殉情。故事以悲劇收場，情節哀怨感人，〈血淚碑羅霄女俠彈詞合刊序〉云：「《血淚碑》一種，尤為哀感，每一覆閱，未嘗不為之欷歔」。〔註 23〕第十二回「觀劇」，作者乃假託大夢先生初觀馮春航所演《血淚碑》一劇後動容落淚，應允友人亞子之請，草成《血淚碑》彈詞的開篇，藉此以交代自己撰寫《血淚碑》的緣由始末。

《羅霄女俠》故事本於〈羅霄女俠傳〉〔註 24〕短篇小說。〈羅霄女俠傳〉乃胡懷琛繼 1914 年《黛痕劍影錄》、1915 年《女子技擊大觀》之後編寫的武俠小說，後胡懷琛取其故事改編為《羅霄女俠》彈詞小說，1929 年 8 月上海廣益書局將之與《血淚碑》併為《血淚碑、羅霄女俠彈詞》一冊行世。《羅霄女俠》共寫八回，包括：遇盜、借宿、聞警、情話、還湘、墮溷、感恩、認姊。寫女扮男裝的羅霄女子「珠兒」（男裝改稱「五兒」），解救陷於坎坷境遇的同父異母妹妹青兒的俠義故事，故事情節曲折感人。〔註 25〕楊玉峰於《南社著譯敘錄》評記云：「《血淚碑》哀怨纏綿，賺人熱淚；而《羅霄女俠》則富傳奇色彩，頗有唐人小說遺風。」〔註 26〕

3. 《鐵血美人》

一冊，書標「俠情小說」，胡寄塵譯著，曾發表於 1920 年《小說月報》第 11 卷第 5 至 12 號（1920 年 5 月至 12 月），1929 年 9 月上海文明書局出

〔註 23〕胡懷琛：〈血淚碑羅霄女俠彈詞合刊序〉，收入《血淚碑羅霄女俠彈詞合刊》（上海：廣益書局，1933 年），見台灣大學圖書館超星數字電子書。

〔註 24〕〈羅霄女俠傳〉文言短篇小說，收入《寄塵短篇小說》（第一集）。

〔註 25〕以上二本彈詞小說本事，亦見《譚正璧學術著作集》（上海：上海古籍出版社，2012 年 12 月），第八冊《彈詞敘錄》，頁 205～206，243～244。另胡曉真在其《新理想、舊體例與不可思議之社會——清末民初上海「傳統派」文人與閨秀作家的轉型現象》（台北：中研院文哲所，2010 年 9 月，頁 86、126）書中，亦兩度提及《血淚碑》與《羅霄女俠》彈詞。

〔註 26〕楊玉峰：《南社著譯敘錄》（香港：中華書局，2012 年 12 月），頁 66～67。

版。故事內容取譯自俄國小說，書前有提要云：「是書敘俄國虛無黨兩姐妹事。姐曰冰痕、妹曰雪痕。其父為政府所殺，兩女立志復仇。雪痕中途變志，辱身事仇。冰痕出死入生，終得手除掉仇人，並訪得父實未死，因而骨肉團聚，隱居以終。」全書共十六章，敷寫辭家、入獄、誓墓、越獄、隱居、鬻歌、投湖、變志、哭母、事仇、劫花、跳舞、復仇、決戰、情話、漁隱等情節。胡懷琛譯著此書，給予極高評價曰：「事實離奇，文筆激楚，俠情小說之上乘也。」

（二）鼓詞

1. 〈天地正氣鼓詞〉

胡懷琛作，刊載於《南洋中學校友會會刊》1934 年第 4 卷第 3 期。開篇云「用木皮散人鼓詞體，演文天祥〈正氣歌〉」。流行於北方的鼓詞，取材多忠義勇武故事，胡懷琛以鼓詞演述文天祥〈正氣歌〉之浩然志節與氣象，如云「頭上有天腳下地，天地之間有正氣。這正氣，在天便是日和星，萬古光芒無變異；他在地上便是山和嶽，卓立端坐推不去。……」篇末並附有〈正氣歌〉原文對照。

以上說唱曲藝創作，計有彈詞 3 種、鼓詞 1 種。

三、時代歌詞創作

胡懷琛曾應李叔同弟子劉質平先生之邀，為歌本教科書編寫歌詞，他在〈詩歌雜憶〉文中記下二人合作因緣與過程曰：「頃有劉質平先生精於音樂，嘗與余共事於某處，約余共著一唱歌教科書，先由劉君製定曲譜，命余填字為歌，歌填後，劉君親按風琴而唱之，有不合者，輒為改易。」〔註27〕除此，胡懷琛另於音樂期刊亦發表有多篇歌詞，茲錄如後：

1. 〈惜陰〉（作「中國體操學校運動會歌」）、〈家庭之樂〉、〈聖誕歌〉等 3 首，發表於《美育》雜誌 1920 年第 2 期。

2. 〈蘭花〉、〈春郊〉、〈江水〉、〈星〉、〈蓮花〉等 5 首，刊載於《小說世界》1923 年 5 月第 2 卷第 8 期〈詩歌雜憶〉文中，其中〈江水〉一篇，收入《胡懷琛詩歌叢稿·今樂府》（《樸學齋叢書》第三集第 1 冊）。

3. 〈思故鄉〉1 首，發表於《紅玫瑰》1924 年第 1 卷第 9 期〈樓頭明月〉文中，後收入《今樂府》。

〔註27〕胡懷琛：〈詩歌雜憶〉，發表於《小說世界》1923 年 5 月第 2 卷第 8 期。

4. 〈初春〉、〈思故鄉〉、〈踏青〉、〈賣花女〉、〈江水〉等 5 首歌詞，註由吳孟非與劉質平二位先生譜曲〔註 28〕，後收入《今樂府》。

5. 〈願詩〉12 首，發表於《音》雜誌 1931 年第 15 期「歌錄」欄；又見《持志年刊》1933 年第 8 期。

6. 〈賣餅歌〉，發表於《音》雜誌 1931 年第 15 期「歌錄」欄；又見《西北風》月刊 1936 年第 1 期。

7. 〈新軍歌〉、〈我們需要〉、〈農人〉、〈少年歌〉，發表於《音》雜誌 1931 年第 16～19 期「歌錄」欄。

8. 〈春去了〉，發表於《音樂雜誌》1934 年第 3 期。

9. 〈走到光榮〉（一名〈反擊筑歌〉），發表於《新民》雜誌 1935 年第 1 卷第 40 期「文藝」欄。

10. 〈舊酒裝新瓶〉、〈失業〉、〈割麥〉，發表於《西北風》月刊 1936 年第 1 期。

胡懷琛另有選譯歌詞之作，曾摘錄韓國詩人申紫霞詩集中〈老馬〉、〈溪中明月〉詩二首編為俗歌，發表於《音》雜誌 1931 年第 14 期「歌錄」欄，篇後並附有原詩稿可供對照。〔註 29〕

以上時代歌詞創作，計有 37 首。

四、其他民俗雜考

除以上三類作品外，胡懷琛尚有其他與民俗相涉的文學考述研究，如考釋通行證的名稱與由來、木牛流馬歷史、推背圖的源流，及推介深隱民間的詩人，與摘錄民間百病秘方等，悉皆歸入本類。

（一）〈民間詩人〉、〈民間詩人續錄〉

胡寄塵撰，〈民間詩人〉刊載於《小說世界》1923 年 8 月第 3 卷第 8 期；〈民間詩人續錄〉分別刊載於《小說世界》1923 年 12 月第 4 卷第 13 期、及 1925 年 10 月第 12 卷第 4 期。胡懷琛以為，平民詩本源自民間，市井的百工巧匠，亦多有能文識墨之士，故摘自《漁洋詩話》、《竹坡詩話》、《觚賸》、《明

〔註 28〕《今樂府》所載歌詞，由吳夢非與劉質平二位先生譜曲。見沈心慧師所收汪欣先生手稿中所記。

〔註 29〕胡懷琛於〈譯高麗俗歌二首并跋〉中，記自己曾選譯過申紫霞詩 9 首，刊載於《東方雜誌》，署名「秋山」，然筆者僅見〈老馬〉、〈溪中明月〉二首。

詩綜》、《柳亭詩話》等詩話中，得民間詩人共 23 名，為之小傳並彰錄其作。如荷擔者崔金友、商人周俊、張叔明、木匠蕭詩、周木匠、裁縫李東白、吳鷗、鞋匠葛道人、醫生東里先生、卜者袁孟逸、農人王清臣、燒香山村農、丐者卓晚春、詩人胡時可、僕人李英、陳香初、陳竹逸、鄭蘭子、捧劍、工人胡釘鉸及無名的洞庭丐者、僕人、莎衣（蓑衣）丐等。

（二）〈通行證考〉

胡寄塵撰，刊載於《小說世界》1926 年 4 月第 13 卷第 15 期。民國時期因應戰爭戒嚴實施路禁，進出皆須使用通行證，胡懷琛特別考據了中國不同時代通行證的名稱。考《史記·孟嘗君傳》記孟嘗君「即馳去，更封傳，變姓名以出關」。戰國時代的「封傳」，至唐時稱為「驛券」，前清時名為「路票」或「路引」，民國時期則稱為「出入城門券」。

（三）〈離耳國〉

署名「寄塵」，刊載於《小說世界》1926 年 9 月第 14 卷第 13 期。《山海經·海內南經》云「伯慮國、離耳國、雕題國、北朐國，皆在鬱水南」，郭璞注「離耳國」曰「鎪離其耳，分令下垂，以為飾」。胡懷琛疑考此後世女子穿耳之風，蓋源於離耳國之遺俗耳。

（四）〈稗官辨〉、〈瞽者唱詩辨〉

胡懷琛撰，刊載於《小說世界》1928 年 3 月第 17 卷第 1 期。胡懷琛考「稗官」與「唱詩瞽者」源流。稗官與唱詩之瞽者同始於周初，《周禮》〈地官司徒〉與〈春官〉皆載有制，二者之設置功能近同，皆以採訪民間瑣聞上獻天子為職，惟稗官所講為故事，瞽者所唱為詩歌。各代變遷官名或隱而不見，然娛樂功能並未消減，《史記·滑稽傳》所述淳于髡、優孟、優旃等人，宋時敷演滑稽戲之優人，彈唱之說書人，蓋皆稗官之遺流也；唱詩瞽者如宋代有陶真、明代有陌頭盲女、清代有說書瞽者，民初之卜算瞽者亦能彈唱，西洋也有漂泊瞽唱詩人荷馬，對於民間文學之流播有重要貢獻。

（五）〈木牛流馬考〉

胡懷琛撰，刊載於《逸經》雜誌 1937 年第 26 期。《三國志·諸葛亮傳》曾載諸葛亮「以木牛運糧」，又載「由斜谷出，以流馬運」，今人或有疑「木牛」、「流馬」是否諸葛亮發明之事。胡懷琛指出，元書《事物紀原》亦云諸葛亮「始造木牛流馬以運餉」，其所謂「木牛」即今小車之有前轅者，「流馬」即

今之獨推者。古代推車皆雙輪，獨諸葛亮能別出心裁創製出可行山路的「獨輪車」，此其事蹟當張揚於後世。

（六）《推背圖考》

稿本，一冊，見胡道靜〈先君寄塵著述目〉著錄，筆者未見該書。後稿文曾發表於《宇宙風（乙刊）》1941 年第 36 期，署名「胡懷琛遺著」。「推背圖」是流傳於中國民間著名的預言書，相傳是李淳風與袁天罡合著。由於緯讖類書一向被統治者列為禁書，然民間極重之，且經久傳抄，內容多荒誕而版本偽亂，為破除民眾盲目與迷信，胡懷琛乃以客觀態度慎考其源。

考《推背圖》之名不見記載，惟自第六十幅末圖中，後一人推前人之背可推測其名由來。全書六十幅圖（象），含讖語四句、頌曰四句，每象各有標題，自甲子序類推至癸亥，每六十圖干支一周，分明為繪圖者寓周而復始之意。《推背圖》原書題為「唐司天監袁天罡李淳風撰」，由於歷經竄改，原本已不可求，未詳其真假，今本多為金聖歎註本。胡懷琛又考兩宋時代流傳的「軌革卦影」之術，「軌革」又寫作「軌甲」，或作「癸甲」，觀其內容與《推背圖》近似，惟一相異，軌革卦影卜私人休戚，推背圖占國之大事，胡懷琛因此大膽推斷「卦影當係推背圖前身，而推背圖為卦影之變相」。

（七）《民間百病秘方》

一冊，署名「涇縣胡懷琛編」，不詳初版，筆者自「中華海奇古舊書店」、「孔夫子」等舊書網站所見，上海中央書店 1941 年 4 月出版之新一版。全書共錄十四編單方，包括內科、產科、婦科、小兒科、傷科等諸病症之醫診單方。

以上其他民俗雜考，計有書 2 種，文 6 篇。

第四節　胡懷琛民間文學著述的輯考成果

中國民間文學絢麗多彩，有豐富的內容和多樣的民族特色，然而龐大的民族資產長期備受冷落，五四運動以後，由北京大學歌謠徵集所引發的民間文學研究熱潮，為學者開拓了新的研究視野。民初學者積極投入輯佚與整理工作，胡懷琛長期關注民間文學發展，對於文化資產的考存自然不遺餘力，透過對其作品的敘錄，可見他推廣民間文學的用心。由以上考述敘錄，略可總結胡懷琛在民間文學的創作及考證研究成果如下：

一、創作多元，研究多方，著述可觀

　　民間文學的範圍廣泛，形式繁多，內容和品類也極為龐雜，胡懷琛長期投入蒐集與保存工作，本章統計其各類著述，包括口頭俗諺語，各種回文詩、禽言詩、蟲言詩、謎語、詩鐘、集句、酒令、牙牌、對聯、打油詩等短語綴屬、遊戲文體類，合計收錄有書 3 種、文 44 篇、詩 43 首；神話、傳說與故事、笑話逸聞等故事類著述，合計有書 6 種，文 62 篇；民歌與彈詞、鼓詞、時代歌詞等韻文學類，計有書 4 種，文 14 篇，歌詞 37 首；其他雜考有書 2 種，文 6 篇。經刪其複重者，總計胡懷琛的民間文學著述，有專著 15 種，文 80 篇，詩 21 首，歌詞 37 首。

二、輯佚補編出版，保存民間文學資產

　　民間文學內容豐富，若因流傳久遠而致散佚，殊實可惜。胡懷琛勤於蒐佚考據，又藉由編輯身分，進行編印出版以襄助保存。如其編印《田家諺》、《諺語選》，專輯農家諺語與民間諺語；又編譯印度佛經《百喻經淺說》和《佛學寓言》，改寫為易於普及傳閱的白話版本，李鴻淵曾贊曰：「這可以說是一次相當成功的流傳學和譯介學方面的研究」〔註30〕。

　　他出版《子夜歌》，採集唐代以前的吳聲歌謠，又選編《民歌選》〔註31〕，收錄保存了各地已出版歌謠集中的家庭歌、情歌、時令歌、滑稽歌、雜歌等約 200 首。《中國民歌研究》乃胡懷琛民歌研究的重要論述。胡懷琛以為，民歌的價值，在於「一切詩皆發源於民歌」，欲理解中國詩之根源與變化，唯有溯尋流傳於平民口中的詩歌。該書系統地建構了中國詩衍源於古謠諺、謠、《詩經》、《楚辭》、至南北方民歌、古代敘事長歌及近代敘事長歌等脈絡發展，尤其特別整理了已經失傳的古代民間歌謠目錄，極為珍貴，具有相當的學術價值，可為研究民歌史者參考。

三、考證詳覈，探源求實

　　民間文學久經傳唱難免訛誤，胡懷琛詳於探源考證，凡俚俗、傳說、故事、神話等，皆力求精確，避免以訛傳訛，喪失文學價值。如〈木牛流馬考〉考「木

〔註30〕李鴻淵撰：〈胡懷琛《中國寓言研究》的學術史意義〉，《民族文學研究》2010
　　　　年 4 期，頁 78～83。
〔註31〕胡懷琛《民歌選》一書為上海商務印書館編入「中學生課外補充讀本」，本書
　　　　將之歸入「語文教育著述」一章。

牛」與「流馬」來源;《推背圖考》論推背圖之真偽;〈龍王考〉龍王傳說之虛實;〈木魚書〉〔註32〕為流行於廣東粵語地區的曲藝;〈鍾馗考〉〔註33〕,考民間捉鬼王鍾馗其人,而知古人揮椎逐鬼,「鍾馗」之名實椎器「終葵」音之訛也。

四、以舊文學形式推廣新文藝觀念

民初文人承載教育與啟迪民眾之任,在宣揚以「舊體例」寄「新理想」的共識下,〔註34〕胡懷琛運用語言文字的力量,積極推廣通俗文學。如他嘗試以傳統舊體七言彈詞形式創作「新體彈詞」〈哀蓮記〉,並續作《綿綿恨》、《鐵血美人》等小說,以寓潛移默化之效。又嘗試創作「鼓詞」,以剛勁之筆頌贊文天祥勇武氣節。〈新道情〉是胡懷琛仿鄭板橋〈道情〉之作〔註35〕。同時他也創寫「歌詞」,以溫柔之詞訴寫心情,以慷慨之聲振奮人心。而其信手拈來豐富的人生經歷,俱能轉化為詼諧逗趣的「笑話」,或振聵醒世的「寓言」,使人於發笑之餘,獲致省思和正面啟示。

〔註32〕胡懷琛〈木魚書〉,發表於1927年7月《小說世界》第16卷第2期「文壇秘錄」(十六),署名「秋山」。

〔註33〕胡懷琛〈鍾馗考〉,刊載於《文心》雜誌1941年第3NK卷第9期,收入胡懷琛《後十年筆記》。

〔註34〕胡曉真著:《新理想、舊體例與不可思議之社會——清末民初上海「傳統派」文人與閨秀作家的轉型現象》(台北:中研院文哲所,2010年9月),〈序言〉,頁9。

〔註35〕胡懷琛〈新道情〉仿作10首,收入《胡懷琛詩歌叢稿》。見本書「詩作及詩論著述」一章。